SUPERALIMENTOS

A ALIMENTAÇÃO E OS REMÉDIOS DO FUTURO

Este livro é uma obra de consulta e esclarecimento. As informações aqui contidas têm o objetivo de complementar, e não substituir, os tratamentos ou cuidados médicos. Os benefícios para a saúde de uma dieta baseada em frutas, legumes, verduras e sementes são reconhecidos pela medicina, mas o uso das informações contidas neste livro é de inteira responsabilidade do leitor. Elas não devem ser usadas para tratar doenças graves ou solucionar problemas de saúde sem a prévia consulta a um médico ou um nutricionista.

DAVID WOLFE

SUPERALIMENTOS

A ALIMENTAÇÃO E OS REMÉDIOS DO FUTURO

EDITORA ALAÚDE

Título original: *Superfoods – the food and the medicine of the future*

1ª edição em junho de 2010 – Impresso no Brasil

Diretor-geral: Antonio Cestaro
Gerente editorial: Alessandra J. Gelman Ruiz
Editora executiva: Ibraíma Dafonte Tavares
Editor de arte: Walter Cesar Godoy
Editor-assistente de arte: Rodrigo Azevedo Frazão

Tradução: Gisela Deschamps
Revisão: Beatriz Chaves e Beatriz C. Nunes de Sousa

Impressão e acabamento: Ipsis Gráfica e Editora S/A

Dados Internacionais de Catalogação na Publicação (CIP)
(Câmara Brasileira do Livro, SP, Brasil)

Wolfe, David
Superalimentos : a alimentação e os remédios do futuro / David Wolfe ; tradução de Gisela Deschamps. -- São Paulo : Alaúde Editorial, 2010.

Título original: Superfoods : the food and the medicine of the future.

1. Alimentos funcionais 2. Dieta com alimentos crus I. Título.

10-05572 CDD-613.2

Índices para catálogo sistemático:

1. Alimentos funcionais : Nutrição aplicada
613.2

ISBN 978-85-7881-042-9

Alaúde Editorial Ltda.
Rua Hildebrando Thomaz de Carvalho, 60
CEP 04012-120 – São Paulo – SP – Brasil
Fone: (11) 5572-9474 / 5579-6757
www.alaude.com.br
alaude@alaude.com.br

Este livro é dedicado à minha mãe,
a melhor mãe que já existiu!

☺

"Há alguém mais apaixonado, dedicado ou entendido sobre os enormes benefícios dos superalimentos para nosso corpo, mentes e planeta? É improvável. Onde quer que você esteja em termos do que entra em sua boca, David Wolfe apresenta uma reivindicação convincente para adicionar um pouco mais de vitalidade ao seu prato."

Angela Bassett, atriz e escritora

"David Wolfe escreveu um livro brilhante, cheio de sabedoria, esclarecedor, que é leitura essencial para todos os interessados em alcançar uma ótima saúde."

Patricia Bragg, *N.D. PhD,* escritora e defensora da saúde

"David Wolfe tornou-se um especialista dedicado no campo da vida e superalimentos. Qualquer coisa que ele escreva, eu pessoalmente leio e apoio. Considero o trabalho de David Wolfe sobre os superalimentos leitura obrigatória."

Jay Kordich, escritor e empresário

"O conhecimento que David Wolfe nos traz é vital para alcançarmos o mais alto nível de saúde, clareza e entendimento sobre o poder dos alimentos para nos curar e ao planeta. Eu acredito que David, com sua riqueza de informação, é inquestionavelmente uma das pessoas mais importantes deste século."

Justin BUA, artista e escritor

"O compromisso de David Wolfe, não apenas com a humanidade, mas com a própria Mãe Terra, é melhor que tudo. Ele descobriu o dom de seu verdadeiro propósito e não se envergonha de partilhá-lo com o mundo. A energia da compaixão e o amor puro que ele derrama sobre cada planta e cada pessoa são os mesmos. Conheço poucas pessoas mais comprometidas com todos nós para encontrarmos a alegria interior através do milagre de crescer e comer o melhor alimento de todos os tempos e assim e vivendo cada dia como O Melhor Dia."

Demian Lichtenstein, produtor de cinema e diretor

Agradecimentos

Eu gostaria de agradecer às pessoas que contribuíram, direta ou indiretamente, com o extraordinário projeto que se transformou neste livro: Mike Adams, Rick Blair, Brian Bowers, Sandy "Cara de Chocolate" Brzozowski, Greg Cipes, Ian Clark, Kerrie "Borboleta Dançante" Cushing, Dandelion, Groovinda Dasi, Len Foley, Juliana Garske, Lucien Gauthier, Michele Gauthier, Rebecca Gauthier, Nick Good, Angela Hartman, Aaron Howard, Vance Logan, Larry Ostrovsky, Eric Pasimo, Camille "Supergoji" Perrin, Aarona Pichinson, Jay Pope, Kimberly Reschke, Andrew Rhodes, Erin Sojourner, Sara Thompson, Chad Ashley Vandenberg, Mitch Wallis, Robert "Ra" Weismandel, Richard Grossinger, Doug Reil, Philip Smith, Anne Connolly e toda a equipe da North Atlantic Books.

Sumário

Introdução

Por que superalimentos?
O que são superalimentos?

Um novo dia está nascendo no mundo da alimentação. A tecnologia hoje disponível já nos dá acesso a todo o potencial nutricional do planeta. Graças à melhor distribuição, aos computadores e a um conhecimento maior a respeito de nutrição, podemos consumir produtos alimentícios de ótima qualidade, provenientes do mundo todo, de maneira até então impossível.

Mais e mais pessoas estão se voltando para os alimentos orgânicos e para métodos naturais de alcançar a saúde. A onda dos alimentos orgânicos já invadiu as redes de supermercados. Começa a se formar uma massa crítica de consumidores que usam seu poder de compra para adquirir produtos orgânicos. Que tal se unir a esse movimento de vanguarda e descobrir como comer a comida mais saudável possível?

Essa comida saudável e especial abrange três grupos de alimentos que são conhecidos há muito tempo e que nós estamos redescobrindo:

- **Alimentos vegetais crus e vivos:** são alimentos do dia a dia, que incluem frutas, legumes, verduras, frutas secas, sementes, algas, brotos, gramíneas, ervas frescas e alimentos fermentados (como chucrute). Alimentos vegetais crus e vivos são assunto de meus livros anteriores *The Sunfood Diet Success System* [O sistema de sucesso da dieta Superfood] e *Eating for Beauty* [Alimentação para a beleza].
- **Superalimentos:** compreendem alimentos que apresentam inúmeras propriedades exclusivas, não apenas uma ou outra. Por exemplo, a goji é uma fonte completa de proteínas, de polissacarídeos (que estimulam o sistema imunológico), de betaína (que é um purificador do fígado), de sesquiterpenos (que atuam contra o envelhecimento), de antioxidantes, de mais de vinte oligoelementos, e de muito mais.
- **Superervas:** abrangem as ervas que têm propriedades supertônicas e adaptogênicas (que auxiliam o corpo a se adaptar ao estresse), assim como muitas outras propriedades exclusivas. Por exemplo, o cogumelo reishi ajuda a

manter saudáveis o coração, os pulmões, os rins e o sistema imunológico, e auxilia a manter jovens o cérebro e o tecido conjuntivo. Outro exemplo é a unha-de-gato (*Uncaria tomentosa*), uma supererva do Peru que contém um inibidor de monoamina oxidase (MAO), que traz uma sensação de felicidade e possui propriedades que ajudam o sistema imunológico a combater vírus. As superervas são o assunto de um futuro livro meu e aparecem aqui em algumas receitas.

De fato, vivemos em uma época sem precedentes em termos de abundância. É a primeira vez na história da humanidade que temos acesso a informações com elevado nível de qualidade e aos melhores superalimentos do mundo, às superervas e aos alimentos vegetais crus e vivos. Apesar de a civilização impor problemas aparentemente intransponíveis, estamos fazendo progressos no sentido de nos tornarmos mais saudáveis e mais conscientes. Finalmente, estamos descobrindo o poder de acrescentar à alimentação uma nova categoria de alimentos, que nos beneficiam com o máximo de nutrição, sabor, saúde e energia, com o mínimo de calorias e sem gorduras trans.

É cada vez mais evidente que, para alcançar saúde, a melhor relação com os alimentos e a maior satisfação possível com o que comemos, devemos consumir superalimentos, superervas e alimentos crus e vivos. Ao fazer isso, descobriremos que nossa vontade de comer alimentos pouco saudáveis diminui naturalmente, pois já não os acharemos mais tão agradáveis.

Dos três grupos de alimentos citados, os superalimentos são os mais importantes e o foco deste livro. Eles compõem um conjunto específico de plantas comestíveis incrivelmente nutritivas, que não são classificáveis propriamente como alimento nem inteiramente como medicamento (assim como acontece com as ervas).

Os superalimentos são alimentos e medicamentos. Compõem a categoria dos alimentos mais potentes e mais concentrados e ricos em nutrientes do planeta, possuindo mais valor que os alimentos que costumamos consumir habitualmente. São saborosos, satisfazem e possuem a capacidade de aumentar tremendamente a força vital e a energia do corpo. São uma excelente

Classificação dos superalimentos

Alimentos — Superalimentos — Ervas medicinais

opção para melhorar a saúde geral, para ativar o sistema imunológico, para elevar a produção de serotonina, para melhorar o desempenho sexual e para limpar e alcalinizar o organismo.

Os superalimentos atendem e superam todas as nossas necessidades de proteínas, vitaminas, minerais, gliconutrientes (polissacarídeos essenciais) e ácidos graxos essenciais, além de ativar o sistema imunológico. Nutrindo da maneira mais profunda possível, os superalimentos são o verdadeiro combustível do "super-herói" atual. De maneira rápida, fácil, estimulante e prazerosa, fazem com que nosso dia seja sempre "o melhor dia da vida"!

Os superalimentos são hoje o centro de atenção da nutrição não apenas porque ajudam a nutrir cérebro, ossos, músculos, pele, cabelos, unhas, coração, pulmão, fígado, rins, pâncreas, sistema reprodutor e sistema imunológico, mas também porque, a longo prazo, corrigem desequilíbrios e levam a uma dieta mais natural, ancestral. O consumo de superalimentos leva-nos a alcançar muito mais facilmente o peso ideal e a adquirir bons hábitos alimentares. Eles facilitam a desintoxicação e a transição para uma alimentação mais saudável sem que seja necessária uma gigantesca força de vontade e nos ajudam a fazer isso sem termos de ingerir vitaminas "mortas" e suplementos minerais.

Os estudos científicos descritos neste livro destacam que algumas das descobertas atuais sobre os superalimentos os indicam como parte essencial de uma dieta equilibrada. Os superalimentos permitem-nos obter mais nutrientes comendo menos. Muitas pessoas já passaram pela experiência de ter de comer o dia todo para manter os níveis sanguíneos de açúcar e mesmo assim ficar pouco nutridas com o processo. Sabemos que diversos alimentos convencionais e o *fast-food* nada mais são que calorias vazias.

Frutas orgânicas, legumes, verduras, frutas secas, sementes, brotos e outras plantas comestíveis são uma parte muito importante de nossa dieta, mas elas não se comparam em densidade nutricional aos superalimentos. Eu como frutas, legumes e verduras principalmente pelo sabor, pelas fibras e pela quantidade, e não pelo nível de nutrição. Considerando-se a verdadeira nutrição, somente os superalimentos podem atingir e superar todas as necessidades.

Ingerir superalimentos é um modo de garantir os nutrientes necessários para sermos saudáveis durante toda a vida, já que eles são naturais e fornecem em abundância elementos nutricionais em estado natural, que agem juntos no organismo, de uma maneira que os cientistas ainda não compreendem completamente. Os pesquisadores ainda precisam isolar e identificar todos os nutrientes encontrados nos vegetais comestíveis. O que já entendemos sobre nutrição, ou seja, as informações sobre vitaminas, minerais, proteínas, gorduras e carboidratos que estão nos rótulos dos alimentos, não nos dá uma visão completa do que realmente existe. As vitaminas e os minerais que conhecemos não são os únicos nutrientes que importam, apesar de seu número chegar a mais de mil, além de aminoácidos, açúcares de cadeia curta, polissacarídeos, gorduras, óleos, enzimas, coenzimas, antioxidantes e outras substâncias que contribuem para uma ótima saúde. Nos próximos anos, entretanto, descobriremos ainda mais.

Por causa da depleção de nutrientes dos alimentos convencionais (e até certo ponto dos orgânicos também), temos buscado novas possibilidades de obter uma nutrição completa e balanceada. Os superalimentos representam uma peça relevante no quebra-cabeça da nutrição, pois são uma fonte excelente, pura, livre de hormônios, pesticidas e produtos químicos de:

- proteínas;
- minerais;
- antioxidantes;
- gorduras boas e óleos;
- aminoácidos essenciais;
- gliconutrientes;
- vitaminas;
- enzimas;
- coenzimas;
- ácidos graxos essenciais;
- polissacarídeos.

Os superalimentos podem e devem ser orgânicos e consumidos crus, pois décadas de pesquisas demonstraram que o alimento orgânico vivo é superior ao convencional em termos de vitaminas, enzimas, coenzimas, proteínas, minerais, gliconutrientes e muitos outros alimentos nutricionais. Mesmo os chimpanzés dos zoológicos preferem alimentos frescos, orgânicos e crus. A natureza fornece o alimento vivo. Está na hora de aproveitar as provas científicas relativas às enzimas vivas! Os superalimentos mencionados neste livro têm o maior teor de enzimas de toda a natureza. São capazes de corrigir deficiências enzimáticas e prover abundância de enzimas, e essa é uma das principais razões pelas quais eles devem ser ingeridos crus. Por isso, a maioria das receitas deste livro são preparadas com os alimentos vivos.

Os superalimentos têm alto nível de energia vital e, por essa razão, podem ser cultivados organicamente, sem produtos químicos ou fertilizantes artificiais. Não são apenas excelentes para as pessoas, mas também ajudam o planeta, porque seu consumo encoraja a agricultura orgânica e o uso apropriado do solo. (Por que cultivar soja se você pode cultivar cacau?) Ao longo do tempo, temos praticado a agricultura utilizando pesticidas, herbicidas, larvicidas, modificação genética, alteração hormonal, fertilizantes químicos do tipo NPK (que essencialmente proporcionam "vida melhor por intermédio de produtos químicos"), o que acabou provocando uma explosão de doenças. Agora é tempo de redescobrir os benefícios dos superalimentos originais da Terra.

Neste livro, abordo o que considero serem os dez melhores superalimentos, além de fazer algumas "menções honrosas". Em minha opinião, os dez melhores superalimentos são:

- goji;
- cacau;
- maca;
- produtos da abelha (mel, pólen, própolis e geleia real);
- espirulina;
- alga azul AFA;
- fitoplâncton marinho;
- *Aloe vera* (babosa);
- semente de cânhamo;
- coco e seus subprodutos.

Superalimentos em sua alimentação

A maioria das pessoas vive em um estado de saúde precário, letargia e obesidade moderada. A vida continua mesmo assim, mas perdemos nossa plena capacidade, com diminuição da qualidade de vida, apesar do sucesso material. Intercorrências comuns – dor nas costas, dor de cabeça, inflamação das articulações, artrite, problemas de pele e insônia – começam a se tornar mais frequentes. Um dia, a dor corriqueira transforma-se em um grande desconforto. Receitas médicas e cirurgias servem apenas para mascarar os sintomas ou para remover o tecido doente, mas não erradicam a causa subjacente da doença ou da saúde precária. Posteriormente, a vontade de viver se exaure.

Tenho absoluta certeza de que ninguém quer que isso aconteça. Também estou absolutamente certo de que esse será o destino de quase todos, a menos que cada indivíduo tome providências. Estou 100 por cento certo de que é possível, em qualquer idade, mudar esse destino para viver uma vida livre de dor e cheia de saúde, com a utilização inteligente do poder dos superalimentos, das superervas, dos alimentos crus e vivos e com técnicas holísticas de cura. Podemos alterar o curso de nossa vida e transformarmo-nos agora mesmo, neste segundo preciso, comendo os melhores alimentos do mundo, os superalimentos, os verdadeiros alimentos da saúde, conhecidos por atenuar a gravidade e os sintomas de quase todas as principais doenças conhecidas, principalmente:

- alergias;
- arteriosclerose;
- artrite;
- asma;
- baixa imunidade;
- câncer (todos os tipos);
- depressão;
- diabetes (tipo I e II);
- distúrbio de déficit de atenção e hiperatividade (DDAH);
- doenças de pele;
- doenças do coração;
- doenças do sistema nervoso;
- eczema;
- esclerose múltipla;
- fadiga crônica;
- fibromialgia;
- hepatite;
- herpes (Epstein-Barr I e II);
- hipoglicemia;
- infecção por HIV;
- insônia;
- pressão arterial alta;
- psoríase.

Um novo sistema imunológico

À medida que você for lendo este livro, perceberá um padrão entre os superalimentos: todos suprem o sistema imunológico com matérias-primas necessárias para manter seu funcionamento saudável e para elevar a resposta imunológica.

Se você prestar bastante atenção às informações sobre a saúde mundial, provavelmente notará uma tendência importante: cada vez mais, tudo parece estar relacionado ao sistema imunológico. Com uma dieta bem escolhida, baseada em alimentos orgânicos e crus, composta dos nutrientes saudáveis fornecidos pelos superalimentos, que promovem a imediata ativação do sistema imunológico, com a ajuda das superervas, como o pau-d'arco e a unha-de-gato, o astrágalo, a schizandra, a urtiga, a cavalinha e dezenas de outras, além dos cogumelos medicinais (chaga, reishi, maitake, shiitake, juba-de-leão, coriolis, *Cordyceps*, etc.), temos a oportunidade de melhorar nossa saúde como nunca antes foi possível.

Desintoxicação: o combate à síndrome X

Quase todos os que cresceram alimentando-se com a "moderna dieta" consumiram alimentos com deficiência de minerais, legumes e verduras pulverizados com pesticidas, carne tratada com antibióticos, laticínios alterados por hormônios, açúcar refinado, grãos refinados e sal refinado. Em alguns casos, a carga tóxica pode ter sido devastadora, a ponto de causar a síndrome metabólica, também chamada de síndrome X. A síndrome X caracteriza-se pela incapacidade de perder peso acompanhada por disfunção do sistema imunológico e baixa energia. Adicionando alimentos orgânicos, crus e vivos, superalimentos e superervas à dieta, é possível combater a síndrome X, perder peso e alcançar um estado ideal de saúde.

Quando começamos a adicionar superalimentos orgânicos, crus e superervas à alimentação, uma metamorfose surpreendente pode ocorrer, e a síndrome X pode finalmente ser revertida. No entanto, devemos ser muito cuidadosos para não ir mais rápido do que nosso corpo pode aguentar. Para ser capaz de suportar a mudança metabólica que ocorre com a limpeza interna, é preciso fazer uma transição de acordo com o próprio ritmo, começar de onde se está e, gradualmente, ir aumentando a intensidade.

O ideal e o nobre

"Você é o que você come" significa, em última análise, que tudo o que se coloca na boca afeta a mente, o corpo e o espírito.

Os seres humanos tiveram de se adaptar a muitos tipos de alimentos no decorrer do tempo. Em situações em que os recursos eram escassos, aqueles que conseguiam utilizar o que estava disponível estavam mais aptos a sobreviver. Houve uma pressão evolutiva, genética, em direção à adaptação à dieta. Entretanto, sobreviver por tempo suficiente, após comer alguma coisa, para que os outros saibam que se está vivo, não é um critério para determinar que a dieta é a boa.

Com os superalimentos, pela primeira vez na história podemos fazer experimentações com a nutrição ideal. Podemos comer alimentos nobres e soltar a imaginação para aproveitar toda a nutrição que os superalimentos oferecem.

O conceito de curar a si mesmo está relacionado à eliminação de nosso corpo de todos os venenos, toxinas, substâncias químicas artificiais e pesticidas, que nos liberta do excesso de gordura. Os superalimentos em particular contêm muito mais nutrientes (minerais, enzimas, polissacarídeos, proteínas, gorduras saudáveis e óleos) do que os alimentos cozidos e processados, preparados quimicamente. O grande nível de energia dos superalimentos traz mais benefícios para nossas células, que por sua vez tornam-se capazes de jogar fora as toxinas que antes não tinham energia para eliminar. Esse é o processo de desintoxicação.

Acidez e perda de peso

Muitos artigos científicos e livros sobre o equilíbrio "ácido-base" e seu efeito na nutrição têm sido publicados. Geralmente, com uma dieta pobre, nosso corpo se torna mais ácido, o que cria um terreno fértil para micróbios e organismos causadores de doenças. Três tipos principais de alimentos são necessários para neutralizar essa progressão da acidez e de doenças crônicas: superalimentos verdes, verduras e ervas.

A alta acidez em geral é o que mais contribui para o excesso de peso. Se o corpo é ácido, o organismo armazena mais água para diluir os ácidos. Além disso, o organismo armazena o excesso de ácido no tecido adiposo, o que leva à celulite e ao ganho de peso.

É importante entender que, à medida que o corpo se desintoxica, consegue eliminar os ácidos de suas células gordurosas e dos tecidos. Se esses ácidos não encontrarem minerais altamente alcalinos bombardeando o organismo em todas as direções, na forma de superalimentos verdes, verduras e ervas, então podem surgir problemas que vão desde fadiga, ondas de calor, alterações de humor e perda mineral óssea até problemas dentários, como as cáries. Comer superalimentos, verduras e ervas é essencial! É uma apólice de seguro para garantir saúde e vida longa.

Neste ponto, quase todos sabem que as dietas e suas estratégias típicas não funcionam. Bem, então o que funciona?

É próprio do ser humano não gostar de ser proibido de fazer coisas. Assim que você diz a uma criança a palavra "não", ela imediatamente procura uma maneira de fazer o que quer. Ela fará o que quiser se conseguir escapar. Esse hábito não muda nunca. Nós fazemos a mesma coisa quando somos adultos. Combater esse capricho da natureza humana é como tentar impedir o Sol de se levantar ou os planetas de se moverem.

Em vez disso, temos de entrar em sintonia com nossa verdadeira natureza. O que isso significa? Em vez de tirar os alimentos das pessoas, que tal adicionar alimentos? Que tal conectá-las a diferentes novos sabores, texturas, cores e combinações? Será possível que o "bom" alimento seja bom e nos faça sentir bem a ponto de nos afastarmos naturalmente do alimento "ruim"? Na minha experiência, a resposta é SIM. Desse modo, a transformação da alimentação é realizada sem tentativas vãs. Tudo acontece naturalmente. Essa é a ideia deste livro. Essa é a essência da nutrição com superalimentos. Nós nos concentramos nos alimentos de excelente sabor e supersaudáveis que existem para ser descobertos e aproveitados. Para mim, a dieta dos superalimentos é a melhor de todos os tempos, porque ela exige apenas que eu adicione novos e incríveis alimentos ao meu modo de vida, no meu ritmo, que farão com que eu me sinta muito bem.

Qualquer superalimento pode ser acrescentado à dieta de qualquer pessoa. Simplesmente encontre aqueles de que você gosta e comece a se fartar com eles. Pegue um liquidificador e faça combinações inteiramente novas de sucos e de smoothies com os superalimentos. Faça deliciosas sobremesas. Crie molhos de salada com superalimentos. Prepare chás com suas superervas favoritas e misture-os aos superalimentos.

A dieta dos superalimentos se aproxima daquilo que, fundamentalmente, os grandes mestres taoistas da história chinesa fazem com as ervas, que é adicionar as superervas aos mais potentes superalimentos, sabendo que assim, naturalmente, se perde o interesse por alimentos não saudáveis. Os superalimentos também percorrem um longo caminho para tornar nosso comporta-

Sementes de superalimentos

O objetivo deste livro é auxiliá-lo na escolha dos superalimentos mais saudáveis do planeta e fornecer novas opções para que você possa cultivá-los em sua horta. Já que vamos plantar algo, por que não cultivar superalimentos junto de tomates e alfaces?

A próxima pergunta lógica é: onde conseguir sementes de superalimentos ou mudas de superalimentos? A resposta é: normalmente elas estão contidas no próprio alimento. Por exemplo, recentemente fizemos uma experiência com bagas de goji em minha empresa, a Sunfood. Plantamos 64 gojis, partindo as frutas ao meio para expor as sementes ao solo. Todas elas germinaram. Isso dá uma taxa de 100 por cento de germinação!

mento e nossa conduta mais equilibrados graças à remineralização dos tecidos e à nutrição superior e satisfatória que propiciam.

Quando levamos superalimentos para dentro do corpo, nossa energia muda, e, como resultado, o foco de atenção também muda. Reavaliamos valores (o que consideramos importante). Enxergamos o mundo com mais energia. Com esse "empurrão", fica mais fácil viver em um estado de gratidão. Com o tempo, passamos a ver o mundo como um lugar incrível. Porque nos sentimos cada vez melhor. Eu como superalimentos todos os dias e me sento melhor do que nunca!

Observações sobre as receitas

As receitas deste livro têm uma classificação – nível principiante, nível intermediário e nível avançado – para atender a todos os tipos de entusiastas dos superalimentos. Alguns dos ingredientes aqui descritos podem ser novos para você, e por isso incluí um glossário no final do livro, para ajudá-lo a se familiarizar com termos desconhecidos.

Alguns itens das receitas são exóticos e exclusivos, mas podem ser facilmente comprados pela internet. Dependendo de seu orçamento, você pode escolher porções menores ou maiores dos superalimentos, das superervas e dos suplementos, para que possa pelo menos experimentá-los. Os preços variam; portanto, aconselho a gastar seu dinheiro inteligentemente, pesquisando e experimentando. Lembre-se de que uma pequena quantidade desses ingredientes dura muito tempo.

Os utensílios de cozinha mencionados nas receitas são os que recomendamos, mas não são obrigatórios. Por exemplo, há referências a um liquidificador de alta velocidade em várias receitas, mas esse tipo de liquidificador custa significativamente mais caro do que um liquidificador comum doméstico. Eu uso um liquidificador de alta velocidade que comprei em 1980, e por isso sei que esses aparelhos são duráveis e valem o investimento. Um liquidificador simples doméstico pode ser usado no lugar de um liquidificador de alta velocidade, embora não seja tão eficiente. Quando lhe parecer razoável, adquira um liquidificador de alta velocidade, pois ele facilitará o preparo das receitas.

Outro utensílio que vale a pena mencionar é o desidratador. Eu recomendo os desidratadores da marca Excalibur porque os uso frequentemente desde 1998. Não encontrei outro desidratador de que gostasse tanto de usar ou que funcionasse tão bem. Se um desidratador estiver fora de seus planos neste momento, use o forno em baixas temperaturas para fazer as desidratações indicadas nas receitas.

Aproveite todas as receitas deste livro e junte-se a nós para também desfrutar a próspera abundância encontrada nos superalimentos – os alimentos do futuro!

Os dez melhores superalimentos

Goji

A fonte da juventude

Nome científico: *Lycium barbarum, Lycium chinensis* (principais variedades asiáticas) e *Lycium andersonii, Lycium berlandieri, Lycium californicum, Lyciun carolinianum, Lycium cooperi, Lycium exsertum, Lycium fremontii, Lycium halimifolium, Lycium macrodon, Lycium pallidum, Lycium parishii, Lycium puberlum, Lycium torreyi* (principais variedades americanas). *Lycium* também pode ser escrito como *Lyceum,* dependendo da fonte de referência

Nome popular: Goji, goji berry

Tipo de superalimento: Fruto (baga)

Algumas partes do arbusto da goji também têm sido usadas como alimento, como as sementes, as flores, as folhas e as raízes.

História, fatos e lendas

As bagas de goji crescem em um arbusto que se desenvolve como uma trepadeira, se estiver na sombra. Em seu tamanho máximo, o arbusto de goji atinge em média 1,80 metro de altura e um raio de aproximadamente 90 centímetros. As folhas ovais variam em comprimento de 1,27 centímetro a 10,16 centímetros, dependendo do local e da variedade. Às vezes podem ser vistas estrias vermelhas na casca da planta. Apesar de não ser especificamente uma planta com espinhos, como a rosa, algumas variedades americanas de goji podem desenvolver caules com espinhos. Durante as estações em que não há florada (verão, outono e inverno), o arbusto de goji pode perder algumas ou todas as suas folhas, o que torna mais difícil seu reconhecimento. Na primavera, entretanto, as folhas preenchem lindamente os arbustos, e flores de um branco pálido ao violeta enriquecem a planta, o que acontece no hemisfério norte normalmente no começo de março. Após a polinização da flor, logo aparecem as bagas da fruta. A cor das bagas de goji varia do amarelo pálido ao laranja-escuro e ao vermelho-escuro. Às vezes, as frutas, do tamanho de uma uva, são ovoides, como uma bola de futebol americano. Eu já vi bagas de goji com formato de pequenas pimentas, mas geralmente elas são quase que inteiramente esféricas.

Há, aproximadamente, 85 espécies de goji na Ásia e 15 espécies na América do Norte e Central. É possível, com base na dispersão geográfica, que a goji tenha sido trazida para a América do Norte por grupos que imigraram da Ásia tanto por barco quanto pelo estreito de Bering.

As gojis da Ásia e da América são muito semelhantes. As variedades asiáticas são mais bem documentadas, pesquisadas e consagradas em lendas e tradição, mas tanto as variedades asiáticas de goji quanto as americanas merecem atenção especial, porque sua história e propriedades para a saúde são ricas.

Todas as gojis que estudei e cultivei são extraordinariamente adaptáveis. As gojis crescem maravilhosamente tanto em desertos duros e secos quanto nos trópicos. Também toleram invernos congelantes. Há registros de gojis que crescem bem em locais como a Nova Escócia e a Colúmbia Britânica. Talvez o mais interessante seja que elas conseguem tolerar grandes oscilações de temperatura.

A goji foi classificada pelo sistema de classificação de Lineu no gênero *Lycium* (ou *Lyceum*). A palavra *lyceum* significa "escola de aprendizagem", e é isso o que os mestres chineses acreditavam que a goji proporcionava. Diz uma lenda que é possível entrar em sintonia com as informações sobre as propriedades das plantas simplesmente comendo gojis. Além disso, alguns acreditam que se alguém estuda, cultiva e come a goji, fica capaz de ensinar os princípios fundamentais do herbalismo chinês.

A goji asiática

Por seu extraordinário valor nutricional, por sua rica cor vermelho-alaranjada e por seu sabor agradável e encorpado, os chineses, mongóis e tibetanos têm cultivado a planta alcalina da goji já há cerca de 5 mil anos. Para preservar a fruta, ela é frequentemente seca até ficar com textura similar à da uva-passa.

Na tradição chinesa, o espírito ou *deva* do arbusto de goji é representado como uma mulher jovem e vigorosa que, interessantemente, não é de etnia asiática. Na província de Ningxia, na China, onde as gojis são primariamente cultivadas, há mais pessoas centenárias que no resto do país, e os moradores de lá envelhecem mais graciosamente. São mais ativos, saudáveis e vibrantes que as pessoas idosas dos países do Ocidente. É claro que as gojis são um ingrediente-chave de sua dieta saudável. Os chineses defendem a crença de que essa fruta pode prolongar significativamente a vida.

O famoso Li Qing Yuen, cuja lenda popularizou tanto as gojis quanto o ginseng, e que dizem ter vivido até a idade de 252 anos (de 1678 a 1930), consumia diariamente as gojis. A vida de Li Qing Yuen é o caso conhecido de longevidade extrema

mais bem documentado. Uma lenda ligada a Li Qing Yuen diz que quando ele tinha 11 anos de idade, encontrou três sábios taoístas, que supostamente tinham mais de 300 anos de idade, que ensinaram Li sobre a água mineral e sobre a ciência e a arte da longevidade, da dieta adequada e do herbalismo. Posteriormente, aos 50 anos, diz-se que ele encontrou outro sábio taoísta, que lhe disse que tinha 500 anos de idade. Quando Li perguntou sobre o segredo de sua longevidade, o sábio ensinou-o a consumir uma sopa de goji por dia. Dizem que Li Qing Yuen deu uma palestra na Universidade de Pequim quando tinha 200 anos.

Quando o imperador da China soube que havia uma pessoa tão longeva no império, convidou Li para ir à corte real. Depois de viver alguns meses em Pequim, Li Qin Yuen morreu, aparentemente tanto por comer alimentos processados fornecidos pela cozinha real quanto pela exposição à toxicidade da cidade.

Mesmo que a longevidade de Li Qin Yuen seja apenas um mito, ela demonstra que há uma reconhecida relação cultural entre a goji e a longevidade. De qualquer modo, até onde fui capaz de descobrir, estudando a vida de Li Qin Yuen por mais de uma década, seu chá diário era feito de goji, ginseng e cogumelos reishi. Você pode fazer esse chá em casa, pois ele é delicioso. Eu sempre uso cogumelos reishi selvagens que colho na floresta que há atrás da minha casa.

O famoso elixir da longa vida da medicina chinesa, acredita-se, consistia de gojis, de flores colhidas na primavera, de folhas colhidas na primavera ou no verão e de raiz colhida no outono. Tudo isso era misturado para formar um supertônico que, dizia-se, era capaz de manter uma pessoa jovem indefinidamente.

As gojis também são cultivadas no Tibete e são reconhecidas há 2.500 anos pela Escola Tibetana de Medicina de Lhasa como superalimento. Há indícios de que a variedade *Lycium barbarum* é originária do Tibete. Das gojis comercializadas, apenas as que levam o selo de autenticidade do Tibete são realmente cultivadas lá. Muitas outras que são ditas "tibetanas" são na verdade cultivadas na Mongólia ou na China.

A goji americana

As variedades de goji americanas estão, em sua maioria, concentradas no deserto do sudoeste dos Estados Unidos (Arizona, Califórnia, Colorado, Utah, Novo México e Texas), e há também algumas espécies presentes nos desertos ocidentais do México e na América do Sul. A goji foi uma importante fonte de alimento para todas as tribos nativas americanas do deserto do sudoeste, incluindo as hopi, apache, supai, hohokam, pima, anasasi, navajo, zuni e muitas outras.

O grande apache Gerônimo nasceu em uma das mais densas e selvagens regiões em que há gojis nos Estados Unidos. Os apaches subsistiam com goji, milho, fruta de cacto, melancia de semente vermelha, noz silvestre, maçã silvestre, uva silvestre, caça silvestre e peixe, além de ervas verdes, alguns feijões cultivados, ervas como a garra-do-diabo e água mineral. A tribo era conhecida por possuir força impressionante, agilidade, longevidade e habilidades de sobrevivência.

Benefícios

Visão geral

A goji é um "adaptógeno" ou "adaptogênico", termo usado no mundo das plantas medicinais para descrever uma substância que fornece uma combinação de ações terapêuticas para o corpo humano que permite que ele se adapte às situações. Um adaptogênico revigora e fortalece o sistema e ao mesmo tempo ajuda o corpo a lidar mais facilmente com o estresse, pois auxilia as glândulas suprarrenais. No sistema medicinal chinês, a goji é conhecida por harmonizar e aumentar a energia *ying* das suprarrenais e dos rins, o que dá resistência reforçada, força, longevidade e energia sexual.

Em resumo, a goji estimula a função imunológica, aumenta a alcalinidade e a vitalidade, protege o fígado, melhora a visão e a qualidade do sangue, fornece fatores antienvelhecimento e possui diversas qualidades marcantes.

Embora frequentemente recomendada para condições crônicas, como doenças do fígado ou dos rins, articulações e pernas fracas, problemas lombares, vertigens, zumbidos no ouvido, dores de cabeça, insônia, hipertensão, tuberculose e impotência, as gojis não são usadas para tratamento de doença ou da saúde como tal. Seu principal benefício para a saúde é nutrir o corpo, auxiliando-o a se curar por meio do fornecimento de um impressionante conjunto de extraordinários nutrientes.

A goji é, talvez, a fruta em baga mais rica do planeta em termos nutricionais. Ela tem sabor delicioso e é equilibrada para praticamente todos os tipos sanguíneos, de organismo e de metabolismo. Ela é fonte completa de proteínas e contém dezenove aminoácidos (assim como o polén), dentre eles oito aminoácidos essenciais (como a fenilalanina, importante para as suprarrenais, e o triptofano, precursor da serotonina). As gojis podem conter 21 ou mais oligoelementos, sendo que os principais são zinco, ferro, cobre, cálcio, germânio, selênio e fósforo, assim como as vitaminas B_1, B_2, B_6 e E.

Contrariamente à propaganda que há na internet, a goji seca não é uma rica fonte de vitamina C. Eu solicitei testes para vitamina C em vários lotes diferentes de gojis orgânicas secas, que foram feitos três vezes em cada um, por laboratórios renomados, e descobri que o teor era quase zero. Até agora, não consegui encontrar nenhum relatório de laboratório que indicasse que as gojis secas ou frescas contenham quantidade significativa de vitamina C.

Dependendo da variedade e das condições de cultivo, as gojis maduras podem conter aproximadamente 11 miligramas de ferro, constituinte sanguíneo, em cada 100 gramas de frutas (dois a três punhados), assim como beta-sistoesterol (um anti-inflamatório), ácido linoleico (um ácido graxo essencial), sesquiterpenos antienvelhecimento (ciperona e solavetivona), betaína restauradora do fígado (0,1 por cento) e tetraterpernos antioxidantes (zeaxantina e fisalina). A goji é um dos alimentos com maior teor de antioxidantes do mundo. Ela normalmente contém de duas a quatro vezes a quantidade de antioxidantes encontrada no mirtilo.

A goji contém açúcares de cadeia longa, conhecidos como polissacarídeos, que fortificam o sistema imunológico. Os açúcares de cadeia curta e longa que a goji contém incluem D-ramnose, D-xilose, D-arabinose, D-fucose, D-glucose e D-galactose. Aproximadamente 36 por cento dos açúcares encontrados nas gojis cultivadas são os polissacarídeos de cadeia longa. A porcentagem é maior nas variedades silvestres.

Conforme envelhecemos, produzimos cada vez menos hormônio de crescimento humano (HGH). A diminuição nos níveis de HGH está ligada aos sintomas do envelhecimento. As gojis são os únicos alimentos conhecidos que ajudam a estimular o corpo humano a produzir naturalmente mais HGH. Só esse fator já faz da goji talvez o melhor superalimento antienvelhecimento do mundo.

Aumento da longevidade e saúde hormonal

O grande nutricionista macrobiótico Michio Kushi costumava dizer: "Coma de acordo com seu objetivo". Se pelo menos parte de seu objetivo for longevidade e vitalidade, então a goji é o superalimento para você. Diversas evidências indicam que a goji é o principal superalimento para a longevidade do mundo. Ela foi apelidada de "a fruta da longevidade". Pesquisadores que estudam plantas medicinais identificaram uma variedade de nutrientes na goji que pode auxiliar as pessoas a desfrutarem de uma vida mais longa e saudável.

Uma pessoa de 70 anos de idade produz apenas um décimo do hormônio de crescimento (HGH) produzido por uma de 20 anos de idade. Esse declínio se assemelha à deterioração física, que provoca baixos níveis de energia, perda de massa muscular e tendência a armazenar gordura corporal. A estimulação da produção natural do hormônio do crescimento nos ajuda a sentir, a parecer e a funcionar como uma pessoa mais jovem. A goji ajuda nosso corpo a fazer isso de várias maneiras interessantes.

Há evidências de que a goji aumenta a longevidade porque tem alto teor de sesquiterpeno, cujas propriedades anti-inflamatórias estimulam as glândulas pituitária e pineal, o que amplia a produção glandular do hormônio de crescimento. O hormônio de crescimento influencia o nível de todos os hormônios do corpo. Lembre-se de que, à medida que envelhecemos, o nível de hormônio de crescimento diminui e, portanto, para alcançar uma grande longevidade é preciso manter sua produção. A goji é o único alimento conhecido que confirmadamente é um secretagogo (secretagogo é uma substância que estimula a produção do hormônio de crescimento).

A presença de certos aminoácidos na goji também pode promover a produção do hormônio de crescimento. A goji é uma rica fonte de L-glutamina e de L-arginina. Esses dois aminoácidos trabalham juntos para impulsionar os níveis de hormônio de crescimento, de modo a revitalizar a aparência e o metabolismo humano.

Aumento da libido e melhora da função sexual

Na Ásia, as gojis são tradicionalmente vistas como tônico sexual. Além disso, as gojis agem como tônico para melhorar a resistência geral, o humor e o bem-estar, ao mesmo tempo em que diminuem o impacto do estresse no organismo. Todos esses benefícios juntos conduzem a uma vida sexual mais saudável e mais rica.

A diminuição da função sexual não é uma parte inevitável do envelhecimento. A diminuição da libido tanto em homens quanto em mulheres pode ser associada à diminuição da produção de testosterona. As gojis ajudam por aumentar a produção de HGH, que por sua vez facilita um aumento na produção de testosterona.

Função antioxidante

Os antioxidantes protegem o DNA dos radicais livres e dos danos causados por radiação. Um DNA danificado é uma porta aberta para todos os tipos de doenças imagináveis, além de acelerar o envelhecimento. Ao longo do tempo, o DNA é danificado pelos radicais livres, que são um subproduto normal do metabolismo, e pela exposição a toxinas e à radiação.

Embora nosso corpo seja equipado para fazer autorreparos continuamente, ele pode ficar sobrecarregado por um excesso de radicais livres, especialmente à medida que envelhecemos. Isso resulta na morte prematura de células saudáveis, o que pode contribuir para o estabelecimento de uma infinidade de doenças degenerativas e para o desenvolvimento acelerado de células com mutações, o que pode levar ao câncer – a menos que os antioxidantes contra-ataquem.

A goji é a fonte mais rica de carotenoides antioxidantes, principalmente betacaroteno (a goji contém mais betacaroteno que a cenoura!). Os carotenoides são pigmentos antioxidantes lipossolúveis naturais.

O teor de carotenoides em tecidos de mamíferos é um fator estatístico significativo para a determinação do Potencial Máximo de Expectativa de Vida (PMEV). Por exemplo, o PMEV humano de aproximadamente 90 anos está relacionado a um nível de carotenoide sérico de 50 a 300 microgramas por decilitro, enquanto que para outros primatas, como o macaco *rhesus*, o PMEV é de aproximadamente 34 anos, relacionado a um nível de carotenoide sérico de 6 a 12 microgramas por decilitro. Em geral, parece que quanto mais carotenoides os mamíferos ingerem, mais eles vivem.

Melhora da visão

A goji contém dois antioxidantes-chave para a saúde da visão: zeaxantina e luteína. Os radicais livres atacam os olhos, e a zeaxantina e a luteína protegem contra eles e ajudam a reparar os danos.

Esses antioxidantes se concentram no centro da retina e protegem o olho contra a maioria das causas mais comuns de perda de visão relacionadas à idade, incluindo a degeneração macular, a catarata e a retinopatia causada por diabetes.

A goji contém, talvez, a mais alta concentração de zeaxantina de todos os superalimentos naturais ou dos produtos herbais que existem atualmente no mercado. A zeaxantina ajuda a curar a membrana dos olhos e dá a ela brilho e jovialidade. No sistema médico chinês, as gojis são recomendadas há milhares de anos para melhorar a visão.

Ativação do sistema imunológico

Parece haver três componentes principais da goji que melhoram o sistema imunológico: os polissacarídeos de goji (polissacarídeos de *Lycium barbarum* ou PLB), o betacaroteno e o germânio mineral.

Os polissacarídeos de goji (PLB I, PLB II, PLB III, PLB IV), que fazem parte da composição dos carboidratos da fruta, são mundialmente famosos por sua habilidade de melhorar o sistema imunológico e de proteger as células de mutações genéticas.

O betacaroteno parece melhorar a função da glândula timo e aumentar a ação estimulante do interferon, um potente e poderoso ativador da imunidade que desempenha um papel central na proteção contra infecções virais.

Uma pesquisa indica que a goji contém germânio orgânico (estima-se, segundo fontes da internet, que a goji contém 124 partes por milhão de germânio). Já foi demonstrado que o germânio possui propriedades que auxiliam o combate ao câncer. Alguns estudos japoneses indicam que o germânio orgânico é efetivo no tratamento do câncer cervical, de fígado, pulmão, testículos e útero. Assim como o betacaroteno, constatou-se que o germânio induz à produção do interferon.

Hidratação

A goji, particularmente a goji silvestre que cresce em solos alcalinos aluviais, contém uma enorme quantidade de hidrogênio, que é necessário para se promover "hidratação". O estado de hidratação é uma função direta do consumo suficiente de hidrogênio; a palavra "hidrogênio" revela a ciência por trás de seu significado: "hidro" significa água e "gênio", geração. Nos ambientes dos desertos, perto de zonas indígenas, nos quais a água é escassa, comer goji é algo fundamental para a sobrevivência.

Melhora da saúde neurológica e cerebral

As gojis ajudam o organismo a produzir colina, um composto essencial que combate os danos causados pelos radicais livres, ligados à degeneração neurológica e ao mal de Alzheimer.

Melhora da saúde cardiovascular

A goji ajuda a evitar o estreitamento das artérias que fornecem oxigênio e nutrientes para todas as células. A goji tem a habilidade de combater um fator-chave de doenças do coração: o colesterol oxidável. O colesterol torna-se especialmente perigoso quando se oxida, o que é resultado da ação de radicais livres. Gorduras oxidadas, uma vez no sangue, prendem-se às paredes das artérias juntamente com as nanobactérias formadoras de cálcio, e isso origina placas. Nosso corpo tem um sistema de defesa para agir contra isso, representado por uma enzima chamada superóxido dismutase (SOD), um superantioxidante, e previne a oxidação do colesterol. Uma pesquisa chinesa mostra que a ingestão de goji pode aumentar a produção de SOD pelo organismo.

> A goji é, talvez, a fruta em baga mais rica do planeta em termos nutricionais. Ela tem sabor delicioso e é equilibrada para praticamente todos os tipos sanguíneos, de organismo e de metabolismo.

Manutenção da saúde dos órgãos vitais

As gojis funcionam no organismo como tônico adaptogênico, pois mantêm nossos órgãos vitais saudáveis por promover o equilíbrio do açúcar no sangue e fortalecer o fígado, o sistema digestório e a pele. O chá de goji tem sido usado na Ásia para o tratamento de diabetes e para ajudar a regular o nível de açúcar no sangue, prenúncio tanto do diabetes quanto de doenças do coração.

Vários tipos de fitonutrientes presentes na fruta reforçam a capacidade do fígado de desintoxicar-se e de proteger-se contra danos causados por fatores carcinogênicos e contra os vírus da hepatite. Esses fitonutrientes incluem betaína, polissacarídeos e pigmentos antioxidantes. A betaína limpa o fígado e reduz a taxa do aminoácido tóxico homocisteína (metabolizado por nanobactérias) no sistema cardiovascular. A betaína e outros fitonutrientes da goji podem ser a razão pela qual ela apresenta propriedades anti-inflamatórias.

O chá de goji também é útil para todos os tipos de problemas digestivos e pode auxiliar na recuperação de doenças digestivas, como úlcera e síndrome do cólon irritável. Pesquisas sugerem que os polissacarídeos da goji são os responsáveis por ela causar um efeito calmante na digestão. As gojis contêm ácidos graxos (incluindo ácido hexadecanoico, ácido linoleico, betaelemeno, ácido mirístico e etil-hexadecano) e polissacarídeos transportadores de fatores que podem estimular a produção de colágeno e reter a hidratação, resultando em uma pele de aparência mais jovem.

O que adquirir

Produtos com goji

A goji é encontrada como fruta seca, de coloração vermelha profunda e, aproximadamente, do mesmo tamanho de uma uva. Tem o sabor que lembra uma mistura de cereja com cranberry (oxicoco) e um retrogosto levemente herbáceo.

Quando for comprar gojis secas, procure as seguintes características:

- Compre frutas orgânicas. Frutas não orgânicas e/ou "de seu próprio *habitat*" são, na maioria das vezes, pulverizadas com pesticidas químicos e/ou dióxido sulfúrico. Subrodutos de goji orgânico são superiores em qualidade, teor nutricional e sabor.
- Escolha frutas suculentas, mas não tão suculentas, pois podem ter sido embebidas em água e açúcar e depois secas novamente. A goji deve ser razoavelmente macia e levemente úmida. Evite escolher frutas muito duras e secas.
- O tamanho das gojis não importa. Eu não observei uma relação direta entre o tamanho da fruta e sua qualidade. As gojis com frequência são classificadas em quatro categorias, de acordo com seu tamanho: suprema, primeira, segunda e terceira categoria. A categoria suprema reúne as de maior tamanho, mas isso nem sempre equivale a mais nutrientes.
- Selecione as frutas que tenham uma cor vermelha rica, mas não muito incomum. As gojis cultivadas que apresentam um vermelho incomum (e que são vendidas a preços baixos) podem, na verdade, ter sido tingidas com produtos químicos. As gojis escuras ou são velhas e/ou têm baixo teor de antioxidantes.

A seguir, apresento uma lista de subprodutos de goji para que você procure e compre pela internet ou em lojas de produtos naturais ou em mercados que vendam produtos do gênero:

- gojis secas;
- pó de extrato de goji (em sacos a granel ou em cápsulas);
- suco de goji (feito de concentrado de goji);
- tintura líquida e extrato de goji (preferivelmente feitos de gojis frescas, e não secas);
- frutas colhidas recentemente;

- óleo de semente de goji (para aplicações cosméticas tópicas);
- barras de chocolate ou pedaços com goji crua e barrinhas energéticas.

Como usar as gojis

Por ter um histórico de ação como superalimento adaptogênico tônico, as gojis e seus subprodutos podem ser consumidos diariamente. Uma ingestão diária de 15 a 45 gramas (um punhado) de gojis é razoável. Normalmente, há de quatro a seis frutas secas em cada grama.

Desde o início da história, as pessoas têm usado as gojis para fazer chá, sopa e vinho, ou simplesmente as mastigam como uvas. As gojis podem ser usadas, assim como outras frutas secas, como petisco, misturadas em receitas ou em smoothies (vitaminas).

Parece haver alguma verdade na ideia da tradição chinesa que diz que quando as gojis secas são adicionadas a outros alimentos ou pratos, a digestão melhora. Parece que as gojis "atraem" os sucos digestivos para o estômago e para os intestinos. O doutor Iichiroh Ohhira, um cientista japonês que investiu quase quarenta anos em pesquisas com bactérias, indica incluir bactérias boas e gojis em suas notáveis fórmulas probióticas cultivadas.

As gojis orgânicas podem ser misturadas a pedaços de cacau e a outros superalimentos, e também a frutas secas, nozes e sementes. Pedaços de cacau e goji combinam particularmente bem. Por causa de seus poderes antioxidantes combinados, cacau e goji resultam em um excelente lanche para viagens.

Você pode misturar as gojis secas diretamente em smoothies, sucos e elixires. Um liquidificador razoavelmente forte desmanchará completamente as gojis secas na bebida.

As gojis podem ser embebidas e reidratadas em água. A água em que a goji ficou mergulhada (água de goji) resulta em uma bebida maravilhosamente hidratante e também pode ser usada para a base de um caldo.

As gojis são um excelente tempero para chá. Em qualquer chá que você faça, jogue de dez a vinte gojis na mistura e perceba como elas eliminam o fundo amargo das ervas medicinais e como acentuam e fazem homogeneização de todos os ingredientes do chá. Tente também tomar o chá apenas de goji. Um chá gelado de goji no verão é delicioso. Tomar o chá é uma maneira fácil de fazer com que os polissacarídeos da goji fiquem mais acessíveis pelo organismo, pois eles são extraídos das frutas para a água quente.

As gojis secas devem ser armazenadas em sacos secos bem fechados ou em recipientes herméticos. Se deixadas expostas ao ar, absorverão muita umidade.

Receitas com goji

Água de goji

Eu gosto de deixar as gojis de molho em água para hidratá-las e uso apenas a água do molho como base para meu smoothie. A receita:

- Um punhado grande de gojis
- 3 xícaras (chá) de água

Deixe as gojis de molho na água por, no mínimo, 2 a 4 horas em temperatura ambiente e mexa de vez em quando. Despeje em uma peneira para remover as frutas. Use a água de goji como base para o smoothie cuja receita dou a seguir.

Smoothie com água de goji

- 3 xícaras (chá) de água de goji
- 1 a 2 xícaras (chá) de suas frutas favoritas
- 1 colher (sopa) de mel ou de xarope de yacon
- Sementes raspadas de ½ fava de baunilha

Bata todos os ingredientes em um liquidificador de alta potência até obter uma mistura homogênea e lisa. Você pode adicionar outros superalimentos, como semente de cânhamo, chocolate em pó, proteína em pó, etc.

Limonada eletrolítica com goji

- 1 xícara (chá) de gojis hidratadas em 2 litros de água durante 2 a 4 horas
- 1 limão espremido na hora
- Uma pitada de sal (de preferência sal do Himalaia)[1]

Coe as gojis em uma peneira e use a água do molho. Adicione os outros ingredientes e bata tudo no liquidificador. Adoce levemente se desejar.

Docinhos de goji

- 2 xícaras (chá) de gojis secas trituradas em liquidificador de alta potência
- 2 colheres (sopa) de óleo de coco
- 2 colheres (sopa) de mel
- Um punhado de nibs[2] de cacau
- 1 colher (sopa) bem cheia de chocolate em pó
- ¼ xícara (chá) de amêndoas trituradas em liquidificador de alta potência (até virar um pó fino)

Misture todos os ingredientes e faça bolinhas com as mãos, do tamanho de um docinho.

Suco saboroso de goji ou geleia de goji

Dependendo da quantidade de líquido que você adicionar, poderá fazer suco ou geleia de goji.

- ¼ xícara (chá) de gojis hidratadas (guarde e use a água do molho)
- ½ colher (sopa) de raspas de casca de laranja
- ½ colher (sopa) de gengibre fresco ralado

---

1 O sal do Himalaia é produzido no Nepal e na China e vem de uma reserva natural que fica aos pés da cordilheira. O sal do Himalaia possui alta concentração de minérios provenientes da região e por isso apresenta propriedades terapêuticas, como a melhora da circulação sanguínea. (N. E.)

2 Nibs de cacau são os cotilédones fragmentados da semente do cacau, que passou por fermentação e desidratação (para se obter o cacau cru, também chamado de natural) ou por fermentação e torrefação (no caso do processamento tradicional do chocolate industrializado). São obtidos a partir da semente do cacau (também chamada de amêndoa ou grão), da qual foi retirada a casca. São comercializados com essa denominação (nibs de cacau). Neste livro, sempre que houver menção aos nibs de cacau, ela refere-se ao cacau cru ou natural. Os nibs são comercializados no Brasil em casas especializadas ou pela internet. Veja mais no capítulo sobre o cacau, a seguir. (N. E.)

- 1 colher (sopa) de mel ou de xarope de agave[3] ou 1 tâmara seca

Para fazer a geleia, bata bem todos os ingredientes no liquidificador até virar um purê. Para fazer o suco, adicione ao purê obtido 1 xícara (chá) de água de coco, de água mineral ou de suco de maçã.

Pudim cremoso de goji

- Polpa de 2 cocos verdes
- 2 colheres (sopa) de gojis
- 1 colher (sopa) de mel
- ½ xícara (chá) de água de coco
- Sementes raspadas de 1 fava de baunilha
- Uma pitada de sal, de preferência sal do mar Celta[4] (finamente moído)

Abra os cocos, remova a água de coco e raspe toda a polpa interna. Bata todos os ingredientes em um liquidificador de alta potência até obter uma mistura lisa e cremosa. Polvilhe com nibs de cacau orgânico cru. Refrigere até estar bem gelado e aproveite!

Frapê energizante de goji com superalimentos

- 4 xícaras (chá) de algum líquido de sua preferência (água, chá quente ou frio, água de coco ou qualquer leite de sementes ou nozes)
- 3 colheres (sopa) de gojis
- 3 colheres (sopa) de cacau em pó
- 1 colher (sopa) de nibs de cacau
- 1 colher (sopa) de maca
- 1 colher (sopa) de extrato de goji em pó (opcional, mas superenergizante!)
- 1 a 2 colheres (sopa) de adoçante (pode ser xarope de yacon, agave claro ou escuro ou qualquer mel)

---

3 O xarope de agave é obtido de uma planta originária principalmente do México, um cacto do gênero *Agave*. A produção ocorre por meio de quebra, filtragem, homogeneização e evaporação da planta, o que resulta em um xarope pouco viscoso, de cor amarelada e odor agradável, excelente substituto natural para o açúcar, já que geralmente é orgânico e tem baixo índice glicêmico, podendo ser utilizado, inclusive, por diabéticos controlados. Já é encontrado no Brasil em lojas de produtos naturais ou pode ser comprado pela internet. (N. E.)

4 Sal do mar Celta (do original em inglês Celtic sea salt) é um tipo de sal integral colhido no mar Celta, que fica ao largo da costa sul da Irlanda. É coletado artesanalmente usando o antigo método celta que não permite que nenhum metal toque o sal. Pode ser encontrado em algumas lojas brasileiras ou pela internet. Veja mais em http://www.celticseasalt.com. (N. E.)

- 1 a 3 xícaras (chá) de frutas orgânicas congeladas
- 1 colher (sopa) de sementes de cânhamo
- 1 pitadinha de sal (de preferência do mar Celta)
- Gel de ¼ de folha de *Aloe vera* (opcional)

Bata todos os ingredientes em um liquidificador de alta potência até que a mistura esteja lisa e homogênea.

Pavê de goji com cacau, castanhas e laranja

Receita de Ginger Robinson

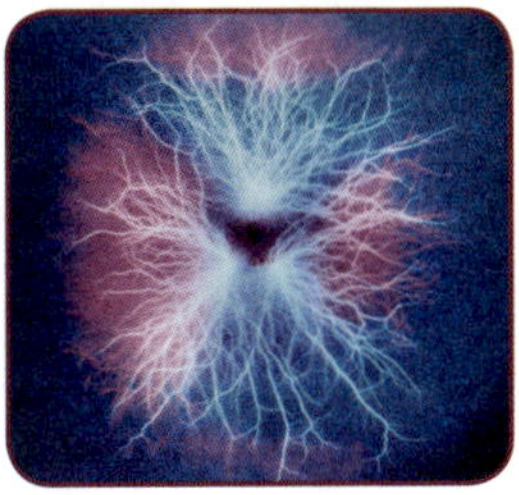

- ½ xícara (chá) de gojis (para moer)
- ½ xícara (chá) de manteiga de cacau derretida
- ½ xícara (chá) de castanhas de caju cruas
- ½ xícara (chá) de xarope de agave
- ½ xícara (chá) de nibs de cacau (opcional)
- ½ xícara (chá) de gojis (para serem misturadas inteiras)
- Raspas de 1 laranja

Moa as gojis (ficará pegajoso, e não um pó). Bata em um liquidificador de alta potência a manteiga de cacau derretida, as castanhas de caju e o agave até a mistura ficar lisa. Misture às gojis moídas. Acrescente à mistura os nibs de cacau, as gojis inteiras e as raspas de laranja. Espalhe em uma forma de vidro para tortas (o visual ficará como o daquelas barras de chocolate com amêndoas!). Resfrie no freezer até que esteja firme e delicie-se!

Nota sobre a sopa de goji

Scott Fraser, entusiasta dos superalimentos

Em um inverno, eu estava na grande ilha do Havaí e tinha muita vontade de tomar um bom chá de goji. Eu havia lido sobre a gelatina que existe em caldos curativos feitos com ossos, à qual muitas culturas pelo mundo atribuem a propriedade de promover a longevidade para quem a ingere. Como se sabe, quando se coloca um caldo de peixe na geladeira, ele adquire uma consistência gelatinosa, indicando que possui alto teor de gelatina. Tive a ideia, então, de fazer uma sopa de goji ao tirar da geladeira um chá muito forte que eu havia feito com gojis e que estava gelatinoso, exatamente como o caldo de peixe. Haviam me contado que, na medicina tradicional chinesa, fazer chá de goji é uma prática comum, e geralmente ele é a base para se adicionar outras ervas. Eu também havia lido sobre o herbalista taoísta de duzentos e tantos anos de idade que bebia sopa de goji todos os dias. A sopa de goji parece ser o caldo curativo ideal para as pessoas que se alimentam de legumes e verduras.

Cacau

O chocolate natural

Nome científico: *Theobroma cacao*

Nome popular: Cacau, chocolate, *xocolatl* (em asteca)

Tipo de superalimento: Semente

História, fatos e lendas

Existe algo a mais sobre o chocolate. Existe algo a mais *no* chocolate. Existe algo no chocolate que está além do toque, do sabor e de uma sensação provocante. A essência do chocolate é verdadeiramente indescritível, inefável, inexprimível.

Todo chocolate é feito da semente do cacau (também conhecida como amêndoa ou grão de cacau). Cacau é chocolate. Todo o valor antioxidante, os benefícios minerais, as propriedades rejuvenescedoras dos neurotransmissores e, de maneira geral, toda a capacidade de proporcionar saúde que o chocolate tem são encontrados, originalmente, no cacau. O chocolate é feito com apenas um ingrediente, sem precisar de açúcar, de leite ou de aditivos químicos, e esse único ingrediente é o cacau.

O cacau é feito da semente (amêndoa) de uma fruta proveniente de uma árvore da floresta americana. Em 1753, Lineu, o cientista sueco do século XVIII, achava o cacau tão importante que ele mesmo deu o nome ao gênero e à espécie dessa planta: *Theobroma cacao,* que significa "cacau, o alimento dos deuses".

Estudos sobre o chocolate

Todos os estudos feitos sobre o chocolate têm apontado para a mesma conclusão: há algo no chocolate que é realmente bom para a saúde. Esse algo está na semente crua do cacau, na semente da qual o chocolate é feito. A semente de cacau sempre foi, e sempre será, o principal alimento da natureza que proporciona perda de peso e alta energia. As sementes do cacau contêm, em si, o segredo mais bem guardado da história dos alimentos.

De tudo o que eu consegui avaliar durante a viagem mágica e misteriosa que fiz para as regiões de cultivo de cacau na América Central e na América do Sul, me pareceu que havia, no início, um largo território de *Theobroma cacao* espalhado pelas regiões norte e oeste da Amazônia e também ao longo da bacia do rio Orinoco, na Venezuela, nas regiões da América Central e no sul do México. Com o tempo, várias populações dessa área, que um dia já teve uma densa floresta, foram separadas umas das outras e divididas em nichos ecológicos.

Não existe época de colheita de cacau; sempre é época de chocolate. O cacaueiro floresce e produz frutos o ano todo. As flores brotam do caule e têm cinco pétalas pálidas e levemente perfumadas, como cogumelos que crescem diretamente do tronco ou de grandes ramos.

As flores do cacau raramente são visitadas por abelhas. Elas são mais bem polinizadas por minúsculos insetos conhecidos como mosquito-pólvora ou maruim. Conhece-se pelo menos seis tipos de mosquitos-pólvora que ajudam a polinizar as flores do cacaueiro. Uma vez polinizada, cada flor gera uma fruta do tipo vagem. Os frutos tipicamente começam verdes e se desenvolvem em variedades que vão do vermelho característico ao laranja, amarelo, azul ou roxo. Cada fruto leva de cinco a seis meses para amadurecer e normalmente cresce até o comprimento de 18 a 20 centímetros. Cada fruto contém de vinte a cinquenta sementes semelhantes a feijões ou amêndoas, envolvidas por uma polpa doce e delicada. São essas sementes que chamamos de "alimento dos deuses" ou grãos de cacau, a forma crua e natural do chocolate.

Três variedades principais de *Theobroma cacao* são cultivadas pelo mundo: *criollo*, *forastero* e *trinitario* (esta última resultante do cruzamento das duas outras). A *criollo* é a mais valorizada. Muitos sites e empresas que comercializam cacau alardeiam que vendem sementes de cacau *criollo*, quando, na verdade, elas possuem a variedade *forastero.* A variedade *criollo* é rara, compreendendo menos de 1 por cento do mercado mundial de cacau.

Fruta de casca dura, o cacau não cai no chão quando está maduro. Na natureza, os frutos maduros do cacau são abertos por macacos, pássaros (araras, papagaios, etc.), morcegos e outros animais silvestres e algumas sementes caem no solo. Se houver boas condições, uma nova árvore nascerá.

As sementes de cacau germinam com bastante facilidade, e as árvores jovens podem dar frutos depois de três a cinco anos, se crescerem em ambiente propício. Uma árvore de cacau madura produz, aproximadamente, cinquenta frutas, que normalmente são colhidas de duas a três vezes ao ano. Como foi mencionado, os cacaueiros produzem frutos durante o ano todo. Assim como para o coco e o noni, não há época de colheita do cacau. Os cacaueiros preferem solos bem drenados, ácidos, com alto teor de matéria orgânica e micélio do cogumelo. Se esse tipo de solo estiver presente, a companhia de árvores próximas não atrapalhará o cacaueiro. Árvores e plantas como a fruta-do-conde (família *Cherimoya)*, abacateiros, bananeiras, coqueiros, árvores de leguminosas, palmeiras, seringueiras e muitas outras árvores tropicais podem ter cultura intercalada com a do cacau.

Os cacaueiros crescem melhor à sombra de árvores maiores, nas quais ficam protegidos do vento e do sol excessivo. Eles gostam de ser cultivados em latitudes a 20 graus ao norte e a 20 graus ao sul do equador. Dentro dessa faixa, os cacaueiros podem se adaptar a uma ampla variação de condições tropicais (de regiões extremamente úmidas às mais secas), mas, para florescer, eles devem estar em temperaturas quentes (21°C são ideais). Eles adoram temperaturas acima dos 16°C e florescem melhor com umidade alta em flutuações mínimas. Todos esses fatores fazem do cacau uma ótima planta doméstica ou de estufa. Você pode até comprar um cacaueiro pela internet e, se as condições forem adequadas, em alguns anos ele produzirá frutos.

Cacau em vez de ouro

As sementes de cacau eram tão veneradas pelos maias e pelos astecas que eram usadas como dinheiro, em vez do ouro!

Quando problemas políticos fizeram Cortez retornar à Espanha em 1528, ele levou consigo minerais preciosos, produtos agrícolas e, muito provavelmente, sementes de cacau. Cortez foi, provavelmente, o primeiro a levar o cacau para a Europa. Depois disso, o mundo nunca mais seria o mesmo. Sobre a bebida de cacau, ele escreveu: "A divina bebida que aumenta a resistência e combate a fadiga. Uma xícara dessa preciosa bebida permite a um homem caminhar um dia inteiro sem precisar se alimentar".

Quando o conquistador Cortez e seus asseclas encontraram os astecas pela primeira vez, os espanhóis ficaram surpresos ao encontrar uma próspera metrópole na montanha conhecida como Tenochtitlán, localizada entre os picos de quinze montanhas, a maioria delas vulcânica. Naquele tempo, Tenochtitlán (hoje Cidade do México) era habitada por mais de 1 milhão de pessoas, muitas vezes maior que as maiores cidades da Europa. Cortez e seu bando estavam se deparando com um ecossistema, uma civilização e uma cultura completamente

diferentes. O que ele e seus homens descobriram de mais chocante foi o fato de que os cofres reais do imperador Montezuma estavam transbordando não de ouro, mas de sementes de cacau. O ouro era usado no império asteca para propósitos estéticos, e não como dinheiro. No México antigo a moeda imperial eram as sementes de cacau. O cronista espanhol Francisco Cervantes Salazar menciona que o depósito do imperador continha mais de 40.000 fardos, o que significava 960 milhões de sementes.

O cacau se propagou da corte real da Espanha para França, Holanda, Inglaterra, Bélgica e Itália, e finalmente cruzou toda a Europa Ocidental. Foram os europeus que combinaram o cacau com o açúcar de cana refinado; os nativos americanos sempre preferiram o chocolate amargo. Atualmente, sabemos que o açúcar refinado subtrai minerais do corpo, causando problemas de glicemia e desidratação, além de ser altamente viciante. O açúcar, com todos os seus perigos, diminuiu o valor medicinal do chocolate que era vendido na Europa e alterou o espírito das propriedades curativas originais do cacau.

Bioko, uma pequena ilha perto do equador e próxima à costa oeste da África, foi o primeiro local de cultivo de cacau fora das Américas. Os fazendeiros lá plantaram cacau oriundo da Venezuela em 1590, para que o mercado de cacau ficasse mais próximo da Europa. Essa ilha, com seu solo bem drenado, padrão de chuvas tropicais e clima quente, fornece um ambiente perfeito para o cacau. Bioko se tornou o ponto de partida do cacau na África. A ilha é hoje parte da Guiné Equatorial. Atualmente, os fazendeiros de lá produzem 8 toneladas de sementes de cacau por ano, respondendo por 70 por cento da riqueza de exportação do país.

Em 1828, um químico holandês chamado Coenraad Johannes van Houten patenteou um processo para a manufatura de um novo tipo de chocolate em pó com baixo teor de gordura. Desde o começo de 1815, em sua fábrica

em Amsterdã, ele vinha procurando um método mais eficiente para remover a maior parte da manteiga de cacau do chocolate; seu método era ferver e escumar. Ele finalmente desenvolveu um prensa hidráulica muito eficiente, que espremia o óleo do cacau. O cacau contém por volta de 50 por cento de gordura ou manteiga de cacau. No processamento do cacau com o uso da máquina de Van Houten, o teor de gordura ou manteiga era reduzido para aproximadamente 27 por cento, deixando um "bolo" que podia ser triturado em um pó fino. Van Houten criou o que seria por fim chamado de "pó de cacau". Para fazer com que esse pó de cacau se misturasse bem à água, van Houten tratou-o com sais alcalinos (potássio ou carbonato de sódio). Ao mesmo tempo em que o Holandês, como ele veio a ser conhecido depois, melhorava a miscibilidade (não a solubilidade) do pó de cacau em água quente, isso também fazia o chocolate ter uma cor mais escura e um sabor mais suave. A invenção de van Houten tornou possível o desenvolvimento de uma indústria de grande escala e a distribuição de chocolate barato nas formas sólida e em pó, e pelas quais milhões de pessoas podiam pagar.

A invenção do (notoriamente problemático) chocolate ao leite se deveu ao esforço conjunto de dois homens: o químico suíço Henri Nestlé (1814-1890) e o fabricante suíço de chocolate Daniel Peter (1836-1919). Em 1867, Nestlé descobriu um processo de transformar o leite em um pó pelo método da evaporação. Essa descoberta finalmente transformou a iniciativa de negócios de Nestlé na maior indústria de alimentos do mundo. Daniel Peter teve a ideia de usar o chocolate em pó de Nestlé em um novo tipo de chocolate. Em 1879, a primeira barra de chocolate ao leite foi produzida.

O sagrado coração

Mais que qualquer outra coisa, o cacau auxilia o coração nos sentidos literal, metafísico e espiritual. Os astecas com frequência chamavam o cacau *yollotl eztli*, o que significa "sangue de coração". O cacau faz com que nosso sistema cardio-

> Existe esperança para todos os chocolátras do mundo! Com o cacau ou chocolate natural, é possível redirecionar sua fissura pelo chocolate cozido e industrializado para um alimento supernutritivo: o chocolate cru, na forma de sementes de cacau cru, nibs de cacau, manteiga, pó e barras.

vascular fique saudável, mas também abre nosso coração, levando-nos de volta ao natural estado de sentir (em vez de apenas pensar), reconectando-nos, pela intuição, com os mistérios do repositório curativo que a mãe natureza possui.

A mitologia que existe em torno do cacau parece ir sempre na direção de recuperar a conexão entre o coração humano e a mãe natureza. Considere a seguinte lenda sul-americana:

> Khuno, o rei das tempestades, destruiu um vilarejo com uma chuva torrencial de granizo, pois estava bravo com o povo, que havia ateado fogo na floresta para limpar o terreno para suas culturas. Após a tempestade, o povo encontrou um cacaueiro. Foi assim, segundo o que contam, que se originou o cultivo do cacau. O cacau mostrou ao povo como viver em harmonia com a floresta.

Assim como todos os superalimentos, o cacau ultrapassa a linha divisória entre alimento e medicamento potente e benéfico. A semente do cacau cru é um dos mais fantásticos superalimentos da natureza por causa de seu teor de minerais e de seu vasto conjunto de propriedades exclusivas. Como muitas das propriedades especiais do cacau são destruídas pelo cozimento, refinamento e processamento, o melhor alimento da Terra ainda é desconhecido para a maioria das pessoas. Mas agora é possível reconectar-se com o poder do verdadeiro chocolate.

Benefícios

"Isso aumenta a possibilidade de que certos componentes alimentícios, como os flavonoides do cacau, possam ser benéficos para o aumento do fluxo sanguíneo do cérebro e reforço da função cerebral de idosos, ou para outras situações em que eles possam ter sua capacidade cognitiva prejudicada, como fadiga ou falta de sono."

Ian A. Macdonald
Da faculdade de medicina da Universidade de Nottingham,
em comentário sobre uma promissora pesquisa
sobre cacau e melhora da acuidade mental

Melhor fonte natural de diversos nutrientes

Antioxidantes

O cacau tem mais antioxidantes do que qualquer outro alimento do mundo. Esses antioxidantes incluem polifenóis, catequinas e epicatequinas. Em porcentagem de peso, o cacau tem mais antioxidantes que o vinho tinto, o mirtilo, o açaí, a romã e a goji juntos.

Os antioxidantes nos protegem das condições e das doenças do envelhecimento. Protegem o DNA contra os danos causados pelos radicais livres. Superalimentos de alto teor de antioxidantes, como o cacau, em geral potencializam os efeitos das superervas (astrágalo, pau-d'arco, unha-de-gato e outras) e de cogumelos medicinais (reishi, *Cordyceps*, chaga, maitake, shiitake, juba-de-leão, coriolus, etc.).

Magnésio

O magnésio é um excelente mineral alcalino, e o cacau parece ser sua fonte número 1 entre os alimentos da natureza. Esse mineral auxilia o coração, aumenta o poder cerebral, causa forte movimentação peristáltica (movimentos do intestino), alivia as cólicas menstruais, relaxa os músculos, aumenta a flexibilidade, ajuda a formar ossos fortes e aumenta a alcalinidade do organismo.

Quando o corpo dispõe de magnésio em quantidade suficiente, as veias e artérias dão um "suspiro de alívio" e relaxam, o que melhora a resistência e aumenta o fluxo de sangue, de oxigênio e de nutrientes por todo o corpo. Algumas pesquisas mostram que a deficiência de magnésio não está apenas associada a problemas cardíacos, mas que imediatamente depois de um ataque cardíaco, se não houver magnésio suficiente, poderão ocorrer danos no coração provocados por radicais livres.

O magnésio é o mineral mais deficiente na dieta padrão americana. Mais de 80 por cento dos norte-americanos apresentam deficiência crônica de magnésio. O cacau fornece magnésio suficiente para ajudar a reverter essa deficiência.

Ferro

O cacau contém 314 por cento da quantidade diária de ferro recomendada nos Estados Unidos em cada porção de 28 gramas do alimento. Sabe-se atualmente que o ferro é um mineral fundamental para a nutrição, pois é parte da proteína que carrega o oxigênio no sangue, a hemoglobina, que mantém o sangue saudável e combate a anemia.[1]

Cromo

O cromo é um importante oligoelemento (ou mineral-traço) que ajuda a equilibrar o açúcar do sangue. Aproximadamente 80 por cento dos norte-

1 Segundo a Organização Mundial da Saúde (OMS), a deficiência de ferro é a maior desordem nutricional do planeta, atingindo um terço da população (cerca de 2 bilhões de pessoas), que não estão apenas em países em desenvolvimento. No Brasil, segundo o Ministério da Saúde, apesar da ausência de um levantamento nacional, a anemia por deficiência de ferro é o problema nutricional de maior magnitude do país e atinge todas as classes de renda. Aproximadamente 50% das crianças e 30% das gestantes brasileiras apresentam deficiência de ferro. (N. E.)

-americanos têm deficiência desse mineral.[2] O cacau contém cromo suficiente para ajudar a reverter essa deficiência.

Manganês

O cacau é uma fonte rica de manganês, um oligoelemento essencial, que ajuda o ferro na oxigenação do sangue e na formação da hemoglobina. É interessante observar que há grande concentração de manganês nas lágrimas.

Zinco

O cacau é uma excelente fonte de zinco, outro oligoelemento essencial. O zinco desempenha papel importante no sistema imunológico, no fígado, no pâncreas, nos fluidos sexuais e na pele. Além disso, o zinco está envolvido em

Comparação da capacidade de absorção do radical livre oxigênio pelas frutas

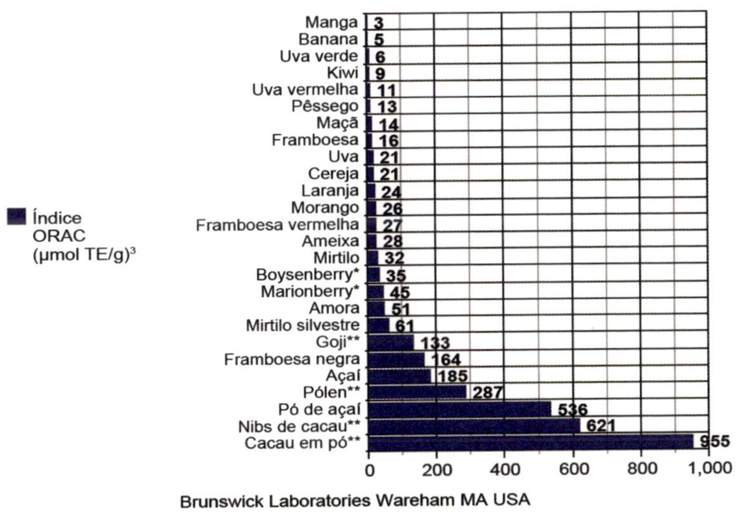

* Variedades de híbridos de amora com framboesa

** Medição feita em alimentos produzidos pela Sunfood.com (de propriedade do autor, David Wolfe)

2 No Brasil, segundo o Ministério da Saúde, as deficiências de cromo são semelhantes. (N. E.)

3 ORAC é a sigla de Oxygen Radical Absorbance Capacity [Capacidade de Absorção do Radical livre Oxigênio, também denominada CARO]. O índice ORAC mede o potencial antioxidante de um alimento. (N. E.)

milhares de reações enzimáticas que acontecem em todo o corpo humano. O zinco fica mais biodisponível se fizermos uma limpeza no organismo para desintoxicarmo-nos de metais pesados.

Cobre

O cobre é um oligoelemento essencial, encontrado naturalmente como parte do complexo de vitamina C de plantas, incluindo o cacau. No corpo humano, o cobre ajuda a proporcionar sangue saudável e imunidade forte.

Vitamina C

O ácido ascórbico foi descoberto em 1928 por um cientista de Budapeste chamado Albert Szent-Györgyi. Em 1937, ele ganhou o prêmio Nobel de fisiologia e medicina pelo reconhecimento de suas descobertas sobre o processo de oxidação biológica, com uma referência especial à vitamina C.

Temos de agradecer a Linus Pauling por nos conscientizar sobre a importância e o valor da vitamina C tanto como medicamento quanto como intensificador de outros compostos. Linus Pauling ganhou dois prêmios Nobel (de química, em 1954, e da paz, em 1962).

Uma porção de 28 gramas de nibs de cacau fornece 21 por cento da quantidade diária recomendada nos Estados Unidos de vitamina C. Isso é aproximadamente 44 miligramas por 100 gramas de cacau. Esse é um teor extraordinariamente alto para uma semente. O cacau deve estar cru para conter vitamina C. Qualquer chocolate cozido ou processado perde sua valiosa vitamina C.

Ômega-6

O cacau contém ácido graxo essencial do tipo ômega-6. Todo chocolate cozido e processado contém ácido graxo essencial ômega-6 rançoso (gordura trans), que pode causar uma reação inflamatória quando é ingerido. Esse é o golpe de misericórdia na questão do chocolate cru *versus* chocolate cozido. Os fabricantes de

O cacau é ótimo para todos, especialmente para as crianças!

chocolate não podem escapar do fato: se uma semente do chocolate é cozida, seu produto fica automaticamente contaminado com ácidos graxos essenciais trans.

Feniletilamina (FEA)

Feniletilaminas (FEA) compreendem uma categoria de compostos encontrados em abundância no cacau. Existem diferentes teores de feniletilaminas no cacau, já que ou são destruídas ou se desnaturam pelo processo de assar as sementes. Como as feniletilaminas são sensíveis ao calor, elas não estão presentes no chocolate convencional orgânico cozido e processado.

As feniletilaminas são uma classe importante de compostos químicos produzidos em nosso corpo quando nos apaixonamos. Essa é aparentemente uma das razões por que amor e chocolate têm uma conexão tão profunda. As FEAs também desempenham papel importante no aumento da concentração e do estado de alerta.

Uma concentração maior que 2,2 por cento de FEAs e uma concentração significativa de magnésio parecem ser os principais supressores naturais de apetite encontrados no cacau.

As sementes de cacau não contêm açúcar e têm aproximadamente 50 por cento de gordura, dependendo da variedade e das condições de cultivo. Um teor de 50 por cento de gordura é bem baixo se comparado ao de outras sementes. Não há evidências de que o consumo de sementes de cacau implique obesidade. O cacau é, na verdade, um dos melhores alimentos para a perda de peso por causa de sua extraordinária característica nutricional que contém minerais e moléculas de FEA, que cortam o apetite.

Anandamida

A anandamida é uma endorfina canabinoide que o corpo humano produz naturalmente após fazer atividades físicas. A anandamida foi encontrada em apenas uma planta: o cacau. É conhecida como a "felicidade química", porque é liberada quando estamos nos sentindo maravilhosamente bem. O cacau contém inibidores de enzimas que diminuem a capacidade do organismo de decompor quimicamente a anandamida. Isso significa

> "O ácido ascórbico (vitamina C) encontrado em produtos alimentícios é facilmente destruído pelo cozimento em altas temperaturas, especialmente na presença do cobre e, até certo ponto, de outros metais. Se nos alimentássemos apenas de verduras e legumes crus e frescos, como faziam nossos ancestrais há milhões de anos, não haveria necessidade de nos preocuparmos em obter as quantidades adequadas de nutrientes essenciais, como vitaminas."
>
> Linus Pauling
> *Vitamina C, o resfriado comum e a gripe*

que quando comemos cacau, a anandamida natural e/ou a anandamida do cacau tendem a ficar no corpo durante mais tempo, fazendo com que nós nos sintamos bem por mais tempo.

Triptofano

O cacau contém quantidades significativas do aminoácido essencial triptofano, poderoso intensificador do bom humor. De acordo com pesquisa obtida por referências cruzadas na internet, o pó de cacau apresenta entre 0,2 e 0,5 por cento de triptofano. A presença do triptofano na dieta é decisiva para a produção de serotonina, nosso principal neurotransmissor, pois no nosso corpo o triptofano reage com a vitamina B_6 e com a vitamina B_3 na presença do magnésio para produzir a serotonina. A função aumentada da serotonina em geral diminui a ansiedade e literalmente ativa nosso "escudo de defesa contra o estresse".

O triptofano é termicamente volátil e suscetível a dano ou destruição pelo cozimento. Como resultado, há normalmente falta de triptofano em muitas dietas de alimentos cozidos, mesmo que a ingestão de proteína animal seja elevada (pode ser uma razão pela qual a depressão esteja aumentando). Comer sementes de cacau cruas seria, portanto, uma maneira excelente de obter o triptofano na dieta.

Serotonina

O cacau é rico em serotonina, uma triptamina. A serotonina é o principal neurotransmissor do corpo humano e de quase todos os seres vivos. Ela é similar em sua estrutura química ao triptofano, à melatonina e à dimetiltriptamina. A serotonina ajuda a formar nosso "escudo de defesa contra o estresse". Se os níveis de serotonina estiverem altos, o mundo pode desmoronar e você ainda se sentirá bem. Se os níveis de serotonina estiverem baixos, tudo pode estar bem, mas você se sentirá como se estivesse no inferno.

Fibras

O cacau contém um tipo extraordinário de fibra solúvel tão perfeita para o sistema digestório humano que pode ser misturado, triturado e transformado em minúsculas partículas que ela ainda ajudará a limpar os intestinos e a aumentar os movimentos peristálticos.

Metilxantinas: cafeína e teobromina

O cacau contém cafeína? Diferentemente do que se pensa popularmente, o cacau é uma fonte pobre de cafeína. Uma amostra típica de nibs de cacau ou de sementes conterá algo entre zero e mil partes por milhão de cafeína (menos do que 1/20 da cafeína presente no café convencional).

Hoje sabemos que o cacau é uma das fontes mais ricas de uma substância peculiar e interessante conhecida como teobromina, um parente químico próximo e um metabólito da cafeína.

A teobromina, assim como a cafeína e o medicamento para asma chamado teofilina metilxantina, é um alcaloide e pertence ao grupo químico conhecido como xantinas. Os produtos de chocolate contêm alguma cafeína, mas nem de perto suficiente para explicar as atrações, fascinações, os vícios e efeitos do chocolate.

O cacau normalmente contém por volta de 1 por cento de teobromina. A teobromina é uma substância antibacteriana efetiva, que mata o *Streptococci mutans* (o principal micróbio causador de cáries). A teobromina é um produto químico parente da cafeína, mas não é um estimulante do sistema nervoso. Ela dilata o sistema cardiovascular, tornando mais fácil o trabalho do coração.

O cacau na medicina tradicional chinesa

Aspectos: *yang jing, qui/qi, shen*, sangue
Energia atmosférica: sutilmente refrescante (em excesso, aquecedora)
Sabor: doce, amargo, adstringente
Associação com órgãos: coração, rins, baço

Essa é uma das principais razões pelas quais o cacau é parte importante de uma dieta saudável para o coração.

Em fevereiro de 2008, o doutor Gabriel Cousens descobriu em testes clínicos feitos em pessoas saudáveis que o cacau não eleva o teor de açúcar no sangue do mesmo modo que um alimento ou uma bebida que contenha cafeína. Na verdade, o doutor Cousens descobriu que o cacau tem menos efeito na glicemia que praticamente qualquer outro alimento. O cacau eleva a glicemia em apenas 6 a 10 por cento. Alimentos que contêm estimulantes podem elevar a glicemia em mais de 30 por cento.

O cacau contém o prejudicial ácido oxálico?

O cacau contém algo entre 1.520 e 5.000 partes por milhão de ácido oxálico. Isso é prejudicial? Quando consideramos que os alimentos mais comuns têm um teor muito mais alto de ácido oxálico, como por exemplo o espinafre, a resposta é claramente não. Tenha também em mente que quando o ácido oxálico é cozido, ele se liga ao cálcio dentro do organismo e se fixa nos rins, e essa é mais uma razão para se comer cacau cru.

Aqui está uma lista com as quantidades de ácido oxálico, feita a partir de uma tabela originalmente publicada em 1984 no *Agriculture Handbook Nº 8-11,* em *Vegetables and Vegetable Products*:

Ácido oxálico vegetal (g/100g)

Amaranto – 1,09

Salsa – 1,70

Beldroega – 1,31

Espinafre – 0,97

Por essa tabela, o valor para o cacau cru estaria entre 0,15 e 0,50. Em seu teor máximo, ele possui apenas a metade do teor de ácido oxálico do espinafre. Considere o quanto de chocolate as pessoas comem *versus* a quantidade de espinafre: você pode facilmente comer 100 gramas de espinafre cru em uma salada, mas tente comer 100 gramas de chocolate no mesmo intervalo de tempo. Você terá mais coisas na cabeça do que apenas ácido oxálico.

Compostos de limpeza cardiovascular

Assim como a goji, o cacau contém os compostos N-cafeoil dopamina e N-cumaroil dopamina e seus análogos. Esses compostos eliminam uma molécula adesiva chamada P-seletina, que cola plaquetas aos glóbulos brancos do sangue e às paredes dos vasos sanguíneos e aumenta inflamações. Níveis elevados de P-seletina no sangue têm sido associados ao aumento de coágulos cardiovasculares (tromboses).

O cacau na astrologia

Astro associado: Sol e centro do Sol
Órgão específico de efeito: sagrado coração
Sexo: levemente masculino
Parceiro astrológico: baunilha

O que adquirir

Produtos com cacau cru

Procure pelos seguintes produtos de cacau orgânico cru:

- sementes de cacau com casca;
- sementes de cacau sem casca;
- nibs de cacau;
- sementes de cacau com polpa (ainda possuem a polpa doce e seca da semente não fermentada);
- pó de cacau;
- manteiga de cacau;

- pasta de cacau;
- barras de chocolate (aproveite a revolução que a barra de chocolate crua está causando na indústria do chocolate);
- bebidas de cacau;
- barrinhas com cacau;
- confeitos de cacau;
- pós combinados de superalimentos com cacau.

Observação: É necessário aproximadamente de 1 quilo a 1,3 quilo de nibs de cacau cru ou de sementes para obter meio quilo de manteiga de cacau crua.

Quando você for comprar cacau, procure pelas seguintes características, que garantem a qualidade do produto:

Pouca quantidade de microrganismos. Por sua qualidade excepcional e pelos padrões em que os produtos de cacau de minha empresa, a Sunfood Nutrition, são processados, pode-se considerar que não há qualquer atividade de micróbios ou de bactérias nas sementes. Isso é um feito extraordinário, considerando-se que as sementes do cacau vêm de uma fruta úmida e suculenta, cultivada em uma floresta quente. O processo utilizado exclusivamente pela Sunfood Nutrition para secar os nibs de cacau e as sementes faz com que se conservem a pureza, o fino aroma e o tamanho grande e bastante uniforme das sementes, que têm uma cor marrom-arroxeada e são fáceis de descascar, com a conservação de todo o potencial nutricional pretendido pela natureza. Por causa da qualidade das sementes e do processamento, é possível aproveitar o sabor e o aroma de chocolate cru sem precisar tostá-lo. Esteja atento, pois também existe à venda cacau de má qualidade, que foi aquecido, pulverizado, fermentado e cultivado por métodos convencionais e pode estar sujo (contaminado com sujeira e com bactérias e fungos).

Agradável e saboroso. Possui ótimo sabor sem precisar ser tostado, além de ter baixa acidez e fermentação natural.

Cem por cento cru e certificado de orgânico. Compre de fabricantes idôneos e adquira sempre cacau orgânico da melhor qualidade, para que você tenha garantia de que os produtos de cacau e o chocolate que você comprou não foram colhidos utilizando-se trabalho escravo. Um certificado de idoneidade não indicará necessariamente que o cacau é de qualidade e que foi produzido sem trabalho escravo, mas ainda assim é um padrão importante para um cacau cultivado de maneira convencional na África. A Sunfood Nutrition geralmente paga para os fazendeiros de cacau aproximadamente quatro vezes o padrão do comércio justo e, em cooperação com outras empresas, está ajudando a desenvolver um padrão ainda mais alto de proteção ao fazendeiro.

John Robins, o autor dos livros *Diet for a New America* [Dieta para uma nova América] e *The Food Revolution* [A revolução da comida], e fundador da EarthSave International e do site www.foodrevolution.org, sugeriu que se faça sete coisas para evitar a utilização de mão de obra escrava na colheita do cacau na África e em outras nações.

1. Informar-se e aprender mais sobre o assunto. Boas fontes de informação são:

   Global Exchange (www.globalexchange.org);
   The Child Labor Coalition (www.stopchildlabor.org);
   Anti-Slavery (www.antislavery.org);
   Unfair Trade (www.unfairtrade.co.uk);
   Fair Trade (www.fairtrade.net);
   O livro de Kevin Bale, *Disposable People* [Pessoas descartáveis], que faz uma ampla exposição da pesquisa sobre a escravidão nos dias de hoje.

2. Escreva uma carta para o editor do jornal ou um artigo para o jornal de bairro. Comente sobre o assunto em sites, blogs e comunidades. Escreva para os seus representantes na política.
3. Compre chocolate proveniente de comércio justo e/ou produtos de cacau de ótima qualidade (crus e orgânicos).

O cacau na aiurveda

Sabor: doce, adstringente, amargo
Energia: refrescante (em excesso, aquecedora)
Efeito após digestão: doce
Propriedades e ação nos três *doshas*: leve, laxante suave, bom para o coração, como óleo secante, seca, reduz *vata* (em pouca a moderada quantidade), reduz *pitta* (em pouca quantidade), reduz *kapha* (em pouca quantidade), aumenta *pitta*, *kapha* e *vata* (nessa ordem) (em excessiva quantidade)

4. Incentive o comércio local de onde você mora a distribuir cacau cru e orgânico proveniente de comércio justo.
5. Entre em contato com grandes empresas fabricantes de chocolate e peça que comprem cacau proveniente de comércio justo. Diga que você espera que algo seja feito rapidamente para garantir que o cacau importado não seja o colhido por crianças escravas.
6. Apoie a campanha do comércio justo aderindo a organizações como a Global Exchange (www.globalexchange.org).
7. Apoie o movimento antiescravidão aderindo a organizações como a Anti-Slavery International (www.antislavery.org).

Como usar os produtos do cacau

"Depois de comer chocolate, você se sente divino,
como se pudesse subjugar os inimigos,
comandar exércitos e seduzir amantes."
Emily Luchetti, autora e *chef* de confeitaria

Sugestões e recomendações para consumir chocolate.

1. Compre produtos derivados do cacau cru (sementes, nibs, pó, manteiga) e misture-os à bebida de sua preferência. Uma colher (sopa) de cacau para cada 250 mililitros funciona bem com qualquer bebida. Misture cacau com água de coco, chá ou café. Descubra a magia dos drinques de cacau.
2. Salpique nibs de cacau cru em sobremesas ou guloseimas em vez de gotas de chocolate. Nibs de cacau cru *são* as gotas de chocolate originais.
3. Coma sementes de cacau cru com goji, sementes, nozes, frutas secas e outros ingredientes para compor um mix. O cacau proporciona um lanche sensacional!
4. Coma simplesmente as sementes de cacau cru. Se você é fã de chocolate amargo, vai adorar o verdadeiro chocolate.

Recomendo que leia meu livro *Naked Chocolate* [Chocolate nu] para descobrir todas as sutis nuances que compõem a alquimia do cacau.

Ingestão recomendada

Pequena quantidade de cacau por pessoa por dia: uma semente de cacau para cada 8 ou 10 quilos de peso corporal.

Quantidade moderada por pessoa por dia: uma semente de cacau para cada 5 a 8 quilos de peso corporal.

Grande quantidade de cacau por pessoa por dia: uma semente de cacau para cada 1,5 a 4 quilos de peso corporal.

Exemplo 1: Se alguém pesa 63,5 quilos, uma ingestão moderada seria de oito a treze sementes de cacau por dia.

Exemplo 2: Se alguém pesa 90 quilos e ingerir de 22 a 66 sementes de cacau em um dia, vai se empanturrar com a quantidade exagerada.

Receitas com cacau

Frapê energizante de goji com cacau e superalimentos

- 4 xícaras (chá) de algum líquido de sua preferência (água, chá quente ou frio, água de coco ou qualquer leite de sementes ou nozes)
- 3 colheres (sopa) de cacau em pó
- 1 colher (sopa) de nibs de cacau
- 1 colher (sopa) de maca
- 3 colheres (sopa) de gojis
- 1 colher (sopa) de extrato de goji em pó (opcional, mas superenergizante!)

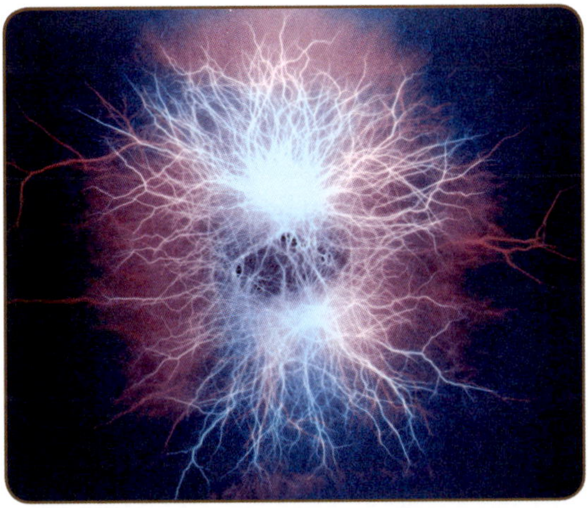

- 1 a 2 colheres (sopa) de adoçante (pode ser xarope de yacon, agave claro ou escuro ou qualquer mel)
- 1 a 3 xícaras (chá) de frutas orgânicas congeladas
- 1 colher (sopa) de sementes de cânhamo
- 1 pitadinha de sal (de preferência do mar Celta)
- Gel de ¼ de folha de *Aloe vera* (opcional)

Bata todos os ingredientes em um liquidificador de alta potência até obter uma mistura lisa e homogênea.

Uau Cacau! (um vitalizante de superalimentos verdes)

- 4 xícaras (chá) de algum líquido de sua preferência (água, chá quente ou frio, água de coco ou qualquer leite de sementes ou nozes)
- 3 colheres (sopa) de cacau em pó
- 1 colher (sopa) de maca (ou uma pequena quantidade de maca extrema ou vermelha)
- 1 colher (sopa) de nibs de cacau
- 2 colheres (sopa) de óleo de coco
- 1 colher (sopa) de castanhas de caju
- 1 a 2 colheres (sopa) de adoçante (pode ser xarope de yacon, agave claro ou escuro ou qualquer mel)
- 1 colher (sopa) de sementes de cânhamo
- 1 pitadinha de sal (de preferência do mar Celta)
- Gel de ¼ ou ½ de folha de *Aloe vera* (opcional)
- ½ a 1 colher (sopa) de espirulina

Bata todos os ingredientes em um liquidificador de alta potência até que a mistura esteja lisa e homogênea.

Frapê sonho de chocolate com baunilha

- 4 xícaras (chá) de algum líquido de sua preferência (água, chá quente ou frio, água de coco ou qualquer leite de sementes ou nozes)

- 3 colheres (sopa) de cacau em pó
- 1 colher (sopa) de maca (ou uma pequena quantidade de maca extrema ou vermelha)
- 1 colher (sopa) de nibs de cacau
- 2 colheres (sopa) de óleo de coco
- 1 colher (sopa) de castanhas de caju
- 1 a 2 colheres (sopa) de adoçante (pode ser xarope de yacon, agave claro ou escuro ou qualquer mel)
- 1 colher (sopa) de sementes de cânhamo
- 1 pitadinha de sal (de preferência do mar Celta)
- ½ colher (sopa) de gengibre (opcional)
- ½ a 1 colher (sopa) de pimenta-de-caiena (opcional)
- Gel de ¼ ou ½ de folha de *Aloe vera* (opcional)
- ½ fava de baunilha
- 3 a 5 cápsulas de pó de cogumelos medicinais (abra as cápsulas e despeje o pó)

Bata todos os ingredientes em um liquidificador de alta potência até obter uma mistura lisa e homogênea.

Receitas para festas

Cinnamon Rolls (rolinhos de canela)

- 1 porção de calda de chocolate amargo (de sementes de cacau cruas)
- 2 a 3 pitadas de canela em pó
- 1 xícara (chá) de nozes-pecãs (sem deixar de molho)
- 1 xícara (chá) de tâmaras

Misture as pecãs e as tâmaras em um processador de alimentos para fazer uma pasta. Polvilhe um pouco da canela em uma superfície de trabalho limpa, e coloque a pasta sobre ela. Polvilhe um pouco mais de canela sobre a pasta e achate, adicionando mais canela se a pasta ficar pegajosa. Abra a massa até formar um quadrado de 0,5 centímetro de espessura e aproximadamente 15 centímetros de lado. Corte as beiradas de modo que elas fiquem retas. Espalhe calda de chocolate por cima. Enrole a massa como um rocambole. Corte o rolo em fatias de 1,5 centímetros e sirva. Rende cerca de 10 deliciosas porções.

Milk-shake de chocolate

- ½ litro de leite de amêndoas bem gelado
- 4 colheres (sopa) de cacau em pó (ou sementes moídas ou nibs)
- 2 colheres (sopa) de pó de alfarroba
- 1 colher (sopa) de pó de maca
- 4 colheres (sopa) de xarope de agave
- ¼ de colher (sopa) de gengibre em pó
- 1 colher (sopa) de óleo de linhaça prensado a frio

Misture todos os ingredientes e beba imediatamente, antes que alguém chegue e queira beber por você! Simples, divertido, saboroso. Rende duas porções, mas você vai querer fazer mais!

Refresco energético de cacau

Não se engane com a simplicidade desta receita: é uma das nossas melhores. Rende duas porções e mantém você em pé o dia inteiro.

- 2 laranjas
- 14 damascos secos hidratados em água durante 4 a 6 horas
- ½ xícara (chá) de sementes de cacau secas
- 1 colher bem cheia de nibs de cacau
- 2 colheres (sopa) de cacau em pó

Extraia o suco das laranjas e bata com 10 damascos. Coloque em dois copos. Bata o restante dos damascos com as sementes, com os nibs de cacau e com o cacau em pó, mas deixe-os ainda ligeiramente crocantes. Com uma colher, coloque por cima da mistura de damasco e laranja. Para deixar ainda mais delicioso, coloque por cima um pouco de xarope de agave e algumas raspas de laranja. Uau!

Mix de cacau instantâneo

- 3 colheres (sopa) de nibs de cacau
- 2 colheres (sopa) de sementes de cânhamo
- ½ colher (sopa) de maca ou maca vermelha
- Uma pitada de sal do mar Celta
- 1 e ½ colher (sopa) de xarope de yacon

Em uma vasilha, misture bem os quatro primeiros ingredientes, polvilhando os nibs de cacau e as semente de cânhamo com a maca e o sal do mar Celta. Jogue o xarope de yacon sobre a mistura. Misture cuidadosamente todos os ingredientes, de modo que os nibs de cacau e as sementes de cânhamo fiquem uniformemente recobertos com o xarope de yacon. Coma vagarosamente com a colher. Rende uma porção. Para deixar divertido, multiplique a quantidade dos ingredientes pelo número de porções que você quer fazer e coloque em uma vasilha grande, para que todos comam juntos!

Variação 1:

Multiplique a quantidade dos ingredientes por 8.

- 1 e ½ xícara (chá) de nibs de cacau
- 1 xícara (chá) de sementes de cânhamo
- 4 colheres (sopa) de maca ou maca vermelha
- 8 pitadas de sal do mar Celta
- ¾ xícara (chá) xarope de yacon

Misture os quatro primeiros ingredientes em um processador de alimentos. Pulse até que a mistura tenha uma consistência espessa e pegajosa. Com o processador de alimentos em velocidade baixa, despeje um fio fino de xarope de yacon até que a mistura forme uma pasta espessa (as proporções podem precisar de ajustes). Desligue o processador e, com um pouquinho de óleo de coco em cada mão, remova a mistura da vasilha em porções do tamanho de uma noz. Forme bolinhas, coloque-as em uma travessa e leve-as à geladeira. Espere pelo menos uma hora para aproveitar esse lanche legal de chocolate.

Variação 2:

(receita de Andrew Rhodes, um dos vários super-heróis da Sunfood Nutrition)

Siga as instruções acima, mas use um pilão em vez de um processador de alimentos. Adicione ½ colher de chá de pimenta-de-caiena com o sal do mar Celta. Triture os ingredientes lentamente e aproveite o melhor chocolate de todos os tempos!

Smoothie delicado de chocolate e menta

- 3 conchas cheias de leite de amêndoas congelado
- 2 gotas de extrato de menta
- 1 ou 2 conchas de proteína de arroz Sun Warrior™[1]
- 1 barra de Sacred Chocolate™[2] (sabor menta)
- Agave ou mel para adoçar (a gosto)

Quebre o chocolate em pedaços pequenos e coloque-os no liquidificador. Em seguida, adicione o leite congelado de amêndoas e os outros ingredientes, e bata até que a mistura fique homogênea. Serve duas porções.

Smoothie de chocolate e laranja

- 2 barras de Sacred Chocolate™ (sabor cítrico)
- 1 laranja orgânica média ou grande
- 1 e ½ xícara (chá) de frutas congeladas
- 1 ou 2 conchas grandes de leite de amêndoas congelado
- 1 ou 2 conchas de proteína de arroz Sun Warrior™
- Agave ou mel para adoçar (a gosto)

Quebre o chocolate, pique a fruta em pedaços pequenos e coloque-os no liquidificador. Em seguida, adicione o leite congelado de amêndoas e os outros ingredientes e bata até que a mistura fique homogênea. Serve duas porções.

---

1 Comercializado pela Sunfood Nutrition (www.sunfood.com). Pode ser usada proteína de arroz de outra marca. (N. E.)

2 Comercializado pela Sunfood Nutrition (www.sunfood.com). Pode ser usado cacau cru convencional. (N. E.)

Preparação perfeita para levar em viagens (receita de John McCabe)

Em um processador de alimentos, misture os ingredientes a seguir (orgânicos e crus), formando uma pasta úmida, de consistência de massa de biscoito. Mas cuidado! Esta receita tem uma *tonelada* de calorias por porção!

- Um punhado grande de coco ralado
- Um punhado grande de farinha de aveia
- 2 a 3 colheres (sopa) de óleo de coco
- 2 a 3 colheres (sopa) de manteiga de cacau
- ⅓ de xícara (chá) de sementes de cacau moídas
- ¼ de xícara (chá) de mirtilos secos
- ¼ xícara (chá) de gojis
- ¼ xícara (chá) de sementes de abóbora
- ¼ xícara (chá) de nozes
- 10 macadâmias
- 1 colher (sopa) de canela em pó
- ¼ de colher (sopa) de noz-moscada
- ¼ xícara (chá) de mel
- ½ colher (sopa) de sal rosa
- ¼ xícara (chá) de sementes ou pó de cânhamo
- Algumas colheres (sopa) de alfarroba
- 2 colheres (sopa) de tahine
- Várias tâmaras sem sementes e cortadas em pedaços
- 1 colher (sopa) de baunilha (ou mais se quiser)
- 1 colher (sopa) cheia de pólen
- Pó de algas verdes (em cápsulas)
- 1 colher (sopa) cheia de maca
- 1 colher (sopa) de pó de algarobeira (ver no glossário de ingredientes das receitas, no final do livro)
- Quase ¼ de xícara (chá) de xarope de agave

Depois de misturar bem todos os ingredientes, e enquanto o processador de alimentos ainda estiver misturando, adicione um pouquinho de água, e tudo se transformará em uma grande massa de biscoito crua. Faça bolas e leve à geladeira.

Elixir chocoimune

Escolha uma das receitas de chá a seguir. Para criar um chá quente básico, aqueça os ingredientes do chá em 1,5 litro de água mineral até um pouco antes da fervura. Apague o fogo e deixe em infusão coberto por 5 minutos.

Receita de chá 1

- um punhado de gojis
- 5 colheres (sopa) de pau-d'arco (supererva antifúngica do Amazonas)
- 2 colheres (sopa) de unha-de-gato (supererva antiviral do Amazonas)
- 2 colheres (sopa) de quebra-pedra (supererva antibacteriana do Peru)
- 1 fava inteira de baunilha fatiada em pedaços pequenos

Receita de chá 2

- 1 colher (sopa) de chanca piedra
- 1 colher (sopa) de chuchuhuasi (supererva do Amazonas que cura rins e suprarrenais)
- 1 colher (sopa) de pau-d'arco
- ½ colher (sopa) de unha-de-gato

Coloque um dos chás acima, ainda quentes, em um liquidificador com:

- um punhado de gojis
- 2 colheres (sopa) de maca e/ou maca vermelha
- 1 colher (sopa) de nibs de cacau
- 1 colher (sopa) de cacau em pó
- 1 colher (sopa) de pó de algarobeira
- 1 colher (sopa) de óleo de coco
- 3 colheres (sopa) de mel, xarope de yacon ou xarope de agave
- 1 colher (sopa) de canela em pó

- 1 colher (sopa) de gengibre em pó
- 1 colher (sopa) de proteína em pó de sementes de cânhamo
- O conteúdo de 4 a 6 cápsulas de mix de cogumelos medicinais em pó
- O conteúdo de 2 a 4 cápsulas de cogumelo medicinal juba-de-leão
- O conteúdo de 2 a 4 cápsulas de cogumelo medicinal *Cordyceps*
- O conteúdo de 2 a 4 cápsulas de cogumelo medicinal *Agaricus blazei*
- O conteúdo de 2 a 4 cápsulas de cogumelo medicinal reishi
- Uma pitada de pimenta-de-caiena (para dar sabor)
- 1 colher (sopa) de pó de camu-camu
- 2 a 3 gotas e óleo de essência de laranja ou ¼ de colher (sopa) de raspas de casca de laranja
- Uma pitada de sal do mar Celta

Bata tudo até que o chá fique completamente cremoso e espumante. Aproveite a experiência de sentir seu corpo completamente bem. Propicie essa sensação a seus entes queridos, pois serve cinco porções.

Aviso

Comer cacau pode levar você a ter O MELHOR DIA DE SUA VIDA! Para mais informações sobre cacau cru, leia meu livro *Naked Chocolate* [Chocolate nu], que está repleto de informações detalhadas e traz mais de sessenta receitas de dar água na boca. Esse livro é resultado de anos de pesquisa em nutrição sobre os superalimentos e sobre o poder fenomenal e enlevador do cacau.

Barrinha de chocolate crocante e incrível (receita de Ginger Robinson)

Seus amigos não vão acreditar quando você disser que fez isso em casa. A mesma textura, maciez – tudo – daquelas barrinhas de chocolate com produtos químicos e laticínios contaminados, só que com um sabor MUITO melhor! É incrível! Combine em partes iguais:

- Xarope de agave
- Manteiga de cacau
- Castanhas de caju cruas

Adicione:

- um punhado grande de amoras ou de frutas secas
- 1 colher (sopa) de extrato de ho shou wu[1]
- 1 colher (sopa) de pó de maca
- 1 a 2 colheres (sopa) de pó de lúcuma

Derreta a manteiga de cacau em uma xícara no desidratador, coloque no liquidificador com o agave e as castanhas de caju. Bata até ficar homogêneo. Misture um punhado grande de amoras secas (ou frutas secas) e despeje a mistura em uma forma. Coloque-as no congelador até endurecer. Fatie em barras e coma para ter o melhor dia da sua vida!

1 Tipo de raiz chinesa que, segundo pesquisas, além de ser antimicrobiana, parece agir como bloqueador de dihidrotestosterona (DHT), um derivado da testosterona ligado à alopecia (calvície) genética masculina. É encontrada em lojas de produtos naturais ou artigos importados. (N. T.)

Smoothie precioso de cacau (receita de Len Foley)

Bata em um liquidificador:

- 1 xícara (chá) de chá de ervas
- 1 colher (sopa) de óleo de coco
- 1 colher (sopa) de mel
- Uma pitada de sal do mar Celta
- 2 gotas de baunilha
- 2 gotas de estévia

Diminua a velocidade do liquidificador e adicione:

- 1 colher (sopa) de sementes de cânhamo
- 1 colher (sopa) de sementes gergelim preto

Bata até a mistura ficar homogênea e adicione:

- Água de coco ou leite de amêndoas cruas ou outro leite de noz (complete até ¾ da altura do copo do liquidificador)

Adicione outros ingredientes:

- 5 gotas de tônico de chifre-de-veado[1]
- ½ colher (chá) de pó de ho shou wu
- uma pitada de pó de casca de *Eucommia*
- ½ colher (chá) de pó de maca
- 1 colher (sopa) de pó de algarobeira
- 1 colher (sopa) de proteína em pó de semente de cânhamo
- De 1 e ½ a 2 colheres (sopa) de cacau em pó
- 1 colher (sopa) de musgo da Irlanda[2] (limpe-o e deixe de molho por 2 a 3 dias, trocando a água uma vez por dia)

---

1 Tônico herbal chinês. (N. E.)

2 Musgo da Irlanda (*Chondrus crispus*) é uma alga vermelha da família das rodófitas. Também denominada carragena (nome da região da Irlanda em que é muito abundante e utilizada há muitas centenas de anos), apresenta altos teores de carragenina, um espessante, emulsionante e protetor da mucosa intestinal. Tem alto teor de proteínas, vitamina A, cálcio e ácidos graxos insaturados, apresentando um sabor neutro. (N. E.)

- 4 cápsulas de pó de cogumelo reishi
- ½ colher (chá) de pó de alga azul AFA
- 3 cápsulas de mangostim azul
- Uma pitada de pó de cogumelo *Cordyceps*
- Uma pitada de canela em pó
- 1 colher (sopa) de óleo de semente de abóbora
- 1 colher (sopa) de pólen

Bata em velocidade baixa e adicione gelo. Continue a bater em velocidade baixa ou um pouco mais alta se necessário, até que esteja homogêneo e espumante.

Shake de cacau "caminho do paraíso"

- 400 ml de água mineral ou de chá medicinal (combinações sugeridas: cavalinha/palha de aveia/urtiga ou unha-de-gato/pau-d'arco/ho shou wu/reishi)
- Gel de ½ folha de *Aloe vera* (opcional)
- De 1 a 2 colheres (sopa) de mel, xarope de yacon ou xarope de agave
- De 1 a 3 colheres (chá) de pólen
- 1 colher (sopa) de óleo de coco
- 1 colher (chá) de pó de alfarroba
- 1 a 2 colheres (sopa) de pó de algarobeira
- 1 a 2 colheres (sopa) de pó de maca
- 1 colher (sopa) de proteína de semente de cânhamo
- 2 colheres (sopa) de semente de cânhamo
- ½ a 1 colher (sopa) de óleo de semente de cânhamo prensado a frio
- 2 ou 3 castanhas-do-pará
- 2 colheres (sopa) de nibs de cacau
- 2 colheres (sopa) de cacau em pó
- ½ colher (sopa) de manteiga de cacau
- ¼ colher (sopa) de pó de alga azul AFA
- 1 colher (sopa) de espirulina
- Uma pitada de sal do Himalaia ou sal do mar Celta

- ¼ colher (sopa) de canela em pó
- ¼ colher (sopa) de pimenta em pó (ou mais, se você gosta mais picante!)

Misture todos os ingredientes em um liquidificador de alta velocidade e saboreie o êxtase do paraíso dos superalimentos!

Brownie puxa-puxa

Este doce é parecido com um brownie, só que mais escuro e muito mais nutritivo. Não aconselho comer muitos desse de uma só vez, a não ser que você seja um "chocólatra cru"!

- 4 xícaras de figos secos hidratados durante 1 hora em água mineral
- 1 xícara (chá) de tahine
- ½ xícara (chá) de chocolate cru em pó
- 1 xícara (chá) de gojis hidratadas durante 1 hora em água mineral
- 1 colher (chá) de folhas frescas de hortelã
- 1 colher (sopa) de sementes de linhaça dourada
- 1 a 2 colheres (sopa) de pó de ho shou wu
- 1 colher (sopa) de espirulina
- Uma pitada de sal do mar Celta

Triture finamente as sementes de linhaça em um moedor de café ou liquidificador. Coloque todos os ingredientes em um processador de alimentos e processe até que fique fino e com aparência de uma pasta. Se a mistura não der liga, adicione vagarosamente, enquanto estiver batendo, um pouco da água do molho em que ficaram as gojis.

Amasse a pasta com bastante amor e coloque-a em uma folha de teflex.[1] Espalhe a massa até ficar com aproximadamente 2,5 centímetros de espessura e corte em quadrados pequenos. Se você quiser, coloque meia cereja em cima de cada quadrado. Desidrate por aproximadamente quatro horas, então vire os quadrados dentro da bandeja do desidratador sem a folha de Teflex e desidrate por mais seis horas.

---

1 Teflex é um tipo de revestimento vinílico que se caracteriza por sua grande flexibilidade e resistência ao rasgo, à água e ao óleo. É composto por uma base celulósica recoberta de uma capa vinílica (PVC) de alta resistência, e é muito usado em preparações crudívoras que vão ao desidratador, pois impede que os líquidos do alimento escorram enquanto desidratam. (N. E.)

Tortilhas de chocolate

Estas tortilhas são levemente condimentadas e achocolatadas e muito versáteis. Podem ser recheadas com pasta de nozes e sementes cruas, abacate, salada ou molho picante. Sirva-as com guacamole, broto de girassol e fatias de limão galego em uma cama de cebolinhas. Rende seis tortilhas.

- Milho recém-debulhado de 2 espigas cruas
- ½ xícara (chá) de sementes de linhaça dourada
- ¼ de abacate
- ½ xícara (chá) de sementes de girassol
- 4 cebolinhas
- 2 dentes de alho
- ¼ de colher (chá) de sal do mar Celta
- 1 colher (chá) de cominho em pó
- ½ colher (chá) de pimenta-de-caiena em pó
- 1 colher (sopa) de páprica
- 1 colher (sopa) de cacau cru em pó
- 2 limões galegos espremidos

Moa as sementes de linhaça no moedor de especiarias (ou no pilão) até se tornarem um pó fino. Pique finamente o alho e as cebolinhas. Adicione todos os outros ingredientes no processador de alimentos e bata até que fiquem como uma pasta homogênea, que deve estar espessa e pegajosa.

Divida a massa em seis porções e modele círculos. Coloque em folhas de Teflex e desidrate por, aproximadamente, quatro horas. Vire as tortilhas, remova as folhas de Teflex de modo que o ar possa circular mais e desidrate por mais uma hora ou duas.

Nota especial sobre alergias

Um estudo recente mostrou que de quinhentas pessoas que pensavam ser alérgicas a chocolate, somente uma teve resultado positivo em testes. A alergia a chocolate é bastante rara. Normalmente, a pessoa é alérgica ao leite e a produtos lácteos. Algumas pessoas podem ser alérgicas a chocolate cozido e processado, mas dificilmente serão alérgicas ao cacau cru.

Maca

O afrodisíaco dos Andes

Nome científico: *Lepidium meyenii, Lepidium peruvianum*

Nome popular: Maca, raiz de maca, ginseng peruano

Tipo de superalimento: Raiz

História, fatos e lendas

De acordo com evidências arqueológicas, a maca é cultivada e cresce no alto dos Andes peruanos, na América do Sul, há aproximadamente 2.600 anos.

Em seu livro *Maca: Adaptogen and Hormonal Regulator* [Maca: adaptogênico e regulador hormonal], a PhD Beth M. Ley diz que a maca foi domesticada pelos *pumpush,* uma tribo guerreira agressiva que migrou da selva amazônica para os Andes. Mais tarde, o povo *yaro* chegou às montanhas andinas e cultivou imensos campos de maca. Finalmente, o império inca conquistou as regiões de cultivo de maca nos Andes. Conta a lenda que, durante o auge do império inca, os guerreiros consumiam maca antes de entrar nas batalhas para ficar violentamente fortes, mas, depois das conquistas, os soldados incas eram proibidos de usar maca, pois assim as mulheres ficavam mais protegidas contra o brutal desejo sexual dos homens.

Hoje o povo quéchua, descendente dos incas, continua a cultivar esse superalimento em uma altitude natural de 2.700 a 3.000 metros acima do nível do mar, e até a 4.300 metros, fazendo da maca a cultura de mais elevada altitude da Terra.

A maca faz parte da família das brassicáceas ou crucíferas, que inclui brócolis, repolho, couve-flor, couve, nabo e rabanete. É cultivada a partir de sua raiz, que se parece com a do rabanete, e pode ter cor branca, amarela e roxa e, às vezes, listras roxas riscam a raiz. Sob o solo, a maca é levemente maior, em média, que o rabanete, com um diâmetro típico de 5 a 7 centímetros. Acima do solo, a maca é um pouco maior que seus parentes. Ela produz folhas que crescem perto do chão e uma flor pequena, branco-amarelada, de quatro pétalas, típica dessa família vegetal. Como outras verduras crucíferas, e, diferentemente da maioria das plantas tuberosas, a maca se propaga por sementes, e não pela raiz. Embora seja uma planta perene, é cultivada como anual. A maca é colhida sete a nove meses após o plantio.

A área em que a maca é encontrada, no alto dos Andes, é uma região pobre, sem árvores, inóspita, com incidência solar intensa, ventos turbulentos e flutuações radicais de temperatura. A amplitude térmica diária é tão grande que as temperaturas ao pôr do sol podem despencar de amenos 18°C para condições congelantes de -10°C. A maca, portanto, tem uma das mais altas tolerâncias à geada dentre as espécies nativas cultivadas. As características e propriedades da maca desenvolveram-se por causa das condições extremas sob as quais ela cresce, o que a torna uma excelente escolha como superalimento para pessoas que vivem em climas frios, em grandes altitudes e/ou que praticam esportes radicais e fazem aventuras na natureza.

A maca tem sido usada medicinalmente na América do Sul há muitos séculos para aumentar a fertilidade de humanos e animais. Como os xamãs tradicionais andinos afirmam: "Quando a maca é consumida, os espíritos ficam por perto. A maca leva os espíritos a nascerem". Logo após a conquista da América, os espanhóis descobriram que eles e seus animais sentiam-se mal nas estéreis montanhas andinas. Os nativos recomendaram-lhes que comessem maca e também alimentassem seus animais com ela. Os resultados foram tão impressionantes que os historiadores espanhóis fizeram relatos detalhados sobre a planta. Aparentemente, alguns dos primeiros registros espanhóis escritos dos Andes são estudos sobre a maca.

A maca era tão reverenciada no período pré e pós-conquista espanhola que era usada como dinheiro. Foi enviada para Cuzco como tributo aos governantes incas quando eles conquistaram as regiões de seu cultivo. De acordo com o doutor Ley, em 1549, o governo colonial espanhol recebeu entre 6.800 a 8.200 quilos de maca como imposto. Registros coloniais feitos duzentos anos mais tarde indicam que pagamentos de cerca de 9 toneladas de maca foram exigidos só da área de Junin, nos Andes, para pagamento das taxas coloniais. Mesmo hoje, para muitos habitantes dos Andes, a maca ainda é uma das mercadorias mais vitais e valiosas.

Uma vez colhida, a raiz da maca era seca, transformada em pó ou cozida. Depois de seca e/ou transformada em pó era consumida ou colocada em sacos e trocada por outras mercadorias. Muitas vezes, nibs e sementes de cacau (chocolate cru) eram trocados por maca. A maca e o cacau têm afinidade e histórias singulares, que ficam evidentes quando são comidos juntos.

No século XX, o conhecimento sobre a maca quase desapareceu. Em 1979, o departamento de agricultura peruano encontrou apenas 70 acres de maca cultivada em seu país.

Não há dúvida de que a maca foi reavivada por uma das principais biólogas do Peru, a PhD Gloria Chacón de Popovici. Os primeiros estudos da doutora Chacon sobre a capacidade da maca de aumentar a fertilidade em animais foram publicados em 1961, e desde então ela permanece como a defensora da maca. Sua pesquisa contínua demonstrou que a maca aumenta a fertilidade em ratos, cães, cobaias, carneiros, vacas e humanos. Essa pesquisa tem sido repetida por vários pesquisadores em todo o mundo.

A maca não é apenas o superalimento preferido do povo peruano quéchua, mas também tem sido aproveitada por especialistas em alimentação crua, vegetarianos, atletas radicais, *chefs* de cozinha especializados em sobremesas e alquimistas da comida. Atualmente, a maca finalmente está disponível para as pessoas em todo o mundo.

Os festejados efeitos da maca estão criando uma demanda em mercados como Japão, Europa e América do Norte. Com o aumento do cultivo da maca e com o grande número de especialistas do governo peruano e das agências ativas que promovem a agricultura e o desenvolvimento da maca, ela é apontada como o principal produto botânico no cenário internacional de superalimentos e de produtos vegetais especiais.

Benefícios

A reputação que a maca tem como superalimento poderoso, que amplia a força e a resistência e realça a libido, remonta há séculos na história.

A maca, assim como a goji, o cogumelo reishi, a raiz do aspargo, a rhodiola, o ginseng, a alga azul AFA e outros superalimentos e superervas, é um poderoso adaptogênico, o que significa que ela tem a capacidade de equilibrar e estabilizar os sistemas glandular e hormonal, o sistema nervoso, o sistema cardiovascular e a musculatura.

Em 1947, o cientista russo Nikolai Lazarev foi o primeiro a definir adaptogênico como uma substância nutritiva que combate as fontes causadoras de estresse físico, químico ou biológico, elevando a resistência e permitindo que o organismo se adapte a circunstâncias estressantes.

Em 1968, o PhD Israel I. Brekhman e I.V. Dardymov definiram adaptogênico da seguinte maneira:

1. Um adaptogênico não é tóxico ao receptor.
2. Um adaptogênico produz uma resposta não específica no corpo: um aumento no poder de resistência contra múltiplos estímulos que causam estresse, inclusive agentes físicos, químicos ou biológicos.
3. Um adaptogênico tem uma influência normalizadora na fisiologia, sem restrição de direção da mudança de normas fisiológicas causadas pelo elemento disparador do estresse.

Essencialmente, adaptogênicos não são tóxicos, produzem uma resposta adaptável ao estresse e melhoram a homeostase no corpo.

De acordo com pesquisas, a maca, por ser um superalimento adaptogênico, aumenta a energia, a resistência, a oxigenação no corpo, a força física, a produção de neurotransmissores e a libido. Ela auxilia o sistema endócrino, as suprarrenais e a tireoide, e normalmente melhora o humor e ajuda na produção de hormônios saudáveis.

A maca é conhecida por melhorar as seguintes condições:

- anemia;
- fadiga crônica;
- depressão;
- infertilidade e esterilidade em humanos e animais;
- falta de libido;

- desnutrição;
- sintomas da menopausa;
- desconforto e problemas menstruais;
- memória fraca;
- câncer no estômago;
- tensão causada por estresse;
- tuberculose.

O pó da maca seca contém aproximadamente 59 por cento de carboidratos, 8,5 por cento de fibras e um pouco mais que 10 por cento de proteínas. A proteína existente no pó da maca seca contém vinte aminoácidos e sete aminoácidos essenciais. Comparada à batata, outra raiz local andina, a maca contém cinco vezes mais proteínas e quatro vezes mais fibras. Embora a maca não seja uma fonte completa de proteínas, é uma ótima fonte de precursores de hormônios e aminoácidos, pois provoca vários dos efeitos conseguidos com uma dieta rica em proteínas.

A maca tem um teor maior de gorduras que outras raízes (2,2 por cento), das quais o ácido linolênico, o ácido palmítico e o ácido oleico são os ácidos graxos principais, respectivamente, e também uma fonte rica de esteróis ativadores do sistema imunológico, incluindo sitosterol, campesterol, ergosterol, brassicasterol e ergostadienol. A maca contém isotiocianatos aromáticos biologicamente ativos, especialmente o p-methoxibenzil isotiocianato, que tem propriedades famosas afrodisíacas. A maca é rica em cálcio, magnésio, fósforo, potássio, enxofre, sódio e ferro e contém oligoelementos, incluindo zinco, iodo, cobre, selênio, bismuto, magnésio, estanho e silício. Ela também é rica em vitaminas B_1, B_2, C e E.

"Mulheres que tinham menstruação irregular e usaram maca experimentaram uma melhora consistente, ao passo que mulheres que sofrem com ondas de calor, mudanças repentinas de humor e outros sintomas ligados ao climatério e à menopausa sentiram que tudo isso diminuiu dramaticamente com o uso da maca."

Beth M. Ley, PhD, no livro *Maca: Adaptogen and Hormonal Regulator*

Oxigênio e energia

A maca é conhecida por ajudar efetivamente a lidar com estresse de todos os tipos. Por aumentar o teor de oxigênio sanguíneo, ela ajuda a aliviar o mal-estar causado pela altitude (o volume de oxigênio a 5.500 metros de altitude é normalmente metade do volume no nível do mar). Quando usada junto com chá de coca, praticamente todos os sintomas de mal-estar causados pela altitude podem ser aliviados em menos de uma hora.

Como adaptogênica, a maca pode fornecer mais energia se for necessário, e, se não for, ela não causará superestimulação. De acordo com a maioria dos estudos, adaptogênicos também melhoram a imunidade e aumentam a vitalidade do corpo em 10 a 15 por cento. Em vez de tratar de um sintoma específico, os adaptogênicos melhoram a adaptabilidade geral do corpo como um todo diante de situações de desafio e estresse.

Sistema endócrino

A bióloga peruana Gloria Chacón de Popovici sugere que a maca atua no hipotálamo e nas glândulas pituitárias, assim como nas suprarrenais. Ela defende a teoria de que, ao ativar essas glândulas endócrinas, a maca seria capaz de aumentar a energia, a vitalidade e a libido. Outros pesquisadores sugerem que o efeito da maca pode ser ainda mais básico, e que, quando o corpo está bem nutrido, a libido aumenta e a depressão diminui. O valor nutricional da maca poderia explicar algumas, mas não todas, dessas ações pretendidas.

A doutora Chacon está, provavelmente, mais perto da verdade em seu argumento científico. Como ela descreve, a maca age na glândula principal do cérebro, a hipófise, que atua diretamente sobre o hipotálamo. A partir do hipotálamo, é desencadeado um efeito cascata, pois a hipófise é estimulada a secretar hormônio luteinizante (LH) e hormônio folículo estimulante (FSH), o que estimula as glândulas suprarrenais e as gônadas a secretarem testosterona, progesterona e DHEA.

O funcionamento apropriado do sistema endócrino está profundamente relacionado ao bom funcionamento do sistema imunológico. Se qualquer parte do sistema endócrino estiver fora do equilíbrio (por exemplo, se as suprarrenais estiverem sobrecarregadas), a pessoa se tornará suscetível às exigências do sistema imunológico.

Além disso, à medida que envelhecemos, o nível de hormônios no sangue, órgãos e tecidos diminui. Pessoas que naturalmente têm uma alta produção de progesterona e/ou de testosterona são conhecidas por permanecerem jovens por mais tempo. As terapias de reposição hormonal da medicina tradicional ocidental estão rapidamente assumindo uma postura mais sustentável, razoável e inteligente ao propor a reposição hormonal bioidêntica. Entretanto, antes de tomar qualquer suplemento hormonal, devemos primeiro fazer todo o possível para aumentar nossa produção natural de hormônios ingerindo superalimentos naturais, ervas e suplementos, que incluem a maca e os derivados do coco (água e polpa de coco, óleo de coco e pregnenolona).

Diferentemente de soja, cimífuga, inhame mexicano silvestre e das sementes de linhaça, a maca é livre de hormônios vegetais (como os fitoestrógenos e as isoflavonas).

Propriedades afrodisíacas

"Todos nós ouvimos rumores sobre vários produtos como a maca, mas eu, ao usar essa raiz peruana, experimentei pessoalmente uma melhora significativa na resposta do tecido erétil. Eu a chamo a resposta natural ao Viagra. O que eu vejo na maca é um meio de normalizar nossos hormônios esteroides, como testosterona, progesterona e estrogênio. Consequentemente, ela tem a facilidade de prevenir as mudanças hormonais do envelhecimento e age nos homens para restaurá-los e levá-los a um estado funcional saudável, no qual eles experimentam uma libido mais ativa", declarou Garry F. Gordon, ex-presidente do colégio americano para avanço em medicina.

> "A maca tem alto valor nutricional, pois fornece macro e micronutrientes, incluindo 31 minerais-traço diferentes, que atuam no funcionamento de estruturas celulares e do organismo. A maca consegue otimizar a função da célula, assim como o equilíbrio no nível celular."
>
> Doutora Gloria Chacón de Popovici,
> bióloga da Universidade Nacional de San Marcos, Lima, Peru

As atuação da maca na função sexual foi mais bem pesquisada que seus efeitos no humor e na memória. A doutora Gloria Chacón inicialmente demonstrou em sua pesquisa que, ao fornecer maca aos ratos, os machos tiveram sua contagem de espermatozoides e sua motilidade aumentadas, e as fêmeas mostraram múltiplos folículos de amadurecimento dos óvulos. Esses efeitos foram mensuráveis 72 horas após a alimentação dos ratos com maca. Mais tarde, foram feitos estudos com cobaias, carneiros e vacas, e cada um deles reafirmou os efeitos que a maca produz no aumento da libido. Por exemplo, a maca aumentou significantemente o volume do sêmen do carneiro e sua contagem de espermatozoides. Pesquisadores como a doutora Chacón consideram que o que faz a maca ser um ativador da libido e um intensificador da fertilidade são os esteroides vegetais, os isotiocianatos, os macamides e os glucosinolatos constituintes, pois essas substâncias, quando isoladas e fornecidas aos animais como alimento, demonstram qualidades afrodisíacas.

A maca é um dos melhores superalimentos não apenas por causa do calibre de seus nutrientes, aminoácidos e ácidos graxos, mas também porque ajuda a aumentar a fertilidade; portanto, se você está tendo problemas para conceber uma criança, a maca é um ótimo superalimento para ser acrescentado à sua dieta. Após a gravidez, a maca também ajuda a mulher a produzir mais leite.

Auxílio à tireoide

Ao longo dos anos, várias pessoas me relataram que o uso regular da maca havia diminuído ou eliminado completamente seus problemas de tireoide. Eu vi relatórios de laboratórios em que dados médicos indicavam que uma pessoa deveria ter problemas de tireoide, mas ela não tinha porque estava consumindo maca. Isso indica um efeito indireto sobre o sistema endócrino, melhorando a saúde da tireoide sem alterar diretamente seu funcionamento químico, que é o que sabemos testar atualmente.

O que adquirir

Produtos com maca

Somente escolha marcas bem conceituadas de maca orgânica e apenas a raiz (nenhuma outra parte da planta). Não existe maca "verdadeira"; portanto, fique atento às afirmações duvidosas. Uma lista de produtos com maca está relacionada a seguir para você procurar na internet ou em uma loja de produtos naturais ou especializada:

- pó de raiz de maca seca;
- pó de raiz de maca seca encapsulado (excelente para viagens);
- maca vermelha;
- maca preta;
- maca amarela;
- maca extrema (extrato concentrado de maca seca em pó);
- maca assada;
- líquido concentrado de maca à base de álcool;
- fórmulas de superalimentos em pó com maca seca como ingrediente;
- barras de chocolate com maca, chocolate em pedaços e barras energéticas.

Como usar a maca

Como a maca é um superalimento, ela pode ser usada em maior quantidade do que outras ervas ou raízes medicinais. Ela também pode ser usada por um longo período sem causar efeitos colaterais prejudiciais. A maca é um alimento que aquece e, portanto, é mais adequada para uso em temperaturas mais baixas e em climas mais frios.

A maca, geralmente, é comprada como um pó de raiz orgânica seca e crua. Você pode usar uma colher de sopa ou mais desse pó em chás, leites de nozes, smoothies, café ou em qualquer bebida natural.

Como foi mencionado anteriormente, a maca possui uma relação extraordinária com o cacau. Misture maca em suas delícias preferidas de cacau cru e experimente a verdadeira magia culinária.

A maca pode também ser adicionada a sobremesas feitas em casa, doces, saladas, molhos de saladas, geleias, caldos, sopas e pudins. Ela tem sabor levemente maltado e notas de sabor com traços de caramelo. Ela também tem algumas qualidades de sabor menos similares a outras verduras crucíferas, como o rabanete; essas qualidades adicionam elementos suaves, sutis e picantes.

O pó de maca é um ótimo emulsificante e pode ser usado para emulsionar gorduras/óleos a amidos/açúcares em bebidas, sobremesas ou receitas. Por exemplo, se alguém faz uma bebida com xarope de agave e nibs de cacau, a maca pode ser usada para unir esses dois alimentos, para que fiquem suavemente ligados e criem um belo e delicioso sabor. Outro exemplo é uma torta de frutas cruas sobre uma massa de nozes e figos ou tâmaras. Se a massa for feita com maca, as nozes e os figos ou as tâmaras serão levados a se unir, dando um sabor mais completo e uniforme.

Um mínimo de 10 gramas por dia (uma colher de sopa cheia) de raiz seca de maca é o necessário para que você note algum benefício real, sendo que a quantia recomendada é 20 gramas por dia (duas colheres de sopa cheias). Se você desejar, pode aumentar isso consideravelmente. Recomenda-se que você fique uma semana sem consumir a maca a cada mês de uso contínuo. Às vezes, o uso irregular de superalimentos e de superervas pode de fato aumentar sua eficiência.

Posso comer muita maca?

Sim, naturalmente, como qualquer outra coisa. A maca, porém, é um poderoso superalimento/alimento/vegetal e deve ser consumido com cautela, especialmente por principiantes. A primeira vez em que ofereci maca a um de meus melhores amigos, nós estávamos em Miami fazendo uma viagem para promover um livro. Íamos a um local que servia sucos e leite de coco. Eu tinha vários quilos de maca comigo. Perguntei ao meu amigo quantas colheres grandes de maca ele queria em seu leite de coco. Ele nunca tinha experimentado e disse “dez”. Depois de consumir dez colheres cheias de maca pela primeira vez na vida, ela o derrubou. Ele ingeriu mais maca do que seu corpo conseguia suportar, pois nunca o havia feito antes. O que deveria ser uma noitada na cidade acabou sendo uma ida para a cama bem cedo.

Em estudos sobre toxidade feitos nos Estados Unidos e no Peru, a maca não mostrou toxidade e efeitos farmacológicos adversos. Em estudos com animais, quanto mais maca os animais consumiram, mais fortes e mais sexualmente ativos eles se tornaram. Apesar desses resultados, a moderação ainda é aconselhada, pelo menos até que se esteja acostumado a consumir a maca.

Posso combinar maca com outros tipos de suplementos hormonais e vegetais?

Sim. A maca pode ser combinada com pregnenolona, DHEA, DIM, cimicífuga, inhame selvagem, raiz de urtiga, maracujá, etc., com efeitos positivos.

A maca pode ser usada para melhorar a saúde da próstata?

Sim. Para homens que querem recuperar a saúde da próstata e o vigor sexual, a maca pode ser misturada ou tomada com di-indolilmetano (DIM). DIM é um componente encontrado em verduras crucíferas como brócolis, couve, couve-de-bruxelas, que ajuda no equilíbrio hormonal e no comportamento celular. O DIM é um dos mais efetivos fitonutrientes que podem ser usados para prevenir e tratar do câncer de mama, de próstata, de cólon e de pâncreas.

Os estudos sobre o uso do DIM em homens indicam que ele promove a formação de células saudáveis na próstata. Vários estudos e pesquisas têm mostrado que o DIM pode ajudar a reduzir a conversão da testosterona em estrógeno. Um aumento na relação entre a testosterona e o estrógeno está associado a uma próstata saudável. Pesquisas científicas também mostraram que o DIM aumenta o nível do "bom" estrógeno (2-hidroxiestrógeno) ao mesmo tempo em que reduz o nível do "mau" estrógeno (16-hidroxiestrógeno). A raiz de urtiga também pode ser adicionada a essa fórmula produzindo bons resultados.

Receitas com maca

Wrap de repolho verde com guacamaca doce

- 3 abacates
- 3 colheres (chá) de maca
- ½ colher (sopa) de sal do mar Celta ou sal do Himalaia
- 1 colher (sopa) de mel
- Suco de 1 limão
- 1 e ½ colher (chá) de espirulina
- 1 xícara (chá) de sementes de girassol germinadas
- 1 a 2 colheres (sopa) de tahine de gergelim cru

Coloque todos os ingredientes em uma vasilha e triture ou bata em um liquidificador para adquirir uma consistência cremosa. Recheie as folhas de repolho verde e enrole-as. Para um toque extra, adicione nibs de cacau à guacamaca!

Receitas com maca extrema

Todas as receitas a seguir levam uma pequena medida de maca extrema, o que dá um sabor muito leve de maca. Use uma dosagem maior para obter um sabor mais forte. Essas receitas usam maca extrema por várias razões:

- O sabor pode ser mais fácil de ser integrado para conseguir um paladar equilibrado.
- Esse é um produto de qualidade superior, já que é desidratado a baixas temperaturas.
- A ausência de fibras nesse produto permite uma concentração maior de certas propriedades medicinais, o que facilita sua absorção.
- Por fim, dependendo da etapa do ciclo em que certas verduras crucíferas são colhidas, elas terão absorvido poluentes do ar, especialmente aldeídos, o que é ótimo para o meio ambiente, mas não tão bom para o corpo. Descobrimos que, quando essas verduras têm suas fibras removidas (como é o caso da maca extrema), a concentração de aldeídos também é removida em sua maior parte.

Smoothie de maca extrema

- 4 xicaras (chá) de leite de sementes de cânhamo
- 1 concha de cevada ativada
- 1 concha de proteína de arroz em pó
- Um punhado de gojis
- 1 colher (sopa) de óleo de coco
- 1 colher (sopa) de maca extrema
- 1 colher (sopa) de pólen
- 2 colheres (sopa) de mel

Misture bem todos os ingredientes. Você pode adicionar também um pouco de canela, uma fava de baunilha e pó de chocolate.

Molho de maca para salada (receita de Kimberly Reschke)

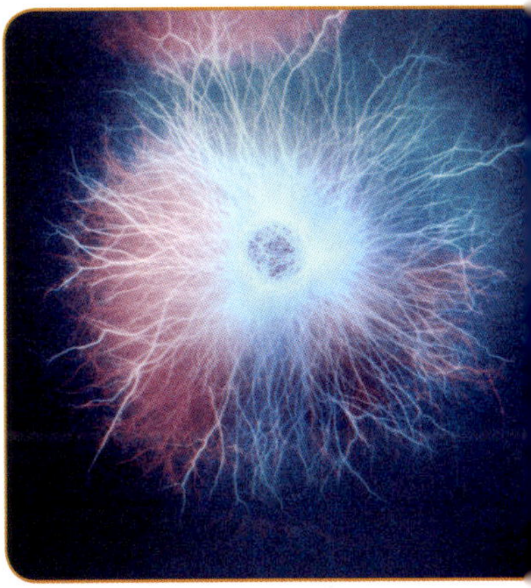

- ½ xícara (chá) de leite de coco ou polpa de coco
- Suco de 1 limão
- 2 colheres (chá) de mel
- ½ xícara (chá) de óleo de cânhamo
- ½ xícara (chá) de água mineral
- ½ a 4 colheres (sopa) de maca extrema
- 1 colher (sopa) de folhas de manjericão
- ½ colher (sopa) de pimenta forte
- Sal a gosto (use sal do mar Celta, do Himalaia ou outro de sua preferência)

Misture tudo no liquidificador até que o molho fique homogêneo. Está pronto para ser devorado. Use como molho para salada ou sobre o macarrão. Despeje sobre pepino ou "macarrão" de algas. Rende duas porções.

Pão de cebola com maca (receita de Kimberly Reschke)

- 6 cebolas grandes descascadas
- 1 e ½ xícara (chá) de sementes de linhaça moídas na hora
- 1 e ½ xícara (chá) de sementes de cânhamo moídas na hora
- 1 xícara (chá) de molho shoyu
- 2/3 de xícara (chá) de azeite de oliva
- 2 a 10 colheres (sopa) de maca extrema

Misture as cebolas descascadas, as sementes recentemente moídas, os líquidos e a maca em um processador de alimentos, até a massa adquirir uma consistência homogênea. Espalhe aproximadamente 2 xícaras (chá) da mistura na bandeja de um desidratador forrada com uma folha de Teflex. Repita até preencher quatro bandejas. Desidrate a 45°C por aproximadamente doze horas, virando e retirando a folha de Teflex e desidratando até que esteja pronto, normalmente mais quatro a seis horas. Aproveite dessa maneira ou acrescente abacate e tomate para compor um sanduíche ou como base para uma pizza crua. Essa é uma ótima maneira de obter das cebolas uma quantidade saudável e deliciosa de açúcares de cadeia longa!

Sorvete de baunilha e maca (receita de Kimberly Reschke)

- 1 e ½ xícaras de castanhas de caju cruas processadas
- ½ xícara (chá) de leite de coco ou polpa de coco
- ½ xícara (chá) de pó de lúcuma
- ½ xícara (chá) de mel
- ½ colher (sopa) de pó de baunilha crua ou raspas de 2 favas de baunilha
- 1 e ½ colher (sopa) de tanchagem (essencial para obter um sorvete cremoso que possa ser retirado com a concha)
- ½ xícara (chá) de água mineral (ou o que baste para misturar e obter uma consistência espessa)
- 1 a 6 colheres (sopa) de maca extrema
- Sal a gosto

Misture os ingredientes até obter uma consistência homogênea. Despeje em uma vasilha, coloque no congelador até adquirir a consistência de sorvete. Essa receita rende seis porções. Para ficar ainda mais delicioso, após o sorvete ter adquirido consistência por aproximadamente duas horas, misture os ingredientes a seguir. Mas cuidado: isso pode fazer você querer devorar a vasilha inteira em um dia!

- ½ xícara (chá) de óleo de coco aquecido para adquirir uma consistência líquida (pode ser feito em um desidratador em baixa temperatura)
- ¼ xícara (chá) de manteiga de cacau aquecida para adquirir uma consistência líquida
- 1 colher (sopa) de mel
- ½ xícara (chá) de pó de cacau

Deusa branca (receita de Kimberly Reschke)

- 2 xícaras (chá) de manteiga de cacau (derretidas em forno em banho-maria ou no desidratador)
- 1 a 1 e ½ xícara (chá) de mel (dependendo do quanto você é doce!)
- ¾ xícara (chá) de pasta de amendoim ou de amendoins crus moídos
- ¼ xícara (chá) de pó de lúcuma
- 1 e ½ a 5 colheres (sopa) de maca extrema
- 1 colher (sopa) de pó de baunilha ou raspa de 2 favas de baunilha

Em um processador de alimentos, misture a manteiga de cacau derretida e o restante dos ingredientes. Despeje a mistura em uma forma de bolo ou em forminhas individuais e deixe que adquira consistência na geladeira ou no congelador. Você obterá um lindo chocolate adocicado para crianças e adultos!

Produtos da abelha

Os superalimentos originais

Nome científico: (da abelha) *Apis mellifera spp, Apis dorsata*

Nome popular: (dos produtos da abelha) Mel, pólen, própolis, geleia real

Tipo de superalimento: Mel, pólen, própolis, geleia real

História, fatos e lendas

No bees, no honey; no work, no money.[1]

As histórias, as lendas e a mitologia em torno das abelhas e de seus produtos são tantas e tão vastas que ocupariam, sozinhas, vários livros. O único alimento que se aproxima da riqueza de histórias e lendas dos produtos da abelha é o chocolate (cacau).

1 Ditado em inglês que, em uma tradução livre, significa: "sem abelha, sem mel; sem trabalho, sem dinheiro". (N. T.)

Cientistas e arqueólogos descobriram cavernas nos vales dos rios do sul da França e do norte da Espanha que têm abundância de pinturas e gravuras que representam a vida na era pré-histórica. A maioria das pinturas representa animais de caça de grande porte, como o cervo e o bisão. Uma pintura encontrada em uma caverna perto de Valência, na Espanha, retrata dois homens roubando mel de uma colmeia. Os homens estão equilibrados em uma escada artesanal, encostada em uma rocha, e um deles está removendo o favo de mel da colmeia e lutando contra um enxame furioso, enquanto o outro espera, embaixo, que o favo de mel seja passado. As abelhas são representadas, muitas vezes, em tamanho maior que o normal, com o intuito de explicar e enfatizar os eventos.

É no Egito antigo que começa a ciência da apicultura praticada nos dias de hoje. Os egípcios estão entre os primeiros povos da Terra a criar abelhas, como está gravado nos relevos da parede de um templo e em hieróglifos em rolos de papiro. Os símbolos da abelha e da colmeia aparecem em todo lugar, por todo o Egito. Os símbolos são encontrados em joias, inscrições nas paredes de templos e tumbas, em tecidos e também entalhados na famosa pedra de Roseta e ao lado da assinatura do faraó em documentos oficiais. Os egípcios ofereciam mel e pólen aos deuses. As abelhas e seus produtos eram retratados em quase todo ritual.

Os produtos da abelha também eram amplamente usados na civilização greco-romana. Na *Ilíada* e na *Odisseia*, Homero repetidamente se refere ao mel e ao pólen. O famoso grego Pitágoras era vegetariano e ingeria mel diariamente, assim como seus discípulos. Mel e hidromel apareciam destacadamente nos antigos Jogos Olímpicos da Grécia, usados como alimento e bebida e para cuidar do corpo e da pele durante os jogos. O famoso escritor romano Plínio, o Velho, descreveu um vilarejo nos Montes Apeninos perto do rio Pó, onde a maioria das pessoas vivia mais de cem anos por causa do consumo de mel e pólen. A obra *História natural* de Plínio contém um livro quase que inteiramente dedicado a abelhas e colmeias:

> Livro 11: Insetos, abelhas, colmeias, a fonte do mel, a organização das abelhas, favos de mel, zangões, abelha-rainha, presságios fornecidos pelas abelhas, picadas de abelha, a traça da seda, a produção da seda, zoologia comparada e taxonomia: olhos, coração, macacos antropoides, o mal hálito dos animais.

Nos tempos antigos, as ilhas britânicas eram conhecidas como "A ilha do mel de Beli" pela grande quantidade de mel que produziam. Bem depois da queda de Roma, o mel era usado por toda a Europa em cerimônias religiosas, como um meio de intercâmbio e escambo, e para pagar impostos.

Na Arábia, Maomé, o profeta do Islã, ensinou que o mel trazia para as pessoas boa sorte e saúde. Ele diz: "O mel é um remédio para todas as doenças".

Alguns fatos sobre os produtos da abelha:

- As abelhas melíferas visitam aproximadamente 2 milhões de flores para produzir meio quilo de mel.
- Um enxame voa aproximadamente 88,5 quilômetros para conseguir fazer uma jarra de mel.
- Uma abelha operária comum produz 1/12 de uma colher de sopa de mel em sua vida.
- Todas as abelhas-operárias são fêmeas.
- As abelhas comunicam-se por meio de uma dança que elas conseguem entender mesmo na mais completa escuridão.
- Uma abelha-rainha consegue botar mais de 3.000 ovos em um único dia, em uma média de cinco ou seis por minuto. Isso corresponde a 175.000 a 200.000 ovos por ano.
- Um enxame pode conter mais de 80.000 abelhas, dentre as quais uma única rainha, algumas centenas de machos e o resto de abelhas-operárias.
- Quando Alexandre, o Grande, morreu, foi levado à Grécia em um caixão de ouro repleto de mel.
- As abelhas voam à média de 20 quilômetros por hora.
- Abelhas da mesma colmeia visitam uma média de 225.000 flores por dia. Uma única abelha típica visita entre cinquenta e mil flores por dia, mas tem capacidade de visitar milhares de flores.
- A temperatura média da colmeia é de 34°C.
- A produção de cera da maioria das colmeias é de cerca de 1,5 a 2 por cento da produção total de mel.

- As abelhas comem cerca de 3,5 quilos de mel para produzir meio quilo de cera.
- As abelhas melíferas são os únicos insetos que produzem alimentos para os seres humanos.
- A vida média de uma abelha é de três a seis semanas.
- O cérebro de uma abelha operária tem cerca de 1 milímetro cúbico de volume, mas tem a maior densidade de tecido neuronal de todos os animais.
- As abelhas melíferas são praticamente as únicas abelhas com olhos compostos formados de pelos.
- Uma abelha viaja uma média de 1.600 vezes para produzir apenas 28 gramas de mel, percorrendo quase 10 quilômetros. Para produzir cerca de 1 quilo de mel, as abelhas viajam a distância equivalente a quatro voltas no planeta.
- As abelhas têm um sistema magnético no cérebro que as orienta no voo.
- As abelhas polinizam apenas uma espécie de flor por vez. Quando duas espécies diferentes de flores têm o mesmo roxo-escuro e crescem uma ao lado da outra, percebe-se que as abelhas quase colidem no ar, mas nunca coletam o pólen da flor errada.
- As abelhas são as mestras da polinização cruzada.
- Uma abelha melífera consegue polinizar uma média de trinta flores por minuto.
- É necessário que uma abelha trabalhe oito horas por dia durante um mês para recolher uma colher de sopa de pólen, que contém cerca de 2,5 bilhões de grãos de pólen repletos de micronutrientes, oligoelementos, minerais e antioxidantes.
- De acordo com as eras geológicas e a datação paleontológica, as abelhas estão na Terra há 150 milhões de anos. Atualmente, há 30.000 espécies de abelhas.
- As abelhas produzem o único alimento que nunca estraga. Foi encontrado mel em tumbas egípcias e ele ainda era comestível.

Benefícios

Mel, pólen, própolis e geleia real

Os produtos da abelha são considerados alguns dos alimentos mais elevados espiritualmente e mágicos do planeta, assim como um dos melhores superalimentos e uma fonte concentrada de nutrientes. É altamente recomendado

que sejam consumidos regularmente produtos da abelha de alta qualidade. Os produtos da abelha (especialmente os provenientes de plantas silvestres e de flores de árvores silvestres) compõem uma classe surpreendente de superalimentos, que podem complementar a dieta e fornecer saúde pelo resto da vida.

O mel, em seu estado natural e orgânico e não filtrado, é rico em minerais, antioxidantes, probióticos e enzimas, e é um dos alimentos que possuem a mais alta vibração no planeta. O mel também é um alimento extremamente medicinal, que fornece uma forma muito digerível e suave de açúcar.

O pólen coletado por abelhas é um dos mais completos superalimentos encontrado na natureza, pois contém vitamina B_9 e todos os 22 aminoácidos essenciais, sendo uma fonte completa de proteínas e uma fonte rica de energia, com sabor delicioso.

O própolis é a substância que veda e protege a colmeia. Própolis literalmente significa "para a cidade". O própolis é uma substância cerosa, altamente medicinal, que ajuda a imunidade, sendo uma substância antibiótica produzida pelas abelhas, com um longo histórico de uso medicinal e alquímico.

É importante ter consciência de que as colmeias que produzem mel e pólen não orgânico e não silvestre (particularmente se não for cru) têm as abelhas frequentemente tratadas cruelmente por empresas que "fabricam mel". Isso significa que elas alimentam as abelhas com xarope de milho com alto teor de frutose (em vez de deixar que elas consumam uma porção de seu próprio mel), jogam fumaça nas colmeias, pulverizam pesticidas à base de nicotina nas plantas/árvores das quais as abelhas recolhem o pólen e realizam inúmeras outras práticas insustentáveis.

Em face do recente colapso das colmeias e da crise da polinização, que está, a propósito, afetando especialmente o setor da apicultura não orgânica, é importante valorizar os apicultores que tratam suas abelhas com respeito e carinho, empregando métodos orgânicos (não químicos) para praticar a apicultura.

Mel

Feito a partir do néctar que as abelhas sorvem de flores desabrochadas, o mel é um remédio universal, um adoçante e uma fonte de nutrientes. A enorme quantidade de pesquisas feitas na Rússia sobre o mel indica que o mel cru, não processado, é a fonte de enzimas vivas curativas mais rica da natureza, que aumenta os reflexos, melhora a agilidade mental e até o QI! Alguns tipos de mel de Lehua e de Noni provenientes do Havaí (NoniLand™), o mel de Manuka, originário das florestas tropicais úmidas da Nova Zelândia, e o mel de Sidr, proveniente do Iêmen, têm mostrado possuir efeitos antifúngicos, antibióticos e antivirais.

Sempre que possível, recomendamos que você escolha o mel silvestre. Nós não colocamos alimentos silvestres suficientes em nossa dieta, e o mel silvestre é fácil de ser conseguido, fácil de ser armazenado, fácil de ser consumido e fácil de ser transportado.

Alimentos silvestres frescos possuem mais vitalidade e mais fatores rejuvenescedores. Há 10.000 anos, nós todos comíamos 100 por cento de alimentos silvestres; colhíamos apenas o que encontrávamos, não cultivávamos nada, não havia agricultura. Sabemos que os dentes e a mineralização dos ossos eram muito melhores naqueles tempos. Desde o advento da agricultura, a mineralização de nossos ossos tem diminuído gradualmente.

Todo mel deve ser comido cru, pois mel cozido e pasteurizado não contém enzimas. O mel pode ser consumido com outros superalimentos ricos em minerais para aumentar a absorção mineral.

Indicações para se consumir mel

Percebe-se que o mel fornece alívio ou cura para um grande número de distúrbios, inclusive, mas não somente, diarreias, úlceras, infecções, síndrome do cólon irritável, problemas gastrointestinais, cânceres e infecções por estafilococos.

O mel tem efeito antibiótico em algumas doenças infecciosas causada por bactérias como carbúnculo, difteria, infecções do trato urinário, infecções do ouvido, meningite, infecções respiratórias, sinusite, pneumonia, tuberculose, mordidas de animais infectadas, febre tifoide, disenteria, abscessos, furúnculos, espinhas, impetigo, deterioração dentária, febre puerperal, escarlatina, dor de garganta e cólera.

O mel também pode ser usado topicamente para curar feridas (especialmente o mel de Manuka, pois quanto maior for o "número ativo", mais nutritivo e medicinal será o mel). Diferentes tipos de feridas têm sido tratadas com sucesso com mel, incluindo escoriações, abcessos, feridas, queimaduras, feridas abdominais pós-cesariana, cancro, úlceras cervicais, frieiras, mamilos rachados, cortes, úlceras de pé diabético e outras úlceras de diabéticos, fístulas, úlceras de pés leprosos, feridas infectadas decorrentes de traumas, grandes feridas infectadas, úlceras nas pernas, úlceras malignas, úlceras falciformes, úlceras na pele, feridas cirúrgicas, feridas na parede abdominal e no períneo e úlceras varicosas.

Os benefícios medicinais do mel são decorrentes de suas propriedades antibacterianas e de seu poder de reter a umidade. Efeitos colaterais: nenhum.

Entretanto, o mel não é apropriado para crianças de menos de 1 ano, por causa do perigo do botulismo causado por contaminação. É possível produzir méis tóxicos se eles forem provenientes de pólens tóxicos, embora isso seja raro. Se você é um produtor novato de mel, consulte a associação local de apicultores e verifique se existe potencial para haver pólen tóxico na área de sua produção.

Purinas e glicemia sanguínea

Nossas células convertem os alimentos em energia (ATP) em parte por meio da glicólise. Algumas pessoas (as de metabolismo lento) têm um ciclo da glicólise lento e, portanto, necessitam ingerir mais carboidratos, por causa da baixa produção de glicose e ácido pirúvico. O ciclo da glicólise das pessoas de metabolismo rápido é mais ligeiro. Recomenda-se que as pessoas de metabolismo rápido reduzam a ingestão de alimentos de alto índice glicêmico (alimentos hibridizados, extratos de alimentos ricos em açúcar) e aumentem a ingestão de alimentos de alto teor de purinas, que incluem alimentos muito proteicos, como a clorela e o pólen.

Problemas com a glicemia sanguínea: câncer e cândida

Nota especial: Se você tem problemas de glicemia sanguínea ou sofre com uma condição de saúde crítica, recomenda-se ficar longe do mel, do agave, do açúcar natural de cana, do xarope de milho de alto teor de frutose, do caldo de cana e de quaisquer adoçantes ou açúcares por, no mínimo, dois ou três meses, e então reavaliar. Não é bom para ninguém que tenha histórico de câncer ingerir muito açúcar de qualquer tipo, mesmo de uma fonte crua como as frutas, o mel ou o agave.

Pólen

O pólen coletado por abelhas é um alimento alcalino, considerado pelos nutricionistas um dos mais completos da natureza. Os benefícios do pólen incluem:

- Altos níveis antioxidantes, que ajudam a aumentar a longevidade por neutralizar radicais livres. Os antioxidantes também ajudam as ervas a trabalharem mais efetivamente.
- Propriedades que aumentam a fertilidade, sendo também um potente afrodisíaco. O pólen pode reduzir os problemas de próstata pois ajuda a melhorar a fertilidade, enquanto rejuvenesce os órgãos sexuais por ter alto teor de substâncias seminais. As pessoas que sofrem de pressão baixa podem ficar sujeitas a deficiências nas glândulas sexuais; o pólen pode aumentar a pressão arterial desses indivíduos, especialmente quando é tomado com alga kelp. Pode aumentar também os níveis hormonais e a potência sexual.
- O pólen aumenta a força, a resistência, a energia e a velocidade. Ele proporciona uma recuperação mais rápida dos exercícios, faz o ritmo cardíaco retornar ao normal e aumenta a resistência ao esforço repetido. O pólen aumenta a definição e o crescimento muscular. O conselho britânico de esportes registrou um aumento de 40 a 50 por cento na força de pessoas que ingerem pólen regularmente. Algo ainda mais surpreendente foi o relato da sociedade

real britânica sobre o aumento da estatura de adultos que tomaram pólen. Antti Lananaki, treinador da equipe finlandesa de trilha, que venceu de forma espetacular os Jogos Olímpicos de 1972, revelou: "A maioria dos nossos atletas ingere pólen como suplemento alimentar. Nossos estudos mostram que ele aumenta significativamente o desempenho. Não houve resultados negativos desde que começamos a dar pólen aos nossos atletas".

- O pólen reduz a produção de histaminas, neutralizando, assim, muitas alergias.
- A extraordinária presença de vitaminas B no pólen desenvolve a blindagem ao estresse, aumenta a longevidade, ajuda a remover a acne e ajuda em reverter o envelhecimento e as rugas.
- O pólen ajuda a aliviar os sintomas do diabetes tipo 2 pela restauração de deficiências minerais e metabólicas.
- Mais de quarenta pesquisas documentam a eficácia terapêutica e a segurança do pólen. Testes clínicos mostraram que partículas de pólen

A longevidade, o pólen e a Rússia

"Pessoas que consomem pólen atingem vida longa; o pólen é um dos antigos tesouros da nutrição e da medicina. Cada grão contém todas as substâncias importantes e necessárias à vida."

Doutor Naum Petrovich Joirich
Cientista-chefe da Academia Soviética de Vladivostok (1975)

Em 1945, foi publicado um relatório, feito pelo biólogo russo Nicholas Tsitin, com as respostas de 115 russos centenários a um questionário sobre sua idade, ocupação e alimentação. Todos responderam que consumiam mel em sua refeição principal. Outras pesquisas feitas pelo Instituto de Longevidade da URSS revelaram que eles consumiam não apenas mel, mas também pólen e outros produtos de abelhas.

"O pólen é a fonte mais rica em vitaminas da natureza, concentradas em apenas um alimento. Mesmo que o pólen não tivesse nenhum dos outros ingredientes fundamentais à vida, apenas seu teor de rutina já justificaria a ingestão de pelo menos uma colher de chá por dia, e por nenhuma outra razão além de fortalecer os vasos capilares. O pólen é extremamente rico em rutina e talvez seja a maior de todas as fontes desse elemento, além de fornecer uma grande quantidade de ácidos nucleicos (DNA e RNA)."

Instituto de Apicultura de Taranov, Rússia

ingeridas oralmente são absorvidas rápida e facilmente, já que passam direto do estômago para a corrente sanguínea. Duas horas após a ingestão, o pólen já é encontrado no sangue, nos fluidos espinhais e cerebrais e na urina.

- Também notou-se que o pólen pode ajudar a prevenir as seguintes condições: anemia, prisão de ventre, colite, sinusite, asma e bronquite.
- O pólen é fonte de dezoito vitaminas, incluindo quase todas vitaminas do grupo B (exceto a B_{12}) bem como de C, D e E, rutina (uma enzima catalisadora por excelência), carotenos (incluindo xantofila e betacaroteno), lecitina/colina, todos os aminoácidos essenciais (22 aminoácidos no total), catorze ácidos graxos, incluindo ácidos graxos essenciais, onze carboidratos, que variam de polissacarídeos a açúcares simples, ácidos nucleicos como RNA e DNA, hormônio esteroide, além de um hormônio vegetal similar ao hormônio hipofisário humano chamado gonadotrofina, e 15 por cento de lecitina. E estamos descobrindo ainda mais.
- De acordo com pesquisas feitas por médicos da França, Itália e URSS, o pólen é uma das mais ricas fontes de proteína natural biodisponível. Ele é composto de cerca de 25 por cento de proteína. Grama por grama, o pólen contém estimadamente entre cinco a sete vezes mais proteínas que carne, ovo ou queijo, pois a proteína do pólen está na forma pré-digerida, fácil de se assimilar.

O pólen é o material reprodutivo do mundo vegetal. Ele é feito de substâncias nobres que são levadas ao local de fecundação da planta (a flor). O pólen é também rico em minerais e em oligoelementos e pode conter até sessenta elementos químicos, entre eles bário, boro, cálcio, cobre, ouro, iodo, ferro, magnésio, manganês, fósforo, potássio, selênio, silício, enxofre, sódio e zinco.

Em 1981, no pólen levado por abelhas melíferas foi encontrado ouro em quantidade considerável: 0,9 partes por milhão (de peso seco). Foram encontradas duas plantas na Colúmbia Britânica, no Canadá, que, de fato, podem fornecer ouro à nossa dieta, seja por meio das abelhas seja diretamente. A *Phacelia sericea* e a *Dryas drummondii* possuem de 25 a 50 vezes mais ouro que outras plantas com as quais têm associação.

A composição mineral do pólen ainda é objeto de debates científicos. A maioria dos pesquisadores do assunto concorda atualmente que uma fração do pólen, que varia de 1 a 3 por cento da matéria mineral seca, consiste em compostos não identificados e em material mineral. Eu acredito que mesmo a fração identificada de minerais pode causar a falsa impressão de ser composta de carbono, quando, na verdade, consiste em compostos que contêm minerais Ormus, provavelmente presentes em cadeias de carbono de polissacarídeos. Ormus são elementos minerais descobertos por David Radius Hudson conhecidos agora por ocupar uma terceira e recentemente descoberta dimensão na tabela de periódica de Mendeleev. Esses elementos são metais de aglomerados de átomos extremamente pequenos, nos quais a força de atração de Coulomb é grande o suficiente para superar as forças que provocam a ligação atômica covalente metal-metal. Isso faz com que o metal torne-se uma substância que, a olho nu, parece ser mais como o silício. Esses elementos Ormus possuem longevidade extraordinária, grandes propriedades curativas, rejuvenescedoras, neurológicas e psíquicas.

Pelo menos 2 por cento do teor do conteúdo do pólen ainda tem de ser isolado e identificado. O grão individual do pólen fica encapsulado em duas camadas protetoras: a exina, composta de esporo-pólen e celulose conhecida por ser resistente a ácidos e a temperaturas acima de 300°C, e a intina, que fica sob a primeira, é mais fina e protege o óleo e o amido.

O pólen contém até onze enzimas principais diferentes, incluindo diatase, fosfatase e transferase, assim como altas quantidades de catalase, amilase e pectase (uma enzima que quebra a pectina), todas auxiliares da digestão. Apenas 130 miligramas de pólen podem auxiliar a digestão de 1,3 quilo de alimentos, graças às suas propriedades enzimáticas. Experiências mostram que as pessoas que consomem pólen diminuem a ingestão diária de alimentos entre 15 a 20 por cento.

Geleia real

Sintetizada a partir da combinação de pólen e mel feita dentro do corpo de um grupo especial de jovens abelhas-enfermeiras, a geleia real é um dos mais mágicos e menos compreendidos superalimentos no mundo. Secretado das glândulas faríngeas da abelha, a geleia real é uma substância leitosa e espessa, e é o único fator que determina o desenvolvimento de uma abelha-rainha a partir de uma larva comum. De todos os superalimentos, a geleia real é, definitivamente, um dos mais intrigantes, tanto no aspecto nutricional quanto no efetivo. Considere o seguinte:

> A grande importância nutricional da geleia real vem do fato de a diferenciação anatômica e funcional das larvas fêmeas ser totalmente dependen-

te do tipo de dieta que recebem no estágio inicial de desenvolvimento. Os ovos fertilizados dão origem tanto a pequenas abelhas-operárias sexualmente imaturas quanto a uma grande e fértil abelha-rainha. No estágio de larva, todas são absolutamente idênticas e são alimentadas com geleia real nos primeiros três dias após a eclosão. Do quarto dia em diante, apenas a larva especial escolhida para se tornar a rainha continua a ser alimentada com geleia real por toda a vida, enquanto as abelhas-operárias são alimentadas com mel e pólen somente. A fascinante descoberta dos apicultores foi que a alimentação é o único fator que distingue as abelhas-operárias da abelha-rainha. A abelha-rainha será a mãe de 250.000 abelhas e surpreendentemente botará 2.000 ovos por dia, o que equivale a mais de duas vezes seu próprio peso corporal. A abelha-rainha dura de quatro a cinco anos, em contraste com a vida consideravelmente mais curta das operárias, que duram em média cerca de 3 meses ou menos.

Excerto do artigo *Fresh Royal Jelly*,
de Y.S. Royal Jelly e Honey Farm
(disponível em www.yahwehsaliveandwell.com)

Ao longo da história, muitas culturas e tradições de todo o mundo têm considerado que a geleia real é "a fonte da juventude e da beleza". Ela é rejuvenescedora e regeneradora do corpo, inibindo o processo de envelhecimento, mantendo o vigor da pele, promovendo a vitalidade sexual, aliviando a dor da artrite e agindo como antidepressivo, junto a muitos outros benefícios significativos para a saúde:

- A geleia real é um conhecido rejuvenescedor, pois contém vitamina B_5 e outras vitaminas do complexo B, além de aminoácidos, potássio, magnésio, cálcio, zinco, ferro e manganês. Ela também é um poderoso suplemento energético; seu efeito estimulante é comparável à cafeína, mas sem seus efeitos colaterais negativos.
- A geleia real é a segunda fonte natural mais rica de ácido pantotênico (vitamina B_5) e contém até 50 por cento de proteínas, 20 por cento de carboidratos e 14 por cento de gordura.
- A geleia real é a fonte mais rica de acetilcolina, importante componente da regulação dos impulsos elétricos pelas células nervosas, o que aumenta a capacidade de pensar com clareza. A geleia real é tão efetiva nessa área que é conhecida por ajudar quem sofre do mal de Alzheimer.

- A geleia real também é extremamente efetiva no tratamento glandular e no equilíbrio hormonal, ajudando em problemas menstruais ou de próstata. Além do efeito rejuvenescedor na visão e na perda de memória, a geleia real ajuda no combate às doenças do coração, incluindo arteriosclerose e angina.
- Um estudo publicado em 1960 pela American Association for Cancer Research Inc. descobriu que "toda geleia real, quando misturada a células tumorais antes da inoculação, mostrou inibir completamente o desenvolvimento de leucemia transplantável do tipo AKR e de três linhas de tumores ascíticos em ratos". Esse é um resultado significativo!

A geleia real é tão complexa em sua natureza que, embora muitas pesquisas tenham sido conduzidas para descobrir sua composição química e suas propriedades farmacológicas, os cientistas ainda não foram capazes de analisá-la completamente nem de sintetizá-la em laboratório. A geleia real permanece um mistério científico em muitos aspectos.

Própolis

O potencial para que uma doença se espalhe dentro de uma colmeia quente e abarrotada é bem alto. Há milhões de anos, as abelhas resolveram esse problema recolhendo a resina viscosa, que conhecemos como própolis, de brotos de árvores e de cascas. As árvores exsudam essa resina para curar e consertar danos e prevenir suas doenças. Os bioflavonoides presentes no própolis têm poderosos efeitos antibióticos, antifúngicos e antibacterianos.

As abelhas utilizam o própolis para impermeabilizar as celas do favo de mel, como se fosse uma cola para selar as rachaduras e para criar entradas. O própolis protege as abelhas contra bactérias e vírus e é coletado pelos humanos para ser usado como antibacteriano, antifúngico e antibiótico. Diferentemente da penicilina, o própolis é natural e não produz reações adversas. Nos tempos bíblicos, o própolis era conhecido como mirra e era altamente valorizado por suas propriedades medicinais.

> O própolis há tempos tem sido usado como remédio natural, e pensava-se que os vários flavonoides que ele contém fossem a causa de seus benefícios na cura de feridas. Alguns estudos sugerem que ele pode ser usado contra bactérias e vírus e outros microrganismos quando aplicado topicamente nas áreas afetadas. O própolis tem ação antimicrobiana tanto em microrganismos gram-positivos quanto em gram-negativos. Ele contém elementos que aumentam a permeabilidade da membrana e inibem a motilidade bacteriana e é comumente usado para infecções de feridas e para outras doenças.
>
> Excerto do artigo da NaturalNews.com
> "Bee Propolis: Nature's Healing Balm With Immune Boosting Properties",
> de Katherine East

O própolis é uma rica fonte de minerais, aminoácidos, gorduras, vitaminas C e E, provitamina A e vitaminas do complexo B. O própolis também é extraordinariamente rico em bioflavonoides e aminoácidos. Os bioflavonoides restabelecem e fortalecem os vasos sanguíneos e capilares. Na colmeia congestionada, são usadas as propriedades antibiótica, antimicrobiana, anti-inflamatória e antibacteriana do própolis e da geleia real para inibir bactérias indesejáveis e favorecer bactérias úteis. Todas essas propriedades foram comprovadas por pesquisas científicas.

Centenas de propriedades químicas foram identificadas no própolis, e elas diferem de colmeia para colmeia, dependendo do ambiente no qual as abelhas vivem e do período do dia em que o própolis foi coletado. Todos esses fatores tornam o própolis extremamente complexo, razão pela qual ninguém tentou sintetizá-lo. Ele é natural e não pode ser patenteado; portanto, a pesquisa da substância é limitada quanto aos seus benefícios clínicos. Considere o seguinte:

> Foi realizado um estudo sobre os efeitos do própolis na estomatite aftosa recorrente – também conhecida como afta – na Harvard School of Dental Medicine. Aftas são doenças ulcerosas da cavidade oral. Elas não têm cura, e o medicamento usado para prevenir novas erupções e aliviar a dor vem com seu conjunto de perigosos efeitos colaterais. O própolis foi avaliado

como remédio potencial para reduzir o número de erupções ulcerosas. Havia dois grupos de pacientes: um grupo tomou uma cápsula de placebo e o outro grupo tomou uma cápsula de própolis. Os pacientes que tomaram a cápsula de própolis mostraram uma diminuição significativa do número de erupções ulcerosas na boca. Outro ótimo efeito do própolis foi que os pacientes relataram melhora decisiva em sua qualidade de vida. Isso adviria dos efeitos da estimulação imunológica que o própolis tem com seu alto nível de vitaminas do complexo B e notáveis quantidades de vitamina C, E e de betacaroteno.

Excerto do artigo da NaturalNews.com
"Bee Propolis: Nature's Healing Balm With Immune Boosting Properties",
por Katherine East

O própolis também tem sido usado para tratar uma ampla variedade de outras condições, que vai da artrite à alergia e à asma. Ele tem se mostrado efetivo contra a MRSA,[1] uma bactéria resistente a antibióticos que ameaça os pacientes de muitos hospitais.

O que adquirir

Subprodutos da abelha

Mel: o grande presente espiritual e alquímico que a mãe natureza nos oferece. Escolha méis crus (não pasteurizados ou cozidos), preferencialmente orgânicos e embalados em vidro.

Tipos raros de mel e outros produtos de abelhas:

Mel NoniLand™: Esse é o melhor dos méis escuros de cor de âmbar. Esse tipo de mel é encontrado apenas na costa norte das ilhas havaianas. É rico em elementos antimicrobianos derivados do pólen de noni e do pólen de lehua e em minerais tipo Ormus encontrados também em outros pólens da costa norte daquele local.

Mel Manuka: Os méis Manuka da Nova Zelândia às vezes são identificados com classificações, como Ativo 8+, 10+, 13+, etc., que são indicadores de seu poder antibiótico tópico. Quanto mais alto for o número de classificação, mais

---

1 MRSA é a sigla em inglês para Methicillin-resistant *Staphylococcus aureus*, ou *Staphylococcus aureus* resistente à meticilina. (N. E.)

poderoso será o efeito antibiótico do mel quando aplicado à pele. Procure uma classificação alta se você for usar o mel para tratar queimaduras ou se for ingeri-lo para combater úlceras ou uma infecção do estômago provocada por *H. pylori.*

Mel Honeydew: Esse é outro mel da Nova Zelândia, feito inteiramente da seiva da árvores em vez de pólen.

Mel com coberturas: Esse mel é coberto com pólen, geleia real, própolis e alguma cera de abelha (pedaços da colmeia). As crianças costumam amá-lo.

Pólen de abelhas melíferas (fresco ou seco): O pólen é, essencialmente, tudo o que há de mineral nas flores que as abelhas melíferas carregam (elas "brincam" dentro da flor para coletá-lo) e levam de volta à colmeia em suas asas e pernas. Os grãos de pólen são de tamanho microscópico, e as abelhas recolhem milhões desses grãos, concctando-os com o néctar em pequenos grânulos. Apicultores coletam o pólen das abelhas colocando um dispositivo na malha coletora localizada na entrada da colmeia pela qual as abelhas passam. Esse dispositivo recolhe em uma bandeja entre 10 e 50 por cento do pólen que as abelhas carregam, deixando uma quantidade suficiente para as necessidades da colmeia.

Quando estiver escolhendo pólen, escolha o pólen fresco ou procure pólen que foi seco na temperatura natural da colmeia ou menos (não acima de 38°C), com o uso de desumidificadores e refrigeradores de ar em um cômodo estéril. Desse modo, o pólen retém seu completo valor nutricional. O pólen precisa ser seco em menos de 10 por cento de umidade para que sua fermentação natural pare e não fique estragado.

O pólen é vendido em partículas granulares normalmente do tamanho de sementes de gergelim ou de linhaça. O pólen fresco de abelha é delicioso, tem uma textura macia, leve e fofa e um sabor agradável e rico. O pólen seco é desidratado, e seus grãos adquirem uma textura mais dura.

Fresco ou seco, o pólen pode permanecer altamente nutritivo se for armazenado no congelador. O pólen se conservará por onze anos! Ele não congela realmente, possivelmente por causa de seu baixo teor de umidade, de 3 por cento. O pólen refrigerado não se conserva bem porque seu teor de umidade pode aumentar, especialmente se for removido regularmente do refrigerador.

O melhor pólen tem uma variação de grânulos coloridos, em tons de todo o espectro de cores.

Geleia real: A geleia real fresca deve ser congelada, ou pelo menos refrigerada, para preservar suas propriedades curativas e nutritivas, durante semanas ou meses.

Extrato de própolis: Esse produto é normalmente diluído em álcool ou extraído em álcool, e depois colocado em glicerina. Normalmente é vendido como estimulador do sistema imunológico.

Colírio de própolis: É um excelente produto para lavar os olhos para pessoas que querem usar um produto natural no lugar de colírios sintéticos.

Como usar produtos da abelha

Mel

O mel, normalmente, não é recomendado para crianças com menos de 1 ano de idade. É raro, mas o mel pode ser contaminado por botulismo, causado por microrganismo que pode ser perigosamente tóxico para crianças de até 1 ano. Embora isso seja um fenômeno extremamente raro, é aconselhado tomar cuidado.

O mel pode ser aplicado topicamente sobre escoriações e queimaduras de todos os graus. O rótulo de certos méis da Nova Zelândia têm graduações Ativo 3+, Ativo 10+, Ativo 18+, etc. para identificar sua força de ação tópica.

Os referidos méis de alta classificação de Ativo #+ são mais efetivos contra *Heliobacter pylori,* um microrganismo patogênico que causa úlceras. Pelo menos três colheres (sopa) desse tipo de mel com o estômago vazio uma vez ao dia é uma boa dosagem, mas é preferível a dose de duas vezes ao dia para melhorar úlceras.

Pólen de abelha melífera

O pólen pode ser misturado ao mel (e/ou à geleia real), pode ser consumido sozinho como um petisco ou misturado a smoothies, elixires e sobremesas.

Sugestão de uso para o pólen

Comece usando uma colher (sopa) de pólen por dia para crianças acima de 5 anos de idade ou para adultos. Aumente a porção se desejar. O pólen

O poder curativo da picada de abelha

"Eu conheço pessoalmente muitas pessoas que acreditam que a maneira mais rápida e melhor para conseguir melhorar a artrite é utilizando veneno das abelhas. Alguns apicultores que sofrem de artrite provocam de verdade as abelhas e incitam-nas a picar as partes doloridas de seu corpo: joelhos, tornozelos, mãos e pulsos especialmente. O apicultor Charles Mraz pesquisou muitos casos de tratamento de artrite com a picada de abelhas e não encontrou registros de reações alérgicas ao veneno. Ele acredita que a maior parte das pessoas que sofrem de artrite não são alérgicas a veneno de abelha. De todas as partes do mundo provêm relatos e testemunhais de médicos, apicultores e pessoas comuns, de todas as idades, que descrevem ter tido alívio dos sintomas da condição reumática e da artrite com o uso do veneno da picada de abelha. Não se entende bem por que o veneno da abelha funciona para isso. Alguns cientistas dizem que o veneno da abelha provoca uma reação no organismo na qual compostos químicos e talvez até anticorpos são produzidos para neutralizar o veneno e contra-atacar seus efeitos. O que se supõe é que a resposta biológica do organismo ao veneno da abelha alivia os sintomas das condições de artrite e reumatismo quase como um "efeito colateral", mas um sintoma colateral desejável. Os pesquisadores estão tentando encontrar a razão pela qual o veneno funciona, para que consigam duplicar sua efetividade de uma maneira mais sistemática e controlada."

Bernard Jensen, PhD

Bee Well Bee Wise with Bee Pollen, Bee Propolis, Royal Jelly

mistura-se bem a smoothies ou a outras bebidas ou pode ser comido natural, como lanche, às colheradas. Para fazer uma delícia especialmente doce, experimente mergulhar a semente do cacau em mel e polvilhar com pólen e maca!

Atenção: Ao experimentar o pólen pela primeira vez, algumas pessoas podem sentir uma pequena irritação gastrointestinal e um efeito laxativo, por causa da riqueza da substância. Outras reações alérgicas potenciais, ainda que raras, podem ser inchaço, palpitações e dificuldade de respirar pequena a moderada. Para os novatos no consumo do pólen, é inteligente começar com uma pequena dosagem, aproximadamente ¼ de colher de chá e ir aumentando aos poucos.

Geleia real

A geleia real é extremamente potente. O consumo de apenas meia colher de chá diariamente já é eficaz para alcançar longevidade e conseguir uma sólida dose de vitaminas B, particularmente da vitamina B_5.

Própolis

Extratos de própolis (em álcool ou em glicerina) podem ser adicionados em gotas à água ou pingados diretamente na boca para melhorar o sistema imunológico, especialmente durante um surto de gripe ou durante uma infecção de garganta. Colírios de própolis também podem ser usados para substituir os colírios convencionais. Como os produtos de própolis variam em concentração, use cada um deles como indicado.

Receitas com mel, pólen, geleia real e própolis

Biscoito doce de superalimentos

- 1 colher (sopa) de pólen
- 1 colher (sopa) de pó de açaí
- ¼ colher (sopa) de pó de extrato de milho roxo
- ¼ colher (sopa) de pó de algarobeira
- ½ colher (sopa) de espirulina
- 1 colher (sopa) de leite de coco (não de óleo)
- 1 colher (chá) de mel (se estiver solidificado, mel branco funciona melhor)

Se desejar sabor chocolate, adicione ½ colher (chá) de cacau em pó.

Misture todos os ingredientes até conseguir uma massa farelenta. Espalhe em uma assadeira e desidrate em um desidratador ou no forno até que alcance a consistência de biscoito. O desidratador deve estar regulado para 46°C.

Deixe-o funcionando até que os biscoitos estejam secos. Se você tem forno, regule-o na temperatura mais baixa e verifique os biscoitos a cada 10 ou 15 minutos, até que eles estejam desidratados.

Bolinhas afrodisíacas

Em um processador de alimentos misture levemente, durante apenas alguns segundos, até que fiquem parcialmente amolecidas e moídas:

- ¼ a ½ xícara (chá) de amoras secas
- 1 xícara (chá) de sementes de cânhamo

Coloque a mistura em uma vasilha grande e adicione:

- 300 gramas de gordura ou manteiga de coco (não o óleo)
- ¼ xícara (chá) de coco seco ralado
- 3 a 4 colheres (sopa) de maca e/ou de maca vermelha
- 1 colher (chá) de canela em pó
- ¼ a ½ colher (chá) de sal do mar Celta
- Pó de 12 cápsulas de cistanche[1]
- ½ xícara (chá) de nibs de cacau
- ¼ de noz-moscada ralada na hora
- 3 a 4 colheres (sopa) de pólen
- 1 colher (sopa) de geleia real
- 2 colheres (sopa) de pó de suma
- ¼ xícara (chá) pó de lúcuma
- 1 a 2 colheres (chá) de pó de ginseng
- Pó de 6 cápsulas do cogumelo *Cordyceps*
- Pó de 6 cápsulas de *ho shou wu*
- 4 jatos de preparação de fitoplâncton marinho
- ¼ xícara (chá) de óleo de coco

---

1 *Cistanche tubulosa* é uma planta medicinal chinesa originária do deserto de Taklamakan, na China, que faz parte da alimentação diária dos habitantes dessa região, cuja longevidade é uma das maiores do mundo. Há quem atribua essa longevidade ao consumo regular de *Cistanche tubulosa.* (N. E.)

- 2 colheres (sopa) de mel
- Raspa de 3 favas de baunilha

Amasse todos os ingredientes com as mãos até adquirirem a consistência de uma massa de biscoito. Se necessário, adicione uma ou duas salpicadas de água mineral ou mais óleo de coco, de modo a que tudo tenha liga e fique homogêneo. Enrole em bolinhas do tamanho de bolas de golfe e mergulhe cada bola em uma das seguintes coberturas à sua escolha:

- pó de maca
- coco seco ralado
- canela em pó
- nibs de cacau
- pólen

Mistura poderosa

- 2 colheres (sopa) de pólen
- 2 colheres (chá) de geleia real
- 2 colheres (sopa) de mel
- 2 a 4 conta-gotas cheios de tintura de própolis

Misture todos os ingredientes em uma vasilha e aproveite! Como variação, adicione algumas colheradas de qualquer um dos ingredientes a seguir e solte sua imaginação culinária:

- nibs de cacau (ou sementes inteiras de cacau)
- amendoins crus
- castanhas-do-pará picadas
- sementes de cânhamo
- nozes-pecãs sem casca
- gojis
- uvas passas
- frutas secas
- figos secos picados
- tâmaras secas picadas

Dips de superalimentos

Coloque cada ingrediente a seguir em uma tigela e mergulhe neles sementes de cacau, como se fossem dips!

- Mel
- Geleia real
- Maca
- Pólen
- Espirulina

Cobertura real para biscoitos

Espalhe sobre biscoitos de linhaça ou sobre pão integral ou pão de trigo germinado:

- 1 colher (sopa) de mel
- 1 colher (chá) de geleia real

A seguir, polvilhe:

- 1 colher (sopa) de sementes de cânhamo
- Uma pitada da especiaria de sua preferência, como pimenta-de-caiena, canela, gengibre ou curry (opcional)

Limonada desintoxicante

- ½ litro de água mineral
- 2 colheres (sopa) de mel
- Suco de 1 a 2 limões
- Uma pitada de sal do mar Celta
- 2 colheres (sopa) de pó de noni

Combine todos os ingredientes em uma jarra e mexa até que fiquem completamente misturados. Resfrie no refrigerador (ou mesmo no congelador se você quiser um sorbet) e experimente essa delícia extrarrefrescante!

"É verdade", ele continuou. "O Caminho do Pólen tem seus perigos, pois antes do nascimento há o trabalho de parto. E se há mel, então há picadas. Mas, ao seu término, ele confere a quem o percorreu um extraordinário controle sobre as condições físicas. Isso inclui a habilidade de transmutar a matéria, de curar as doenças e de prolongar o intervalo entre as encarnações humanas. O Caminho do Pólen é nossa ioga, nosso significado para a união e a comunhão com um universo incrível e oculto e com sua bela joia azul-esverdeada, que é o planeta Terra."

Bee Shaman Bridge, falando com Simon Buxto,
no livro *The Shamanic Way of the Bee*

Espirulina

A rainha das proteínas

Nome científico: (principais variedades) *Spirulina pacifica, Spirulina platensis, Spirulina maxima, Spirulina fusiformis*

Nome popular: Espirulina, tecuitlatl (asteca), dihe (africano)

Tipo de superalimento: Alga (pó, flocos ou bolos)

História, fatos e lendas

A espirulina pertence a uma classe de algas muito antigas, unicelulares, que têm forma espiralada e cor azul-esverdeada. Pelo menos 35 variedades de espirulina ainda existem em vários lagos e cursos d'água da Terra.

A espirulina é uma alga microscópica, que cresce em água fresca e ambiente alcalino, e está na Terra desde o aparecimento da vida no planeta. Há espirulinas de forma espiral e helicoidal, que apresentam-se em filamentos microscópicos tão pequenos que não podem ser vistos a olho nu. O nome "espirulina" vem dessa característica de forma espiral. A cor verde da espirulina é decorrente da presença da clorofila, e a cor azul aparece por causa da presença do pigmento exótico ficocianina.

Sendo uma das formas de vida mais simples, a espirulina tem uma história extraordinariamente longa, ajudando a manter e a desenvolver a cadeia alimentar. É sabido que as antigas algas e o plâncton dos lagos e oceanos da Terra fornecem nutrientes fundamentais e são fonte de alimento para todos os tipos de vida, sendo a base e o começo da cadeia alimentar. Por meio da fotossíntese, as algas e o plâncton convertem a luz do Sol em proteínas, ácidos graxos, carboidratos e em quase todos os outros nutrientes essenciais à vida.

As espirulinas são sobreviventes resistentes. Algumas de suas variedades sobrevivem em um estado inativo mesmo quando a água evapora, podendo secar em rochas a uma temperatura superior a 70°C. Por sua resistência ao calor, a espirulina retém seus nutrientes mesmo quando fica exposta a altas temperaturas durante o transporte e o processamento dos alimentos.

As células de espirulina crescem naturalmente em lagos quentes e alcalinos, e em cursos d'água em que organismos tóxicos não conseguem viver; portanto, a espirulina pode ser colhida com um alto grau de esterilidade, sem contaminação por outros organismos.

Historicamente, duas civilizações ficaram conhecidas por usar a espirulina em grande escala: os povos da Cidade do México, na América Central, e os da área do lago Chade, na África.

Nos dias atuais, a colheita comercial expressiva da espirulina começou nos anos 1970, com um rendimento de quase 100 toneladas por ano. Espera-se que até o ano 2020 a produção mundial de espirulina alcance as 220.000 toneladas anuais.

Espirulina americana

A espirulina foi a fonte principal de proteína dos moradores da Cidade do México por vários milhares de anos. A espirulina cresce descontroladamente em alguns lagos ao redor da Cidade do México, que agora foram engolidos pela expansão de uma das maiores cidades do mundo. Um desses, o lago Texcoco, ainda produz uma das melhores espirulinas do mundo. As últimas grandes dinastias dos astecas, antes da chegada dos espanhóis, em 1519, reverenciavam a espirulina como superalimento e ela era famosa por ser misturada ao chocolate. O chocolate (cacau) e a espirulina são consumidos juntos desde que a Cidade do México foi fundada. Os astecas conheciam a espirulina pela palavra *tecuitlatl.*

A espirulina atualmente cultivada na ponta sul da grande ilha do Havaí é uma variedade que foi isolada dos rios e canais do Havaí, que é a *Spirulina pacifica,* cultivada pela empresa agrícola Cyanotech. Por enquanto não há registros, que eu saiba, de que os antigos havaianos consumiam essa espirulina, mas há sobre o consumo de espirulina com alimento na Polinésia, como cocos, noni e cúrcuma, em uma clara indicação sobre a sinergia entre esses alimentos tropicais e a espirulina.

Espirulina africana

Povos africanos que moram perto do lago Chade têm consumido espirulina desde o começo da ocupação humana da área. Eles chamam sua espirulina de *dihe.* A espirulina é peneirada da superfície do lago, seca em rochas ou bastidores e vendida nos mercados regionais.

Benefícios

A espirulina contém uma surpreendente composição de nutrientes, incluindo clorofila, proteína, vitaminas, minerais, oligoelementos, ácidos graxos, ácidos nucleicos (RNA e DNA), polissacarídeos e uma vasta quantidade de antioxidantes. A espirulina é tão rica em nutrientes que alguns acreditam que se pode viver só de espirulina durante algum tempo. A espirulina:

- é um superalimento que consiste em 65 a 71 por cento de proteínas (a mais alta concentração de proteínas encontrada em alimentos);
- é uma fonte completa de proteínas, contendo todos os oito aminoácidos essenciais e dezoito aminoácidos no total;
- é rica em vitaminas A (betacaroteno), B_1, B_2, B_6, E, e K;
- é uma fonte natural abundante de clorofila, sais, fitonutrientes e enzimas;
- supriu a necessidade das principais proteínas de milhões de pessoas na Cidade do México por aproximadamente 5.000 anos!
- é a melhor fonte de ácido gama-linolênico (GLA), um ácido graxo essencial e anti-inflamatório necessário para se ter um sistema nervoso saudável;

- contém ficocianina, um potente pigmento construtor de saúde, que também dá à espirulina a tonalidade azul característica.

Proteínas

A espirulina contém a mais alta concentração de proteínas (por peso) que qualquer outro alimento conhecido: entre 65 e 71 por cento de proteínas, dependendo da variedade.

As proteínas não são apenas úteis para a construção muscular e para a força; são também úteis para resistência, equilíbrio da glicemia, equilíbrio químico do cérebro, saúde neurológica, cura rápida, construção de ossos fortes e quase todos os outros aspectos de uma vida saudável.

O desafio que enfrentamos para conseguir proteína animal é que para obter alimentos de origem animal ricos em proteína é preciso haver abate, matadouros horríveis, indústria agrícola que destrói o meio ambiente, substâncias químicas, pesticidas, hormônios, antibióticos, programas de modificação genética, subsídios do governo e muito mais. Todos esses alimentos de origem animal devem, portanto, ser exaustivamente cozidos para matar os organismos patogênicos *E. coli* e *Salmonella* que com frequência os contaminam.

Em seu livro *Rainbow Green Live-Food Cuisine* [Culinária viva do arco-íris], o doutor Gabriel Cousens cita a pesquisa feita pelo Instituto Max Planck sobre as proteínas. Essa pesquisa demonstra que 50 por cento da proteína presente nos alimentos é perdida quando o alimento é cozido. Assim, todos os valores citados para a proteína da carne (exceto para o sushi) estão provavelmente dobrados.

A espirulina, diferentemente dos alimentos de origem animal, é uma fonte pura, natural e completa de proteínas. Ela nunca é cozida e nunca precisa ser cozida. As organelas da espirulina transformam a luz do Sol em proteínas de um modo mais eficiente que qualquer outra coisa viva. Mudar da proteína animal para a proteína da espirulina é um dos modos mais eficientes de conservar os recursos naturais e de melhorar o meio ambiente. A proteína da espirulina também é absorvida mais prontamente que a proteína animal, pois pode ser facilmente misturada com água, bebidas, smoothies e shakes sem precisar de coagulação ou calor. Cada grama de proteína da espirulina é quatro vezes mais fácil de ser absorvida que a mesma quantidade de proteína na carne de boi.

A espirulina rende duzentas vezes mais proteína por metro que a carne de boi. A espirulina não exaure o solo cultivável e pode, na verdade, melhorar o terreno se for usada como um fertilizante ("esterco vegano").

Um quilo de proteína de carne de boi causa a perda de 145 quilos de solo cultivável.

No que diz respeito à economia de água, a espirulina usa apenas 2 por cento da água necessária para produzir proteína de carne de boi. A espirulina usa aproximadamente 23 litros de água para produzir 10 gramas de proteína. Uma vaca leiteira usa 246 litros, um ovo de frango usa 36 litros, e a carne de boi usa chocantes 4.932 litros de água para produzir 10 gramas de proteína.

Equilíbrio químico cerebral

Fontes de proteínas de amplo espectro como a espirulina são conhecidas por sua importância no equilíbrio químico cerebral. A ausência de certos blocos constitutivos de proteínas conhecidos como aminoácidos pode criar uma cascata de problemas. Por exemplo, a ausência do aminoácido triptofano na dieta leva a uma deficiência de serotonina (que o corpo produz a partir do triptofano). A serotonina é essencial para gerar a sensação de bem-estar. A serotonina é também uma "barreira protetora contra o estresse" que ajuda a lidar com as dificuldades. A deficiência em serotonina tem sido associada a depressão, problemas crônicos do estômago e distúrbios neurológicos. Pode-se ver rapidamente, a partir desse exemplo, a importância de apenas um aminoácido no equilíbrio corporal.

Pureza

Como continuam a aumentar os níveis de exposição a substâncias químicas artificiais, pesticidas e materiais radioativos, mais e mais pessoas estão interessadas em ingerir alimentos que estão na base da cadeia alimentar, em vez de comer produtos de origem animal, como carnes e laticínios, que estão no alto da cadeia alimentar, onde as toxinas se acumulam. Isso significa comer mais e mais vegetais, especialmente algas.

Os efeitos de comer produtos de origem animal – colesterol alto, gordura saturada, ganho de peso e ingestão de substâncias químicas artificiais, como pesticidas, hormônios injetados, vacinas animais, etc., se você não está comendo alimentos orgânicos – estão levando milhões de pessoas a procurarem refúgio e se aproximarem de uma dieta e de um modo de vida mais humano, sustentável, vegetariano puro, vegano, com alimentos crus. Claro que fontes vegetais de proteína devem ser encontradas, e a espirulina está no topo da lista.

Construtor de sangue

A experiência me ensinou que os estudos e as histórias demonstram que a espirulina ajuda a controlar a anemia, aumenta a hemoglobina, melhora a qualidade do sangue e aumenta a formação de células vermelhas do sangue. Por quê?

- A espirulina contém tanto ferro quanto a carne vermelha.
- A espirulina contém altas concentrações de clorofila, um conhecido construtor de sangue.
- A espirulina é rica em um polipeptídeo azul-brilhante conhecido como ficocianina. Esse pigmento azul ajuda a induzir a produção de células-tronco na medula óssea. As células-tronco são as células primitivas que podem se desenvolver em todos os tipos de células, inclusive nas células vermelhas e brancas do sangue. Alguns cientistas chineses documentaram que a ficocianina estimula a criação de sangue, um processo conhecido como hematopoiese.

Antioxidantes

Os antioxidantes da espirulina tiveram de proteger essa alga e seu DNA da radiação ultravioleta alta que havia no princípio da história da Terra, quando a atmosfera era muito mais fina do que hoje, e as plantas eram, na maioria, azuis em vez de verdes, por causa de diferenças no espectro da radiação solar do período geológico Cambriano. Quando ingerimos a espirulina, seus pigmentos antioxidantes verdes e azuis se tornam disponíveis para nossas células e, portanto, nos tornamos significantemente mais protegidos contra a radiação ultravioleta no nível celular.

Com o passar do tempo, nosso DNA sofre danos pelos radicais livres gerados como subproduto do metabolismo normal e pela exposição a toxinas e radiação. O dano ao DNA abre a porta para doenças e acelera o envelhecimento. Embora nosso corpo esteja equipado para continuamente autorreparar-se, ele pode se tornar subjugado por um excesso de radicais livres, especialmente à medida que envelhecemos. Isso resulta em morte prematura de células saudáveis, o que pode contribuir para o aparecimento de uma infinidade de doenças degenerativas e para o desenvolvimento acelerado de células mutantes, o que pode levar ao câncer, a menos que os antioxidantes contra-ataquem. A espirulina contém os seguintes antioxidantes:

- betacaroteno (e outros carotenoides): carotenoides são antioxidantes naturais solúveis em gordura, conhecidos por aumentar o tempo de vida e melhorar o sistema imunológico;
- clorofila: um formador de sangue e purificador por excelência;
- zeaxantina: o antioxidante mais importante para melhorar a visão;
- superóxido dismutase (SOD): geralmente considerada uma das enzimas metabólicas mais importantes para a saúde e para os antioxidantes;
- ficocianina: um pigmento azul extraordinário conhecido por ajudar a estimular a produção de células-tronco. (Nota: Os pigmentos coloridos nas plantas são antioxidantes.)

Antioxidantes tópicos protegem nossa pele da exposição excessiva ao sol. Para aqueles que possuem pele sensível, pode-se criar um protetor solar em casa adicionando espirulina (o quanto for necessário) a uma mistura simples de 50/50 óleo de coco orgânico cru e manteiga de cacau orgânica crua. Quanto mais espirulina você adicionar, maior será a proteção; entretanto, a mistura continuará a se tornar mais azul-esverdeada, criando uma loção azul-esverdeada que pode ser ou não considerada *sexy* na praia.

Estimulador do sistema imunológico

A espirulina é um tônico poderoso para o sistema imunológico. Em estudos científicos com seres humanos, camundongos, ratos, hamsters, galinhas, perus, gatos e peixes, a introdução da espirulina na dieta melhora consistentemente a função do sistema imunológico. A espirulina acelera a produção do aspecto humoral do sistema imunológico, ajudando a aumentar a produção de anticorpos e de citoquinas, incluindo interferons e interleucinas, o que permite que o corpo se proteja melhor contra micróbios e vírus invasores.

A espirulina acelera a produção do sistema imunológico celular ajudando a aumentar a produção de células-tronco na medula óssea, de células T, macrófagos, células B e células exterminadoras naturais (NK ou *natural killers*). Os cientistas têm observado que a espirulina causa o aumento da população dos macrófagos e os torna mais efetivos para matar micróbios, apesar do estresse causado por toxinas do meio ambiente e por agentes infecciosos.

Uma vez que novas células do sistema imunológico circulam no sangue, elas começam a se concentrar nas tonsilas, apêndice, medula óssea, fígado, gânglios, baço e timo, aumentando a saúde geral e a imunidade.

Os fitonutrientes ativos principais na espirulina, responsáveis pela melhora do sistema imunológico, incluem:

- betacaroteno. Pesquisas indicam que quanto mais betacaroteno você tem em sua dieta, mais você viverá. O betacaroteno derivado de plantas e algas inibe a reprodução de certos cânceres em animais e humanos;
- um lipopolissacarídeo, ou seja, uma molécula de açúcar longa e complexa ligada a uma molécula de gordura por ligação covalente;
- células-tronco que produzem o antioxidante azul conhecido como ficocianina.

Um experimento cruzado duplo-cego controlado feito na Índia e publicado no periódico *Nutrition and Cancer* descobriu que o consumo de 1 grama de espirulina diariamente durante um ano resultou em 45 por cento de remissão de lesões pré-cancerosas em pessoas que mascavam tabaco, comparado a 7 por cento de resposta em um grupo que ingeriu placebo.

Ácido gamalinolênico (GLA)

> As mais ricas fontes de alimentos integrais de ácido gamalinolênico são o leite materno, a microalga espirulina e as sementes de borragem, cassis e onagra. O GLA é importante para o crescimento e desenvolvimento e é encontrado mais abundantemente no leite materno; a espirulina é sua segunda maior fonte. Nós frequentemente recomendamos a espirulina para pessoas que nunca foram amamentadas, para promover o desenvolvimento hormonal e mental que pode nunca ter ocorrido por causa da falta de nutrição adequada na infância. A dosagem é a quantidade de óleo que fornece de 150 a 350 miligramas de GLA diariamente. Uma dosagem padrão de 10 gramas de espirulina fornece 131 miligramas de GLA.
>
> Paul Pitchford, *Healing with Whole Foods*

A espirulina é o único alimento verde rico no ácido graxo essencial gamalinolênico (GLA). O outro superalimento que tem concentrações de GLA semelhantes à espirulina é a semente de cânhamo.

Por ser um ácido graxo essencial, o GLA torna a pele e os cabelos mais brilhantes e fortes, ainda que macios. O GLA parece inibir a formação de prostaglandinas inflamatórias e de araquidonato metabólico. A espirulina é um excelente superalimento para ajudar a combater os sintomas inflamatórios da artrite. O GLA pode ser o fator responsável pela capacidade observada na espirulina de reduzir as alergias.

Alguns estudos mostraram que 270 crianças que viviam em áreas altamente radioativas perto de Chernobyl tinham uma doença radioativa crônica e níveis elevados de imunoglobulina E (IgE), um indicador de alta sensibilidade alérgica. Para 35 crianças em idade pré-escolar foram prescritos vinte tabletes de espirulina por dia (aproximadamente 5 gramas) durante 45 dias. O consumo de espirulina baixou os níveis de IgE no sangue, o que normalizou a sensibilidade alérgica do corpo.

Em estudos com ratos, a espirulina inibiu reações alérgicas pelo bloqueio da liberação da histaminas em uma dose-dependente padrão, novamente sugerindo que o GLA pode ser o fator principal que contribui para as propriedades da espirulina de combater alergias.

Enxofre

A espirulina também contém várias formas biodisponíveis do mineral enxofre. O enxofre pode ser detectado na espirulina pelo sabor de "ovo cozido". Uma boa fonte de enxofre melhora o sistema imunológico, a força física, a flexibilidade, a agilidade, o aspecto geral, o brilho dos cabelos e ajuda na cura e no funcionamento adequado do fígado e pâncreas. O enxofre também ajuda a eliminar as toxinas dos tecidos.

O enxofre na espirulina está na forma de aminoácidos condutores de enxofre, sulfoglicolipídios e cálcio-espirulina. Os aminoácidos condutores de enxofre como a cisteína e a metionina ajudam o fígado e o sistema nervoso a se desintoxicarem de venenos. As pesquisas geralmente consideram que a espirulina tem propriedades valiosas de desintoxicação.

> A espirulina pode ajudar a ADHD pela remoção do alumínio, do tetracloreto de carbono e de outras toxinas do corpo.
>
> Donald R. Yance, *Herbal Medicine, Healing & Câncer*

O cálcio-espirulina é uma molécula de açúcar polimerizado exclusiva da espirulina, que contém tanto enxofre quanto cálcio. Hamsters tratados com extrato de cálcio-espirulina tiveram boas taxas de recuperação quando infectados com um vírus de herpes, o que de outra maneira seria letal. Quando ataca a célula, o vírus da herpes primeiro se liga à membrana da célula; entretanto, nesse ponto, a cálcio-espirulina bloqueia a entrada do vírus da herpes na célula. O vírus fica fixado na membrana e é incapaz de se duplicar e finalmente é retirado pelo sistema imunológico.

Vitamina B_{12}

Em uma pesquisa clínica feita pelo doutor Gabriel Cousens, não foi observado que a vitamina B_{12} presente na espirulina provoque o aumento da vitamina B_{12} do corpo humano. Portanto, a conclusão, nesse ponto da pesquisa, é que, embora a espirulina contenha vitamina B_{12}, não é fonte de B_{12} para o corpo humano e não reverte a deficiência dessa vitamina, embora possa reverter muitos sintomas frequentemente associados a essa deficiência, como a anemia.

O que adquirir

Produtos com espirulina

A espirulina normalmente está disponível como um pó de alga seca, ricamente pigmentado, verde-escuro, levemente azulado. A espirulina tem o sabor de uma mistura de clorofila e peixe, com um fundo levemente rico em enxofre. Quando for comprar espirulina seca, procure pelas seguintes características:

- A espirulina orgânica certificada normalmente é superior a outros tipos de espirulina, mas não sempre. Se você encontrar uma marca de espirulina não orgânica de que goste e fique satisfeito com o modo pelo qual ela é produzida, fique com ela.
- Escolha a espirulina que tem um cheiro “fresco”. Quando a espirulina começa a estragar, ela fica com um cheiro azedo e rançoso.
- Evite marcas de espirulina que usem “agentes compressores”, que ajudam a conservar os comprimidos de espirulina e evitar que se esmigalhem em pó. A espirulina naturalmente adere a si mesma e pode ser prensada em comprimidos, sem necessitar de agentes compressores.

A seguir, há uma lista de produto de espirulina para serem procurados na internet ou em sua loja de produtos naturais ou suplementos:

- pó de espirulina (seco);
- pó de espirulina (com lecitina);
- pó de espirulina com proteína;
- extratos de pigmento azul de espirulina;
- barras de chocolate cru com espirulina e barras energéticas com espirulina.

Como usar a espirulina

A espirulina é refrescante e úmida por natureza. Isso significa que se você tem um metabolismo quente e seco, a espirulina é uma ótima escolha de alimento para você, pois tenderá a equilibrar a tendência a ser quente demais ou desidratado.

A característica refrescante e úmida da espirulina também fez dela um ótimo alimento para climas quentes e secos. Essa é uma das razões pelas quais os nativos que viviam na Cidade do México pré-colombiana usavam a espirulina como principal fonte de proteína. É um alimento perfeito para o clima de lá.

A espirulina pode ser facilmente adicionada a smoothies feitos de superalimentos, a sucos frescos, a preparações com chocolate (cacau) cru, a molhos de salada feitos em casa, e mesmo ser polvilhada sobre as saladas. Após experimentar espirulina durante algumas semanas, você perceberá o quanto essa superproteína é extraordinária para a nutrição se comparada à proteína animal e/ou a simples frutas, verduras e legumes.

Ingestão recomendada

- Principiantes ou crianças (de 2 a 9 anos): 3 a 5 gramas por dia.
- Normal ou crianças (de 10 a 18 anos): 6 a 10 gramas por dia.
- Dose terapêutica: 11 a 20 gramas por dia.
- Dose para superatletas: 30 gramas ou mais por dia.

É possível ingerir uma superdose de espirulina? Como qualquer outro alimento ou superalimento, é claro que isso é possível. Se você consumir espirulina em excesso, ela simplesmente passará por você. O valor calórico da espirulina é tão baixo que ela não provoca aumento de peso. A espirulina contém aproximadamente 4 calorias por grama.

A espirulina pode ser usada para outros fins além de apenas nutrição pessoal. Recentemente, a Sunfood Nutrition encomendou 404 quilos de espirulina para a fazenda havaiana de chocolate da empresa Cyanotech Corporation, uma fábrica de cultivo de espirulina no Havaí. A empresa vende espirulina "não aproveitada", que caiu da embalagem no chão da instalação, ou que por alguma outra razão não pode ser vendida para consumo. Nós a utilizamos como fertilizante.

Receitas com espirulina[1]

Molho de salada espiralado

- ½ xícara (chá) de sementes de cânhamo orgânicas
- Um punhado de endro (dill) fresco (com talo e tudo)
- 2 a 3 dentes de alho (depende de quanto ele for forte)
- 2 colheres (sopa) de espirulina
- 1 colher (chá) de sal do mar Celta
- 1 xícara (chá) de água mineral

Misture tudo no liquidificador de alta velocidade até que o molho fique cremoso e homogêneo. Sirva sobre uma salada verde recentemente colhida.

1 Todas estas receitas com espirulina foram inventadas por Camille "Supergoji" Perrin, experimentadas, testadas e saboreadas por seus amigos super-heróis.

Docinhos de espirulina e chocolate

- 250 gramas de sementes de cânhamo (moídas ou inteiras)
- ½ xícara (chá) de cacau em pó
- 2 colheres (sopa) de espirulina
- 2 colheres (sopa) de óleo de coco
- 3 colheres (sopa) de mel cru silvestre ou orgânico (já amolecido é mais fácil)
- Uma pitada de sal do mar Celta (moído finamente)
- Raspa de 1 fava de baunilha ou 1 colher (chá) de pó de baunilha

Misture tudo completamente com amor, enrole em formato de bolinhas, congele por aproximadamente 15 minutos e aprecie. Dica deliciosa: coma esses incríveis docinhos de espirulina acompanhados com leite de cânhamo.

Guacamole surpreendente no legítimo estilo mexicano

- 2 a 3 abacates maduros e orgânicos, cortados em cubos ou amassados
- 1 tomate orgânico cortado em cubos
- 1 cebola vermelha pequena cortada em cubos finos
- 1 colher (sopa) de espirulina
- Uma pitada de sal do mar Celta
- Suco de 1 limão-galego orgânico

Misture delicadamente, de preferência com um garfo de salada de madeira, e aproveite!

Mistura de sementes de cânhamo, espirulina e sal do mar Celta

Comece com as quantidades abaixo e brinque até que você encontre sua combinação favorita:

- 1 xícara (chá) de sementes de cânhamo orgânico
- 2 colheres (sopa) de espirulina
- 1 colher (chá) de sal do mar Celta (grosso ou fino)

Agite todos os ingredientes em um jarro. Experimente essa mistura como um mix e use a colher para pegar essa delícia.

Alga azul AFA

O alimento primitivo

Nome científico: *Aphanizomenon flos-aquae*

Nome popular: Cianofícea, cianobactéria, alga azul AFA, alga AFA, alga azul do lago Klamath

Tipo de superalimento: Alga

História, fatos e lendas

A alga azul do lago Klamath é uma microalga fitoplanctônica, assim como a espirulina, mas com a diferença de preferir água doce a salgada. Pelo menos 40.000 espécies de microalgas fitoplanctônicas foram identificadas, entre as quais se encontram algas azuis, fitoplâncton marinho, algas marinhas e musgos de diversas cores.

O fitoplâncton de microalgas forma a base da cadeia alimentar. Restos fósseis indicam que elas foram, muito provavelmente, os primeiros organismos a habitar a Terra e, depois de tanto tempo, elas ainda estão aqui. Alguns cientistas acreditam que as cianofíceas estão na Terra há aproximadamente 2,8 bilhões de anos.

As microalgas são responsáveis por cerca de 80 a 90 por cento do fornecimento global de alimento e oxigênio para o planeta. As microalgas obtêm energia pelo processo de fotossíntese. Foi por meio da fotossíntese feita pelas algas que a atmosfera inicial da Terra adquiriu sua atual condição rica em oxigênio. Fica claro que as cianofíceas foram as principais criadoras da atmosfera da Terra desde que a vida apareceu no planeta.

As cianofíceas (da família *Cyanophyta)* são sobreviventes extremamente resistentes e podem se adaptar a uma ampla variação das condições de luz, calor, níveis de dióxido de carbono, níveis de oxigênio e ambientes físicos aquosos particulares.

As algas azuis são idênticas, em sua estrutura, a uma bactéria com clorofila, ficocianina e outros pigmentos. Assim como as bactérias, as algas azuis são procariontes, ou seja, não têm uma membrana que separa seu núcleo.[1] A informação genética de uma alga azul (seu DNA e RNA) é facilmente absorvida por nossa flora intestinal (formada por bactérias amigas que vivem em nosso sistema digestório). Isso ajuda nossas bactérias intestinais e, consequentemente, nosso corpo a digerir e a conectar-se com informações que remontam aos antigos éons contidos nas algas azuis e que permitem melhorar nosso sistema imunológico e nos adaptar melhor às mudanças de condições do ambiente.

1 As modernas correntes da biologia consideram as algas azuis como bactérias de fato, e não mais como algas, sua antiga classificação. Durante muito tempo, foram classificadas tanto na divisão *Cyanophyta* quanto na classe *Cyanophyceae*. Atualmente, sabe-se que esses organismos não

A alga azul *Aphanizomenon flos-aquae* (AFA) é uma espécie de alga azul selvagem que vive em seu *habitat* original: uma massa de água gigante conhecida como lago Klamath, no Oregon, Estados Unidos. Com 200.000 metros quadrados, o lago Klamath é o maior lago do Oregon e está a uma altitude relativamente grande, a 1.262 metros acima do nível do mar. Em seu livro *Primordial Food* [Alimento primordial], Christian Drapeau escreve:

> O lago Klamath está localizado em uma área relativamente pouco desenvolvida, cercado por propriedades públicas, como o Crater Lake National Park, a Winema National Forest e o Tule Lake National Wildlife Bird Refuge. Com as montanhas Cascade a oeste, milhares de quilômetros quadrados de parque nacional ao norte e a leste e a cidade de Klamath Falls localizada na parte sul, o lago Klamath é virtualmente intocado pela atividade industrial e poluição.

A AFA é uma alga fixadora de nitrogênio, que retira o nitrogênio da atmosfera e constrói proteínas. Ela é recolhida do lago Klamath, filtrada, limpa e seca e usada para consumo mundial desde os anos 1970. A alga AFA do lago Klamath tornou-se um superalimento popular entre as pessoas do mundo todo que cuidam de sua saúde. A AFA é um alimento silvestre que contém um conjunto fantástico de substâncias fitoquímicas específicas para

têm relação filogenética com qualquer grupo de algas e são classificados como um filo (ou divisão) dentro do domínio *Bacteria*. A tradução para o termo "alga", no entanto, respeita a denominação dada pelo autor. (N. E.)

o cérebro, inúmeros antioxidantes, minerais (especialmente ferro, zinco, alumínio e magnésio), aminoácidos (é completa em proteínas), vitaminas, enzimas e muitos nutrientes exclusivos. A AFA é uma das mais ricas fontes de antioxidantes, que incluem carotenoides (betacaroteno, licopeno e luteína), clorofila e ficocianina.

Comparação entre a alga azul AFA e a espirulina

- A alga azul AFA é um alimento selvagem recolhido de um ambiente selvagem. A espirulina é uma espécie selvagem cultivada em um ambiente controlado. Geralmente, isso indica que a AFA deve conter mais minerais que a espirulina. Pesquisas e análises corroboram essa conclusão.
- A alga azul AFA contém mais clorofila. Dez gramas de AFA contêm aproximadamente 300 miligramas de clorofila. A mesma quantidade de espirulina contém aproximadamente 120 miligramas de clorofila.
- A alga azul AFA contém mais ficocianina. A AFA possui mais que o dobro de ficocianina (pigmento azul) que a espirulina: 15 por cento contra 7 por cento.
- A alga azul AFA contém mais vitamina C. A AFA tem cinco vezes mais vitamina C que a espirulina.
- A alga azul AFA contém mais ácidos graxos. A AFA é um organismo de água fria que se protege termicamente com uma capa de ácidos graxos essenciais. Em piscinas tropicais de água quente e salgada (local em que a espirulina cresce) são necessários menos ácidos graxos essenciais para proteger a alga.

Em síntese, a alga azul AFA é superior à espirulina em termos nutricionais. Entretanto, meus anos de experiência demonstram que a espirulina é mais adaptável ao metabolismo humano e à digestão que a AFA. Experimente as duas e veja qual funciona melhor para você!

Benefícios

A alga azul *Aphanizomenon flos-aquae* (AFA) é constituída principalmente de proteínas flexíveis e polissacarídeos, que são facilmente digeridos por nossas bactérias intestinais, que, por sua vez, alimentam nosso sangue e células. Por serem flexíveis, as proteínas da alga AFA são as mais digeríveis de toda a natureza. Essa "flexibilidade" das proteínas não é habitual em células vegetais, mas é comum em células animais, e essa é uma das razões pelas quais se considera frequentemente que a alga AFA seja 25 por cento animal.

A alga azul AFA está carregada com clorofila (1 a 2 por cento de seu peso seco). A clorofila tem um anel pirrólico idêntico ao anel pirrólico encontrado na hemoglobina. A clorofila pode ajudar a combater a leucemia, assim como certas formas de câncer de pele e fígado. Além disso, a clorofila ajuda a limpar os intestinos.

A AFA contém uma extraordinária concentração do pigmento azul ficocianina (15 por cento), que ajuda a ativar o sistema imunológico por estimular a produção de células-tronco na medula óssea. As células-tronco são a base de todas as células e podem se transformar em qualquer célula (inclusive células T, células NK, macrófagos e outras células da artilharia do sistema imunológico). Ela é conhecida por conter os quarenta principais minerais e oligoelementos, recolhidos de 9 metros de sedimento mineral do fundo do lago Klamath, que é constantemente revolvido. Os minerais são a matriz atômica de nosso corpo e são necessários para construir cada tecido, como ossos, dentes, pele, cabelo, unhas, órgãos internos, sistema muscular, sistema imunológico e sistema nervoso.

Geralmente, quanto mais alimentos domesticados comemos, mais deficiente em minerais fica nossa dieta. A pesquisa de Weston Price em *Nutrition and Physical Degeneration* [Nutrição e degeneração física] demonstrou que quanto mais alguém adota uma dieta "civilizada", mais rapidamente os sintomas de deficiência mineral aparecem, e deficiências minerais estão associadas à conhecida condição degenerativa e crônica da humanidade. A solução para suprir essas deficiências seria incluir alimentos selvagens em nossa dieta, como a AFA.

A AFA é uma excelente fonte de vitaminas B, incluindo quantidades consideráveis de vitaminas B_1, B_2, B_3, B_5, B_6, B_9 e B_{12}. Em geral, as vitaminas do complexo B combatem o estresse por meio da ajuda mais eficiente para converter polissacarídeos e outros carboidratos em glicose para fornecer energia imediata, resistência e força. A vitamina B_{12} encontrada na alga AFA pode ser ou não utilizável pelo corpo humano. Uma pesquisa clínica feita pelo doutor Gabriel Cousens indica que a vitamina B_{12} da AFA não aumenta os níveis de vitamina B_{12} no sangue humano, o que indica que a vitamina B_{12} da AFA não é biodisponível. A AFA é, também, uma fonte importante de vitamina C.

A alga azul AFA contém ácidos graxos do tipo ômega-3, incluindo o ácido graxo ômega-3 de cadeia longa conhecido como ácido docosahexanoico (DHA). Ela também contém o fosfolipídeo colina, o que faz dessa alga um alimento importante para o cérebro e para o sistema nervoso.

Proteína

A alga azul AFA contém aproximadamente 60 por cento de proteína, sendo uma fonte completa desse nutriente. Dezoito aminoácidos (os tijolos de construção das proteínas) estão presentes na alga AFA. As proteínas e os aminoácidos da AFA estão na forma de glicoproteínas e peptídeos altamente assimiláveis, em vez de lipoproteínas, como acontece com produtos de origem animal, como carne de boi e de frango (que normalmente são cozidas, o que leva as proteínas a adquirirem uma forma ainda mais difícil de digerir). Consequentemente, é necessário menos energia para digerir e utilizar a proteína da alga. Além disso, neurotransmissores cerebrais podem ser produzidos a partir das proteínas da AFA de uma maneira mais rápida e fácil por causa de sua digestão mais fácil.

A proteína é usada para construir, manter e reparar tecidos, como ossos, dentes, músculos, nervos, glândulas, coração, sangue, fígado, pele, cabelo e tudo o que está entre eles. A falta de proteína está principalmente associada à fraqueza muscular, à demora na cura e ao desequilíbrio químico do cérebro. O excesso de proteína de origem animal está associado a doenças do coração, doenças do rim e câncer, principalmente de cólon. Está cada vez mais claro que fontes completas de proteínas de origem vegetal têm importância fundamental para o futuro, e isso é exatamente o que os superalimentos fornecem, especialmente a alga azul AFA.

Alguns dos peptídeos livres encontrados na alga AFA podem ser responsáveis por ajudar a desintoxicar nosso corpo de metais pesados. A doutora Gillian McKeith relata em seu livro *Miracle Superfood: Wild Blue-Green Algae* [Superalimento milagroso: alga azul selvagem] que, em sua experiência clínica, a alga azul AFA foi efetiva em remover metais pesados perigosos e tóxicos como cádmio, chumbo e mercúrio. Ela recomenda consumir de 6 a 10 gramas de alga AFA diariamente em casos de intoxicação severa por metal pesado.

Ficocianina

O antioxidante ficocianina é o pigmento que dá a cor azul intensa à alga AFA. A ficocianina pode constituir até 15 por cento de seu peso seco, aproximadamente duas vezes a concentração de ficocianina encontrada na espirulina. A rara ficocianina de cor azul ajuda a inibir o crescimento de certos tipos de câncer, reduz a inflamação do cólon, combate inflamações crônicas, auxilia as funções do fígado, protege contra os danos causados por radicais livres, melhora a produção de neurotransmissores e ajuda na produção de células-tronco.

- A ficocianina reage com nossos próprios pigmentos para manter o funcionamento do fígado em níveis ideais.
- A ficocianina ajuda na formação de neurotransmissores que, por sua vez, ajudam na ligação de um aminoácido a outro.
- A ficocianina atua como inibidora das enzimas ciclo-oxigenase (COX-2) e lipoxigenase, que estão associadas à produção de compostos inflamatórios. Quando a COX-2 e a lipoxigenase são naturalmente inibidas pela ficocianina, as reações inflamatórias e dores no corpo acontecem mais lentamente ou até param.

Feniletilamina (FEA)

Existe também na alga AFA um concentrado de feniletilamina (FEA), uma substância química naturalmente sintetizada em nosso corpo, nas suprarrenais e no cérebro, composta por dois aminoácidos: fenilalanina e tirosina. A FEA aumenta a atividade dos neurotransmissores (substâncias químicas do cérebro) em locais do cérebro que controlam nossa capacidade de prestar atenção e de estar alerta. Os níveis de FEA sobem quando somos cativados por um bom livro, filme ou projeto, e isso acontece especificamente durante aqueles momentos em que estamos tão focados que perdemos a noção do tempo, da fome e do mundo lá fora. A FEA é notavelmente abundante em cérebro de pessoas felizes.

A FEA também foi apelidada de "substância química do amor". Ela ajuda a criar sentimentos de atração, excitação e euforia. Quando nos apaixonamos, nossos níveis de FEA aumentam, e nós nos tornamos mais dispostos e cheios de otimismo. O cérebro libera FEA quando estamos sexualmente excitados e sua concentração pode aumentar durante o orgasmo.

Quando o cérebro fica inundado de FEA, o neurotransmissor dopamina fica impedido de ser inativado e seus níveis sobem. Altos níveis de dopamina estão associados a um aumento da concentração mental e a uma atitude positiva. A FEA também aumenta a eficiência de outro neurotransmissor, a noradrenalina, o que aumenta os sentimentos de alegria.

Em um experimento, alguns pesquisadores descobriram que exercícios aeróbicos podem elevar os níveis corporais de FEA. A FEA faz parte do aumento

induzido de endorfina que ocorre com a "euforia do corredor", que faz aumentar a energia, o humor e a atenção. Os pesquisadores colocaram vinte homens jovens saudáveis para correr em uma esteira elétrica durante trinta minutos e descobriram que a média de concentração da FEA na urina dos participantes aumentou em 77 por cento. Além disso, a pesquisa indicou que os pacientes que sofriam de depressão e distúrbio bipolar tiveram níveis de FEA mais baixos que a média em sua urina.

A FEA é encontrada "pré-montada" e naturalmente em abundância em dois alimentos que nós conhecemos: o cacau e a alga azul AFA (especialmente a com ficocianina azul). Esses dois alimentos podem elevar significativamente a presença de FEA no cérebro.

A alga AFA e o cacau mantêm nosso nível de FEA alto, não importa o que esteja acontecendo em nossa vida. A AFA funciona em sinergia com o cacau para criar uma grande capacidade de concentração e de prestar atenção, mesmo que haja distúrbio do déficit de atenção (DDA). Um estudo que pesquisou a AFA como alimento para o cérebro acompanhou 109 estudantes que ingeriram esse produto. O estudo concluiu que os estudantes tiveram uma melhora significativa na capacidade de focar-se, de seguir instruções e de concentrar-se. Além disso, experimentaram uma diminuição de comportamento argumentativo, exigente e combativo, uma redução de sintomas de ansiedade e depressão, uma melhora nas habilidades sociais e menos sinais de retraimento emocional e comportamental.

Drapeau, em seu livro *Primordial Food,* cita um estudo que indica que doses de FEA ingeridas via oral na proporção de 10 miligramas por dia diminuem os sintomas de depressão em 60 por cento dos pacientes testados. Além disso, a FEA não causou aumento de peso nos pacientes, o que acontece com muitas pessoas que usam antidepressivos; em vez disso, eles, na verdade, perderam peso. A alga azul AFA contém aproximadamente 2 miligramas por grama de FEA. É possível econtrar concentrados de AFA com 10 miligramas de FEA por grama. Ela não provoca efeitos colaterais, dependência química e o limite de tolerância ao longo do tempo (i.e., as doses podem permanecer as mesmas por longos períodos de tempo) não é problema.

A FEA parece ser o elemento ativo principal da alga azul AFA responsável por inibir o apetite e ajudar as pessoas a perderem peso. Em um estudo cruzado duplo-cego controlado, a dieta de pacientes obesos de ambulatório foi acrescida de 2,8 gramas de AFA, ministrada três vezes ao dia, por um período de quatro semanas; o resultado foi uma redução significativa do peso corporal.

Ferro

A alga azul AFA é excepcionalmente rica em ferro biodisponível. Quando alguém adota uma dieta vegetariana, o ferro que antes era normalmente obtido de fontes com sangue (carne) deve passar a ser obtido de plantas, o que pode ser desafiador para alguns indivíduos. Nisso a alga AFA pode ajudar. Ela é uma fonte excepcional de ferro, que atua junto com manganês, cobre, vitaminas do complexo B e vitamina C para combater a anemia, especialmente em vegetarianos que estão se adaptando a fontes vegetais de ferro (não heme).

DNA e RNA

O DNA e o RNA são compostos de material genético natural ao qual chamamos de ácidos nucleicos. A alga azul AFA contém aproximadamente 4 por cento de DNA e RNA. Seus nucleotídeos têm propriedades antimicrobianas, antivirais e antifúngicas. O DNA e o RNA puros da AFA podem ser retirados da alga pelo nosso sistema digestório e usados para montar novas células saudáveis, assim como para rejuvenescer células e tecidos danificados.

Bem-estar digestivo

Existem milhares de enzimas presente em uma alga AFA viva e/ou seca a baixa temperatura. Essas enzimas podem ajudar no processo de "cascata enzimática" de nosso corpo, que começa na digestão e continua ao longo das reações de assimilação de nutrientes que ocorrem em nosso metabolismo. Quanto mais enzimas houver em nossa dieta, mais fácil para o corpo lidar com a digestão e com o metabolismo. Algas cruas, mel e gramas (ex.: suco de grama de trigo germinado) são algumas das mais ricas fontes de enzimas.

Antioxidantes

Veja nas páginas anteriores o gráfico comparativo dos valores de capacidade de absorção do radical livre oxigênio (índice ORAC) para frutas. A alga azul AFA têm um índice ORAC de 128 unidades por grama.

Betacaroteno

A alga AFA é extraordinariamente rica em carotenoides, como o betacaroteno. As pesquisas continuam a demonstrar que, quanto maior a quantidade de betacaroteno na dieta de alguém, mais essa pessoa vive (como mencionado no capítulo sobre a espirulina). Uma pesquisa científica mostrou que o betacaroteno ativa a glândula timo e o sistema imunológico. O doutor Charles Simone, autor de *Cancer and Nutrition* [Câncer e nutrição], afirma que o betacaroteno bloqueia o processo pelo qual células saudáveis se tornam células cancerosas.

O betacaroteno é um dos nutrientes mais seguros e não é tóxico mesmo em doses muito altas. Se a pele de alguém ficar alaranjada por ter ingerido uma dose extremamente alta de betacaroteno, ainda assim ele é seguro e não se deve ficar assustado. Isso simplesmente indica que essa pessoa tem falta de uma enzima no fígado que quebra certos pigmentos carotenoides. Algumas pessoas têm essa enzima no fígado e outras não. Se essa pessoa diminui ou para a alta ingestão de caroteno, a cor alaranjada vai desaparecer e a pele voltará à cor normal.

Fortalecendo o sistema imunológico

Em *Primordial Food*, Drapeau cita uma pesquisa realizada por uma equipe de cientistas ligada à Universidade de Illinois. A equipe era composta de um microbiologista e médico-legista certificado, por um cirurgião e por mais três médicos. Mais de duzentos casos foram revistos nesse estudo, que concluiu que a alga AFA parece ser efetiva no tratamento de várias condições virais, fadiga

crônica, distúrbio de déficit de atenção (DDA), depressão, doenças inflamatórias e fibromialgia. O estudo sugere que a AFA atua nos sistemas imunológico e nervoso e previne inflamações.

Estudos feitos com a alga azul AFA demonstraram que ela estimula a migração das células-tronco da medula e inibe a atividade da COX-2, prevenindo inflamações e melhorando a saúde do sistema nervoso, assim como o humor de modo geral. Drapeau também cita uma pesquisa que indica que a alga AFA, quando consumida diariamente por várias semanas, ajuda a mover as células NK do sangue para os tecidos, para que procurem e destruam células danificadas e doentes. Apesar de o chá verde e da folha de *Ginkgo biloba* melhorarem a atividade das células NK, não foi encontrada nenhuma outra substância que estimule esse trabalho de "ronda".

Os pesquisadores descobriram que uma proteína da alga reduz a força do vírus HIV e do vírus ebola. A proteína antiviral conhecida como cianovirina-N (CV-N) pode estender o tempo de vida de camundongos infectados com ebola. Atualmente, não há tratamento para a infecção por ebola, que causa febre hemorrágica severa e frequentemente fatal. "A CV-N é extremamente eficaz contra uma ampla gama de variedades de HIV", disse Barry O'Keefe, PhD do Centro NCI de Pesquisas do Câncer, um dos autores do estudo. "A CV-N é a primeira molécula conhecida que inibe a infecção por ebola pela interferência na capacidade do vírus de entrar nas células."

A CV-N inibe as infecções pelo vírus HIV e pelo vírus ebola por ligar-se a eles pelo lado de fora e bloqueá-los fisicamente, para que não entrem em células saudáveis. A proteína se liga a uma molécula específica da superfície do vírus.

Ácidos graxos ômega-3

A alga AFA contém o ácido alfa-linolênico (ALA) e o ácido graxo de cadeia longa ômega-3, conhecido como ácido docosahexanoico (DHA). Aproximadamente 50 por cento do teor de lipídios (gorduras) da alga azul AFA é composto por esses ácidos graxos essenciais ômega-3.

Em geral, a maioria das dietas praticadas atualmente é deficiente em ácidos graxos ômega-3 e contém excesso de ácidos graxos ômega-6 e de ácidos graxos trans rançosos. O excesso de ácidos graxos ômega-6 e de gorduras trans leva a uma resposta inflamatória do corpo, que posteriormente se desenvolve como fator predisponente de doenças cardiovasculares, de distúrbios imunológicos, de problemas neurológicos e de pele.

Ácidos graxos ômega-3 como ALA e DHA auxiliam a imunidade atraindo células do sistema imunológico para os locais com machucados, dor crônica e danos celulares, ao mesmo tempo em que acalmam a resposta inflamatória.

Os seres humanos produzem apenas pequenas quantidades de DHA a partir do consumo de ácido alfa-linolênico (ALA), um ácido graxo ômega-3 comumente encontrado nas sementes de cânhamo, na linhaça e em outras sementes. Essa quantidade de DHA normalmente não é suficiente para satisfazer a demanda do sistema nervoso, especialmente em ambiente de alto estresse.

Tradicionalmente, o DHA era obtido diretamente pela ingestão de frutos do mar e de peixe. Com o aumento das alergias a frutos do mar e de problemas de contaminação de peixes por mercúrio e por bifenila policlorada (PCB), foram descobertas formas mais seguras de obter DHA de outros alimentos. A AFA é um deles.

O DHA é um ácido graxo essencial usado na produção e manutenção da saúde da visão (retina), do cérebro e do tecido do sistema nervoso, do sistema cardiovascular para torná-lo "escorregadio" e do esperma. Ácidos graxos de cadeia longa do tipo ômega-3, como o DHA, tornam o sistema cardiovascular muito escorregadio para que haja instalação de nanobactérias de cálcio (cracas microscópicas) que se unem e começam a calcificar as artérias, causando arteriosclerose.

A deficiência de DHA está correlacionada aos sintomas de DDA, mal de Alzheimer, artrite, doenças autoimunes, doenças cardiovasculares, depressão, baixos níveis de serotonina no cérebro, neuroses, depressão pós-parto e distúrbios de pele.

O consumo terapêutico de ácidos graxos ômega-3 aparentemente melhora o humor e as condições cardiovasculares e também inibe a formação de câncer de mama, de cólon, de pâncreas e de próstata.

A AFA não é tóxica

Durante a estação de reprodução das algas no lago Klamath, o pH da água pode chegar a 11, e o oxigênio pode cair para 3 partes por milhão, o que pode ser fatal para os peixes que estejam perto das algas. Portanto, a morte dos peixes não é decorrente de alguma toxina das algas.

Os relatórios que dizem que a alga AFA contém proteínas tóxicas provaram ser incorretos. Não apenas centenas de milhares, mas milhões de pessoas têm consumido a alga AFA e há relativamente poucos casos de efeitos colaterais.

Uma pesquisa científica indicou que a AFA é livre de toxinas e que a toxicidade de outros tipos de algas é que pode ter originado a confusão.

Alguns cientistas sugeriram que a alga azul AFA contém o composto de aminoácido conhecido como betametilaminoalanina (BMAA) e que esse composto pode estar ligado a problemas neurológicos. Os resultados de testes subsequentes indicaram que a AFA é livre desse composto controverso conhecido como BMAA.

Em *Primordial Food*, Drapeau relata:

> No lago Klamath, aproximadamente dez anos de testes intensos não revelaram a presença de quaisquer neurotoxinas na AFA. Em 1998, a opinião dos cientistas era de que a AFA não continha neurotoxinas, e que a amostra que tinha sido identificada como AFA era provavelmente de outra espécie.

Ele continua citando um estudo da Wright State University que examinou os genes da alga da amostra que se acreditava ser tóxica e conclui não serem de alga AFA, mas pertencerem na verdade ao gênero *Anabaena.*

O metabolismo de uma pessoa e sua química corporal respondem melhor a determinados tipos de superalimento ou de alimento. Eu apresento muitos superalimentos neste livro, para que você possa encontrar aquele de que você goste mais e que combine melhor com sua digestão e metabolismo.

O que adquirir

Produtos de alga azul AFA

A seguir há uma lista de produtos da alga azul AFA para você comprar pela internet ou em lojas de produtos naturais ou de suplementos alimentares. Durante anos, os produtos de AFA desidratados dominaram o mercado. Dos produtos desidratados da alga AFA, os elaborados com métodos tecnológicos de secagem do tipo *refractance window* são considerados os melhores; procure por essa designação nas etiquetas do produto. Nos últimos anos, a companhia E3Live passou a disponibilizar líquido de algas azuis AFA vivas, assim como outras fórmulas e produtos excelentes.

- Alga azul AFA em pó
- Extrato líquido de algas azuis (de preferência da marca E3Live™)
- Barras de chocolate e barras energéticas com algas azuis AFA

- Concentrado de ficocianina (pigmento azul da alga AFA)
- Concentrado de PEA (feitos a partir de AFA)
- Probiótico de algas azuis AFA (AFA com bactérias digestivas boas)

Como usar a alga azul AFA

A alga azul AFA pode causar uma reação de desintoxicação se for consumida inicialmente em quantidades muito grandes. Comece com pequenas doses e, aos poucos, por vários meses, aumente para doses maiores.

Ingestão recomendada

- Iniciante ou criança (2 a 9 anos): 1 a 2 gramas por dia (1 a 2 colheres de chá)
- Normal ou criança (10 a 18 anos): 2 a 4 gramas por dia (2 a 4 colheres de chá)
- Dose terapêutica: 8 a 10 gramas por dia (8 a 10 colheres de chá)
- Dose para superatletas: 8 a 12 gramas por dia (8 a 12 colheres de chá)

Simplesmente adicione a alga azul AFA à água, a smoothies, shakes ou à bebida de sua preferência, mexa e beba!

Receitas com alga azul AFA

Nota sobre todas as receitas: Três colheres (sopa) de extrato líquido de algas AFA (da E3Live™) equivalem a uma colher (sopa) de alga azul AFA desidratada. Agradeço aos funcionários da Sunfood.com e da E3Live™ por muitas das ideias de receitas apresentadas aqui.

Molho de salada com algas

- 1 colher (sopa) de alga azul AFA desidratada
- 4 colheres (sopa) de azeite de oliva, óleo de sementes de cânhamo ou qualquer óleo de boa qualidade orgânico e virgem
- ½ colher (sopa) de maca
- 1 colher (chá) de vinagre orgânico de coco ou de vinagre de maçã
- 5 centímetros de raiz de burdock picada e cortada em cubos
- 2 colheres (sopa) de folhas de urtiga seca
- uma pitada de pimenta-de-caiena
- uma pitada de cúrcuma (opcional)

Bata todos os ingredientes no liquidificador. Adicione água se desejar uma consistência mais rala para o molho de salada. Esse molho vai deixar sua salada com uma supercarga de nutrientes. É um ótimo molho para atletas interessados em aumentar os músculos e fortalecer ossos e tendões. Também é ótimo para ficar com uma pele linda. Tem um sabor ótimo! Aproveite!

Salada com algas

- 5 tomates vermelhos grandes e maduros picados
- 3 colheres (sopa) de coentro picado finamente
- 1 a 2 pimentas jalapeño sem sementes e picadas em pedacinhos
- 2 dentes de alho picados fininho
- 1 cebola branca ou roxa finamente picada
- 2 colheres (chá) de suco de limão-galego
- 1 a 2 pitadas sal do Himalaia ou de sal do mar Celta (opcional)
- 1 abacate cortado em cubos pequenos (opcional)
- 1 colher (sopa) de extrato líquido de algas azuis AFA ou 2 a 4 cápsulas de alga azul AFA ou 1 a 2 colheres (sopa) de alga azul AFA em flocos

Combine todos os ingredientes em uma vasilha e misture bem. Rende aproximadamente 4 xícaras de chá ou 8 porções.

Bocadinhos de coco

- 3 xícaras (chá) de coco seco ralado
- 1 xícara (chá) de nozes-macadâmias cruas ou de castanhas de caju cruas hidratadas
- 1 limão
- Raspa de 1 fava de baunilha
- ½ xícara (chá) de nibs de cacau (opcional)
- Alga azul AFA desidratada em flocos

Coloque as nozes-macadâmias ou castanhas que ficaram de molho no liquidificador e cubra com água por uma hora. Não remova a água. Depois de uma hora, adicione o limão sem casca (sem sementes) e bata junto com a água e a baunilha em velocidade alta até que adquira uma consistência cremosa. Adicione mais água se necessário. Despeje a mistura sobre o coco seco ralado (e nibs de cacau para ficar crocante, se você gostar) e misture bem. Despeje colheradas cheias no tabuleiro do desidratador e coloque uma quantidade generosa de flocos secos de AFA por cima de cada colherada. Desidrate os bocadinhos a 40°C até que fiquem completamente desidratados.

Smoothie de microalgas

- 1 a 3 colheres (sopa) de extrato líquido de algas azuis AFA ou 2 a 4 colheres de flocos de alga azul AFA
- ¼ xícara (chá) de morangos
- ¼ xícara (chá) de mirtilos
- 1 a 2 colheres (sopa) de espirulina
- 1 colher (chá) de pó de clorela
- 1 conta-gotas cheio de fitoplâncton
- 2 colheres (sopa) cacau cru em pó
- ¼ xícara (chá) de água mineral

Coloque todos os ingredientes no liquidificador e bata até que a mistura fique homogênea. É excelente gelado.

Supersmoothie de alga AFA

- 2 xícaras (chá) de frutas frescas ou congeladas
- ¼ xícara (chá) de castanhas de caju
- ½ abacate
- 1 colher (sopa) de óleo de sementes de cânhamo
- 2 litros de água mineral
- 3 colheres (sopa) de extrato líquido de algas azuis AFA
- 1 colher (sopa) de alga azul AFA seca
- 1 a 2 colheres (chá) de alga azul AFA desidratada em flocos
- 1 colher (chá) de ficocianina (pigmento de alga azul AFA)
- 1 colher (sopa) de pólen fresco

Coloque todos os ingredientes no liquidificador e bata completamente até que as castanhas de caju fiquem completamente batidas. Esse smoothie poderoso substitui uma refeição e é excelente gelado.

Smoothie vegetal

- ½ xícara (chá) de tomates
- ¼ xícara (chá) de pimentão vermelho picado
- ¼ xícara (chá) de pepino descascado e picado
- 1 ½ colher (sopa) de suco de limão
- ½ colher (sopa) de cebolinha picada
- ⅛ colher (sopa) de sal do mar Celta
- ⅛ colher (sopa) de pimenta moída na hora
- 1 a 3 colheres (sopa) de extrato líquido de algas azuis AFA
- 1 fatia pequena de pimenta jalapenho (opcional)

Coloque todos os ingredientes no liquidificador e bata até a mistura ficar homogênea.

Sopa de alga AFA

- ½ xícara (chá) de tomates
- ¼ xícara (chá) de pimentão vermelho picado
- ¼ xícara (chá) de pepino descascado e picado
- ⅓ xícara (chá) de sementes de abóbora
- 3 a 5 tiras de alga *dulse*
- 3 folhas de couve
- 2 ramos de salsinha
- 1 colher (sopa) de limão descascado
- ¼ de cebola
- ⅛ de colher (sopa) de sal do mar Celta ou de sal do Himalaia
- ⅛ de colher (sopa) de pimenta moída da hora (opcional)
- ⅛ de colher (sopa) de pimentas fortes, de qualquer tipo
- 1 a 3 colheres (sopa) de alga azul AFA desidratada

Corte tomates, pimentões, pepino, cebola, couve, salsinha e limão em pedaços (cubinhos) suficientemente pequenos para que todos os ingredientes se misturem bem. Coloque junto com todos os outros ingredientes no liquidificador e bata até que a mistura fique homogênea.

Chá quente de alga AFA

- 10 gramas de pau-d'arco
- 3,5 gramas de unha-de-gato
- 2 gramas de ervas de chuchuhuasi
- 2 gramas de quebra-pedra
- 5 gramas de gojis
- 1 fava de baunilha picada em cubos
- 2 litros de água mineral

Prepare um chá com os ingredientes acima. Aqueça até uma temperatura escaldante, mas não ferva. Deixe em infusão por uma hora e bata 4 xícaras (chá) no liquidificador:

- 1 colher (sopa) de óleo de coco
- 1 colher (sopa) de mel
- Um punhado de nibs de cacau
- 1 a 3 colheres (sopa) de alga azul AFA
- Uma pitada sal do mar Celta ou de sal do Himalaia

Misture bem. Se desejar, adicione suas frutas favoritas (por exemplo goji), superalimentos e suplementos. Pode-se incluir também pó de algarobeira, musgo irlandês hidratado, ho shou wu (fo-ti), cacau em pó, proteína de arroz em pó.

Elixir ativador do sistema imunológico

- ½ litro de água mineral
- ¼ xícara (chá) de suco de limão
- ¼ xícara (chá) de mirtilos
- 1 a 2 colheres (chá) de pó de camu-camu
- 1 a 2 colheres (sopa) de pó de noni
- 1 a 3 colheres (sopa) de extrato líquido de algas azuis AFA
- 1 a 2 colheres (chá) de alga azul AFA desidratada em flocos
- 2 colheres (sopa) de ficocianina (pigmento da alga azul AFA)
- 500 a 1.000 miligramas de pó de micélio de cogumelo reishi
- 500 a 1.000 miligramas de pó de micélio de cogumelo maitake
- 2 a 4 gramas de pó de supererva sacha jergón
- ¼ xícara (chá) de gojis (opcional)
- 2 colheres (sopa) de mel (opcional)

Coloque todos os ingredientes no liquidificador e bata até virar um elixir. Adicione mais água mineral se necessário. Esse elixir tomado diariamente melhorará seriamente o sistema imunológico. Não adicione mel ou gojis se você estiver combatendo cândida ou câncer. Pessoas com câncer ou cândida deveriam evitar o máximo possível alimentos doces de qualquer tipo.

849/5

Fitoplâncton marinho

A base de toda a vida

"O mar, o grande unificador, é a única esperança do ser humano. Agora, como nunca antes, a velha frase adquire um significado literal: estamos todos no mesmo barco."
Jacques-Yves Cousteau

Nome científico: *Nannochloropsis* (principais variedades)

Nome popular: Fitoplâncton marinho, fitoplâncton, plâncton, microalgas

Tipo de superalimento: Fitoplâncton verde (líquido, pó, pasta)

História, fatos e lendas

"O futuro da nutrição está no oceano."
Jacques-Yves Cousteau

Fui apresentado ao fitoplâncton marinho quando era criança, por intermédio de um programa de televisão comandado por Jacques Cousteau. O programa mostrava as descobertas de Cousteau sobre "o plâncton como a base da cadeia alimentar".

Achei aquilo extraordinário, pois, naquela época, nossa família morava em uma praia em Nova Jersey. Eu costumava andar de bicicleta no calçadão à beira-mar e olhava as ondas, mesmo durante o inverno, imaginando todo o plâncton marinho lá.

Há estimadamente 3 bilhões de anos, o fitoplâncton marinho é a base para as criaturas vivas do oceano diretamente e, indiretamente, para todas as criaturas da Terra.

Estima-se que existam 40.000 espécies de fitoplâncton marinho e de microalgas nos oceanos, lagos, rios, córregos e canais da Terra. O fitoplâncton marinho compõe um quarto de toda a vegetação (da terra e do mar) e, de acordo com a Agência Espacial Americana (Nasa), fornece até 90 por cento do oxigênio do ar que respiramos. O fitoplâncton marinho produz mais oxigênio que todas as florestas da Terra juntas. Pesquisas científicas indicam que o fitoplâncton marinho talvez seja o alimento mais importante do planeta Terra não apenas por causa de seu teor nutricional, mas também porque é o alimento para tudo na Terra. Esses microrganismos traduzem o verdadeiro significado de alimento.

O fitoplâncton marinho também produz mais enxofre que todas as formas de vida combinadas. Ele produz derivados de enxofre conhecidos como DMSP e DMS, compostos praticamente idênticos ao dimetilsulfóxido (DMSO) e ao metilsulfonilmetano (MSM), que, quando evaporam dos oceanos, formam nuvens sobre o fitoplâncton que protegem contra radiação solar excessiva. Quando as nuvens se formam, o fitoplâncton diminui e/ou para a produção de enxofre. Esse ciclo fechado de realimentação é muito provavelmente a base dos sistemas climáticos da Terra. Por meio da chuva que surge a seguir, esse enxofre biodisponível é então espalhado pelo mundo e distribuído a todas as plantas terrestres e aos animais. Desse modo, não apenas o enxofre é espalhado na atmosfera, como a terra, os ventos e a temperatura frequentemente jogam os próprios organismos do fitoplâncton diretamente na atmosfera. Algumas células de fitoplâncton marinho congeladas foram encontradas em nuvens que foram levadas até as grandes planícies dos Estados Unidos, bem longe dos oceanos.

Em uma das grandes ironias do mundo natural, os organismos unicelulares do fitoplâncton (os menores do planeta) auxiliam e alimentar o maior animal do planeta: a majestosa baleia-azul. A baleia-azul é o maior mamífero vivo e pode pesar até 200 toneladas. Essa rainha do oceano se alimenta exclusivamente de fitoplâncton marinho e de seletas espécies de krill (e krill come apenas fitoplâncton). Uma baleia-azul pode viajar centenas de quilômetros sem descanso e consumir até 1,5 milhão de calorias por dia para satisfazer suas enormes exigências de energia.

De modo geral, as baleias têm uma dieta que consiste principalmente de fitoplâncton, com exceção das baleias onívoras. As baleias têm o maior cérebro e o sistema nervoso mais saudável de todos os mamíferos graças ao consumo desse superalimento. Sua expectativa de vida varia entre 80 e 150 anos, e muitas baleias permanecem sexualmente ativas até a morte.

O fitoplâncton marinho contém uma combinação única e extraordinária de nutrientes que mantêm a vida, incluindo ácidos graxos essenciais ômega-3 (principalmente o ácido docosahexanoico ou DHA), nucleotídeos, DNA, RNA, proteínas, clorofila, vitaminas, os principais minerais, oligoelementos e polissacarídeos.

Das 40.000 espécies de microalgas e fitoplâncton marinho, dezenas de espécies são úteis para a nutrição humana e estão agora sendo cultivadas em vários ambientes fotobiorreativos.

Fotobiorreatores

Como se pode conseguir fitoplâncton marinho? Claro, nós poderíamos ir até o meio do oceano e colher plâncton escumando as camadas superiores oceano com redes, mas a viagem de barco, as condições climáticas variáveis, a falta de controle de qualidade, os contaminantes e as técnicas precárias de coleta tornam essa tarefa extremamente difícil.

Em terra seca, em vários locais do mundo, fotobiorreatores gigantes foram construídos para cultivar fitoplâncton marinho em um ambiente completamente controlado. Por causa da presença de muitos outros organismos, o amplo oceano não pode ser usado para se fazer uma cultura controlada de fitoplâncton marinho. Fotobiorreatores simulam as condições naturais encontradas no oceano turbulento, mas com a vantagem de se poder restringir a troca entre gases e água, assim como controlar completamente os contaminantes da cultura e do ambiente externo. Os fotobiorreatores fornecem muitas vantagens em relação aos sistemas de tanques abertos para cultivar microalgas:

- Maior concentração de biomassa;
- Contaminantes eliminados e/ou significantemente reduzidos;
- Melhor controle de especificações biológicas e químicas;
- Melhor controle de cultura de algas;
- Grande superfície em relação ao volume;
- Melhor controle da transferência de gás;
- Redução da evaporação do meio de crescimento;

- Temperatura mais uniforme;
- Possibilidade de alta densidade de células de algas.

Para algumas aplicações, essas vantagens justificam o custo elevado do equipamento comparado a lagos abertos, usados, por exemplo, para cultivar espirulina, mas que não fornecem as condições necessárias para a produção de alta densidade de biomassa de algas por causa da variação da intensidade da luz e das temperaturas ao longo das estações do ano.

Benefícios

A composição do fitoplâncton marinho é exatamente do que as membranas celulares humanas precisam para seu metabolismo funcionar. Pesquisas indicam que o fitoplâncton marinho contém todos os nutrientes necessários para a criação e manutenção de novas células.

O doutor Hugo Rodier, médico membro do Conselho de Medicina Integrativa de família e autor, diz sobre o fitoplâncton marinho:

> O problema é que nós precisamos de TODOS os nutrientes ao mesmo tempo para que as coisas funcionem. Um dos raros produtos que contêm quase tudo o que precisamos para a vida é o fitoplâncton marinho.

Ele contém os nove aminoácidos que o corpo não consegue fabricar. Os ácidos graxos essenciais também estão presentes (ômega-3 e ômega-6), além de vitaminas A, B_1, B_2, B_3, B_5, B_6, B_{12}, C, D e dos principais oligoelementos.

Como o fitoplâncton marinho é a base de toda da cadeia alimentar da Terra, ele proporciona uma nutrição extraordinária para a vida em todas etapas; é benéfico para você, para seus filhos, para seus pais, para seus animais de estimação, para suas árvores, para suas plantas e muito mais. O fitoplâncton marinho é:

- A melhor fonte de origem vegetal de ácidos graxos de cadeia longa ômega-3 (DHA, EPA);
- Fonte natural de vitaminas de origem vegetal de amplo espectro, minerais, antioxidantes, polissacarídeos e proteínas;
- Fonte completa de proteínas. Na verdade, o fitoplâncton marinho, assim como a alga azul AFA, a espirulina e a clorela, é constituído por mais de 60 por cento de proteína.

O fitoplâncton é 100 por cento biodisponível para o corpo humano; quando você o come, nem uma única parte dele é desperdiçada (isso é surpreendente, porque mesmo os alimentos mais saudáveis são menos que 50 por cento absorvíveis e biodisponíveis). Os benefícios de usar fitoplâncton marinho são:

- *Energia sem estimulação:* Energia real, consistente, o dia todo, é vital para todos. O fitoplâncton disponibiliza força vital diretamente da mitocôndria, que produz energia celular sem que sejam necessários estimulantes, como a cafeína. O fitoplâncton provê a exata forma de energia de que o corpo humano necessita, chamada nucleotídeo (ATP, GTP, etc.). Teoricamente, se forem fornecidas para a célula unidades suficientes de energia advindas dos nucleotídeos, a energia da célula aumenta e pode ocorrer reparo de DNA. Aprendi sobre isso com o controverso doutor George Merkl e seu trabalho sobre o "cristal da vida", que ele diz ter isolado primeiro no fitoplâncton.
- *Sistema imunológico melhorado*: Efeitos antivirais, antifúngicos e antibacterianos foram relatados como resultado do consumo de fitoplâncton marinho.
- *Diminuição de sofrimentos e dores:* Efeitos anti-inflamatórios têm sido observados com o uso de fitoplâncton. Por causa de sua quantidade de

nucleotídeos e do efeito no aumento da energia celular e do sistema imunológico sem precisar de estimulação, o fitoplâncton marinho pode ser capaz de regredir infecções e inflamações.

- *Aumento da segurança e da velocidade da desintoxicação:* O alto teor de minerais alcalinos e de energia do fitoplâncton marinho faz dele a ferramenta de desintoxicação ideal. Você pode ingerir fitoplâncton diariamente enquanto está se desintoxicando e/ou jejuando. O fitoplâncton facilita a desintoxicação sem causar desmineralização. Sistemas de limpeza à base de ervas e de jejum são úteis para a desintoxicação, mas também podem causar desmineralização (perda de minerais em tecidos ou ossos). Minerais importantes como cálcio, magnésio, enxofre e zinco ajudam a proteger o corpo e levam as toxinas para fora. Se esses minerais não forem fornecidos na dieta, eles serão retirados dos ossos e dos órgãos vitais, causando a desmineralização. Os superalimentos em geral, e em especial o fitoplâncton marinho, resolvem esse problema.
- *Perda de peso:* O fitoplâncton marinho ajuda a perder o excesso de peso e de gordura sem esforço, porque você poderá obter dezenas de minerais conhecidos (e alguns desconhecidos) em cada gota ou colher de pó, assim como milhares de nutrientes.
- *Memória melhorada*: Sua memória e poder cerebral podem melhorar. O fitoplâncton marinho contém a menor nanopartícula de todas as microalgas e de vários de seus nutrientes, incluindo fosfolipídios e ácidos graxos ômega-3, capazes de cruzar a barreira hematoencefálica e alimentar o cérebro e as principais glândulas nele localizadas, o que estimula a produção significativa de neurotransmissores e propicia clareza mental.
- *Força e capacidade atlética:* O alto teor de clorofila no fitoplâncton também faz aumentar o consumo de oxigênio. O maior consumo de oxigênio significa mais combustível para os músculos, o que se traduz por um desempenho e uma resistência melhorados. Além disso, o fitoplâncton é uma fonte completa de proteínas. Por essa proteína ser crua, ela é duas vezes mais capaz de ser absorvida do que a proteína cozida.
- *Normalização do equilíbrio glicêmico:* Distúrbios glicêmicos (síndromes de deficiências minerais) vão naturalmente diminuir em severidade. Será alcançado mais equilíbrio, com a reposição de minerais fundamentais que os produtos saudáveis e medicinais feitos com fitoplâncton podem proporcionar.
- *Menos vontade de comer:* Aos poucos, você deixará naturalmente de ter vontade de comer alimentos não saudáveis, processados e defi-

cientes em minerais, graças à restauração do perfil mineral de cada órgão de seu corpo. Todos os superalimentos ajudam a curar desejos alimentares.

- *Concentração aumentada:* Em decorrência do alto nível de nutrição alcançado, sua concentração melhorará, e você poderá fazer mais em menos tempo. Isso significa mais tempo livre para família, amigos e atividades criativas.
- *Sexo melhor:* Com mais energia e o físico melhorado, você terá uma vida sexual melhor.
- *Recuperação mais rápida:* Você se recuperará de doenças e/ou de ferimentos mais rapidamente graças ao efeito cumulativo do aperfeiçoamento da recuperação celular.
- *Reparação do sistema nervoso:* O fitoplâncton marinho é uma ferramenta útil contra problemas neurológicos crônicos. Pesquisas sobre nutrição avançada indicam que os produtos de fitoplâncton marinho contêm fatores de reparação do sistema nervoso, como fosfolipídios, DHA e EPA, que ajudam a recuperar a bainha de mielina danificada (a camada protetora que há ao redor de cada fibra nervosa).
- *Calma e bem-estar:* Se você pratica meditação, observará sua mente mais calma e será mais fácil acalmar o corpo. De maneira geral, uma "energia profunda" residual será sentida.
- *Sono melhor:* Você descobrirá que é mais fácil pegar no sono e dormirá tranquilamente a noite toda.
- *Mais energia para começar o dia:* Você acordará mais revigorado e pronto para enfrentar o dia.
- *Digestão e circulação melhorada:* Isso ocorrerá por causa da concentração de minerais e de clorofila no fitoplâncton marinho.
- *Visão melhorada:* Isso provavelmente ocorrerá por causa da extraordinária capacidade antioxidante do fitoplâncton, assim como pela presença de ácidos graxos de cadeia longa ômega-3 (DHA e EPA), que nutrirão os olhos diretamente.
- *Mais jovem:* O alto teor mineral do fitoplâncton marinho fará sua pele parecer mais vibrante e mais jovem, porque minerais como zinco, enxofre e silício agem como cosméticos internos, que naturalmente embelezam as células da pele.

As pessoas que incluíram em sua dieta o fitoplâncton marinho gozam de uma função cerebral ampliada, têm a imunidade melhorada e com bons efeitos antiviral, antifúngico e antibacteriano, têm recuperação celular melhorada, têm proteção contra radiação, têm desintoxicação facilitada, contam com ajuda contra inflamações, recebem antioxidantes, têm a circulação melhorada, sentem uma melhora da função cardíaca, têm alívio de alergia e da asma, supressão de sintomas decorrentes de doença degenerativa e sentem uma "profunda energia" residual de maneira geral. Há centenas de referências no site www.sunfood.com (procure em Ocean's Alive Marine Phytoplankton), que detalha a vasta gama de benefícios para a saúde adquiridos com o consumo de fitoplâncton marinho e de microalgas, como a espirulina, a alga azul AFA e a clorela.

Mike Adams, editor chefe de www.naturalnews.com, afirmou em um artigo sobre fitoplâncton marinho que ele é benéfico para ajudar a melhorar as seguintes condições:

- Artrite reumatoide
- Diabetes tipo 2
- Doenças autoimunes como lúpus
- Eczema e distúrbios da pele
- Câncer de mama, câncer de próstata e outros cânceres
- Doença cardíaca e arteriosclerose
- Mal de Alzheimer e demência
- Síndrome da fadiga crônica
- Mal de Parkinson e outros distúrbios neuromusculares
- Doenças do fígado e hepatite
- Depressão, alterações de humor e distúrbios comportamentais
- Doenças oculares
- Infertilidade e distúrbios do sistema reprodutivo
- Infecções e resfriados comuns
- Asma e distúrbios respiratórios
- Distúrbios dos rins e da bexiga
- Osteoporose e distúrbios do esqueleto
- Dor crônica e dor nas juntas

Grama por grama, o fitoplâncton marinho é, provavelmente, o superalimento alcalino mais rico em nutrientes da Terra. Isso significa que ele é um superalimento que contém todos os minerais conhecidos, todos os aminoácidos conhecidos, e quase tudo o que você disser que possa estar potencialmente faltando em nossa nutrição!

Melhora da absorção do ácido graxo ômega-3

Ácidos graxos ômega-3 são essenciais para a saúde humana. Pesquisas têm demonstrado continuamente que o consumo de ácidos graxos ômega-3 reduz o risco de desenvolver doenças cardiovasculares, distúrbios autoimunes, problemas neurológicos e distúrbios comportamentais. Quanto melhor a absorção dos ácidos graxos ômega-3 no cérebro e no sistema nervoso, mais eficientes e rápidos serão os resultados de cura.

Em geral, o fitoplâncton marinho é superior ao óleo de peixe como fonte de fosfolipídios que ajudam a absorver ácidos graxos de cadeia longa tipo ômega-3. São esses fosfolipídios que devem ser ingeridos por meio de peixe, krill e/ou óleos de algas, para atingir o cérebro, o sistema nervoso e os olhos. Em essência, a eficácia dos óleos de peixe, incluindo o óleo de fígado de bacalhau, o krill e os óleos de algas, melhorará quando ingeridos com fitoplâncton marinho. Assim como peixe, krill e alguns óleos de algas, o fitoplâncton marinho contém um ou ambos os ácidos graxos ômega-3: ácido docosahexanoico (DHA) e ácido eicosapentanoico (EPA). Por essa razão, não apenas o fitoplâncton marinho está ajudando a potencializar os ácidos graxos ômega-3, mas também os contém.

Se você é um vegano restrito ou vegetariano e escolhe não consumir quaisquer produtos de origem animal, o fitoplâncton marinho é fortemente recomendado para suprir as formas de ácidos graxos essenciais ômega-3 de cadeia longa (DHA e EPA). O que é muito importante é que essas formas de ácidos graxos ômega-3 são diferentes do ômega-3 de cadeia média do ácido alfalinolênico (ALA) encontrado no óleo de linhaça e no óleo de sementes de cânhamo. O ALA pode ou não ser convertido pelo corpo humano nos ácidos mais necessários de cadeia longa DHA e EPA. Essa conversão depende de muitos fatores, inclusive da presença de vitaminas do complexo B e minerais como o magnésio, a presença de fosfolipídios, a presença de óleo de coco e fatores metabólicos da biologia de cada indivíduo. Fosfolipídios de fitoplâncton marinho, vitaminas B e minerais ajudam a converter o ALA em DHA e em EPA. O fitoplâncton marinho por si também contém ALA.

Fosfolipídios são necessários para transportar nutrientes solúveis em gordura para dentro de nosso sistema, e depois potencialmente para o cérebro. Os óleos condutores ALA, DHA e EPA, quando ingeridos com fitoplâncton, podem cruzar a barreira hematoencefálica mais facilmente e ir para dentro do cérebro. Essa barreira hematoencefálica protege o cérebro contra a maioria das substâncias estranhas, bloqueando sua entrada. Em essência, o mecanismo de transferência para o cérebro (onde precisamos mais de ALA, DHA e EPA) é mais eficiente com fitoplâncton.

ATP e energia

Com as nanopartículas de menor tamanho de todas as microalgas, o fitoplâncton marinho produz energia vital no nível do DNA e da mitocôndria e também penetra na barreira hematoencefálica, para alimentar a principal glândula cerebral e proporcionar uma significativa clareza mental.

Normalmente, nosso corpo precisa quebrar tudo o que comemos em pequenas partículas de proteínas, açúcares, gorduras e óleos, que são colocados em uma extremidade da usina da mitocôndria e saem do outro lado como minúsculos pacotes de energia chamados de nucleotídeos (ATP, ADP, AGP, etc.). Esses nucleotídeos são a moeda corrente da célula: pequenas baterias biológicas que são usadas para produzir a energia celular. Os nucleotídeos do fitoplâncton na verdade nem passam pela usina de energia da mitocôndria, porque conseguem abastecer a célula de energia diretamente. Isso significa que a célula pode produzir energia rápida e eficientemente sem ter de passar por todo o processo da digestão.

Os produtos do fitoplâncton marinho também auxiliam a produzir energia celular sem gastar nenhuma caloria significativa, porque não passam pela mitocôndria (a usina de energia da célula). Ingerir doses médias ou grandes de fitoplâncton marinho resulta em produção de energia sem estímulo externo. Uma vez no corpo, o ATP e outros nucleotídeos transformam-se diretamente em energia, o que faz do fitoplâncton marinho o líder dos superalimentos para aqueles que precisam trabalhar muito, em ambientes de alto nível de estresse, sem dormir, e que necessitam de energia a longo prazo e concentração sem drogas estimulantes. Nesse departamento, o fitoplâncton marinho é insuperável.

Antioxidantes

O fitoplâncton marinho é rico em antioxidantes, como a clorofila, assim como carotenoides rejuvenescedores, imunizadores e combatedores de câncer, incluindo xantofilas pigmentadas amarelas e vermelhas.

A clorofila é um dos antioxidantes mais amplamente utilizados no planeta. Os antioxidantes nos protegem do excesso de radiação, incluindo a emitida por raios X nos aeroportos, os raios ultravioletas do Sol, resquícios radioativos da atmosfera e do fornecimento de alimento (urânio depletado), oxigênio reativo (radicais livres), viagens de avião e outros mais.

O alto teor de clorofila do fitoplâncton marinho também aumenta o poder de captação de oxigênio, o que significa mais combustível para os músculos e desempenho e resistência melhorados.

O que adquirir

Produtos com fitoplâncton marinho

Fitoplâncton marinho líquido Ocean's Alive

O fitoplâncton marinho líquido Ocean's Alive (disponível em www.sunfood.com) é um produto, na verdade, que faz parte de uma categoria própria. Sua disponibilidade é a prova de que enormes avanços estão sendo feitos no campo de nutrição por superalimentos, o que permite às pessoas sentirem-se melhor, ficarem mais saudáveis e rejuvenescerem mais rápido do que nunca.

Como temos visto, produtos crus sempre têm maior potencial nutricional do que produtos cozidos ou secos, pois o calor rapidamente destrói ou desintegra os delicados fitoquímicos. Então, a espirulina crua é melhor que a espirulina seca; a alga azul AFA crua é melhor que a seca e fitoplâncton marinho líquido é melhor que o seco ou pasteurizado.

Uma equipe europeia de médicos, microbiologistas e botânicos gastou milhões de dólares e muitos anos pesquisando as 40.000 espécies de fitoplâncton marinho para determinar as melhores em cada categoria para serem usadas como biocombustível, hidrocultura, alimento para peixes e, finalmente, para consumo humano. Dezenas de espécies de fitoplâncton marinho benéficas para consumo humano foram descobertas com base nos perfis nutricionais. As principais espécies benéficas foram escolhidas para compor o produto Ocean's Alive.

Como resultado dessa extensa pesquisa, foram construídas instalações comerciais tecnologicamente avançadas para produzir fitoplâncton marinho puro, não contaminado e em grande volume, usando sofisticados fotobiorreatores, que consistem em extensas tubulações interconectadas em uma grade horizontal do tamanho de um campo de futebol. Um ambiente propício ao crescimento de plâncton foi criado, o que permite que ocorra fotossíntese natural, usando a luz do Sol. A solução de água do mar purificada na qual o fitoplâncton marinho cresce garante que não existam outras espécies contaminando a biomassa. Esse método produz uma biomassa de fitoplâncton superconcentrada e pura, além de orgânica.

Essencialmente, os fotobiorreatores criam um ambiente controlado, livre de substâncias químicas, que fazem com que o produto final de fitoplâncton seja consistentemente livre de contaminantes ambientais. É necessária uma enorme quantidade de espaço, água do oceano e luz do Sol para fazer poucos gramas de fitoplâncton marinho.

O Ocean's Alive contém a força vital natural do fitoplâncton marinho. A biomassa de plâncton é recolhida diretamente do fotobiorreator e colocada em uma centrífuga sofisticada, que retira a água do plâncton. O resultado é um produto com a consistência de uma pasta de amendoim espessa.

Essa biomassa viva é, então, gentilmente centrifugada em uma solução totalmente pura e natural de concentrado 100 por cento derivado de oligoelementos oceânicos. Essa solução mineral concentrada é altamente benéfica para a saúde humana, pois contém mais de noventa oligoelementos absorvíveis e é produzida por um processo de evaporação natural que emprega o sol e o vento, que naturalmente eliminam 93 por cento do sódio. Essa água do oceano purificada e concentrada tem o poder de preservar o fitoplâncton marinho, protegendo a energia vital original e permitindo que ela seja engarrafada e armazenada à temperatura ambiente, sem deterioração. O produto é, então, "superenergizado", fazendo-se o líquido correr através de sofisticada tecnologia de vórtice.

Todos esses passos previnem qualquer contaminação ou crescimento de bactérias, fungo e mofo. O fitoplâncton marinho colhido fresco e preservado dessa maneira retém durante anos seu aroma, valor nutricional e sua qualidade. No momento em que esse líquido integral e vivo de alimento puro é misturado à água e ingerido, ele libera sua energia vital completa e é inteiramente assimilado pelo corpo.

Note que durante todo esse processo, o produto nunca é aquecido, cozido, pasteurizado ou seco; portanto, virtualmente 100 por cento da nutrição original (os fitonutrientres) do fitoplâncton marinho permanecem intactos. Isso é tão bom ou melhor do que comer fitoplâncton diretamente do oceano, como as baleias fazem.

Fitoplâncton marinho em pó

Esse também é um produto liofilizado muito bom. Tem uma consistência de pó similar à da espirulina. Em minha casa, nós o consideramos parte fundamental de nossa coleção de superalimentos em pó, nos quais todos os nutrientes já estão prontos para serem incluídos em preparações como smoothies, sucos, elixires e várias delícias.

Bebidas engarrafadas com fitoplâncton marinho

Várias empresas oferecem bebidas com combinações de superalimentos, ervas e fitoplâncton marinho adicionadas. Essas empresas têm feito um enorme trabalho de educação e conscientização das pessoas sobre o poder do fitoplâncton marinho.

Como usar o fitoplâncton marinho

Como todos os outros superalimentos, o fitoplâncton marinho é altamente concentrado se comparado à maioria dos alimentos humanos, portanto, uma quantidade relativamente pequena é suficiente para se alcançar os benefícios para a saúde.

O fitoplâncton marinho líquido ou seco pode ser adicionado à água mineral, a smoothies de superalimentos, a sucos frescos, a elixires e a preparações de chocolate cru (cacau). Bebidas de fitoplâncton prontas podem ser consumidas como são distribuídas. Consuma fitoplâncton marinho com óleo de peixe, óleo de krill, óleo de algas (que é conveniente para veganos) ou com óleo de coco para ter seus efeitos aumentados.

Graças à relação biológica natural que o fitoplâncton tem com o enxofre, recomendo que você também experimente usar pó de MSM (metilsulfonilmetano) em bebidas as quais se adiciona fitoplâncton marinho. Comece com uma pequena quantidade, uma colher de chá, por exemplo, e vá aumentando. Isso parece ampliar a potência de ambos os produtos, especialmente os efeitos anti-inflamatórios e antioxidantes.

Depois de experimentar fitoplâncton marinho por alguns dias, você notará como os efeitos energizantes desse superalimento podem ser poderosos.

Aviso: o fitoplâncton marinho, como quase todas as microalgas, contém quantidades significativas de vitamina K, e alguns estudos têm mostrado que isso interfere em medicamentos que "afinam" o sangue.

Recomendações de uso do fitoplâncton marinho líquido Ocean's Alive

O fitoplâncton marinho Ocean's Alive é extremamente poderoso; um pouco dele produz muitos efeitos. Uma gota de Ocean's Alive é suficiente para se sentir os resultados. Principiantes devem começar com 1, 2 ou 3 gotas e aumentar até 7 gotas. Eu quero dizer de fato "gotas" e não um "conta-gotas cheio". O fitoplâncton marinho Ocean's Alive é um produto altamente concentrado e potente. Sempre é possível tomar mais, mas uma pequena quantidade já fará a mágica!

Usuários um pouco mais experientes de Ocean's Alive devem tomar de 3 a 4 gotas duas ou mais vezes ao dia. Um usuário um pouco mais experiente é alguém que já utiliza esse produto há dois ou três meses.

Usuários experientes de Ocean's Alive podem tomar de 2 a 3 conta-gotas cheios por dia. Esses são indivíduos que já aproveitam esse produto há mais de três meses. O Ocean's Alive pode ser tomado mais frequentemente, e mesmo em maiores quantidades, de acordo com as necessidades pessoais e à medida que você fica mais familiarizado com o produto.

Como sabemos, o fitoplâncton marinho é um alimento extremamente potente e fica ainda mais forte no Ocean's Alive. Existem várias maneiras de consumir Ocean's Alive, e algumas são melhores que outras. Os métodos experimentados até agora foram:

1. Pingar o Ocean's Alive diretamente na boca ou usar o Ocean's Alive sob a língua são os métodos mais diretos. A maioria das pessoas descobrirá que esse método é muito poderoso, pois o Ocean's Alive tem um gosto forte, mineral, e uma resposta homeopática.
2. Pingar o Ocean's Alive diretamente em um copo d'água, adicionar várias gotas ou mesmo um conta-gotas cheio de Ocean's Alive, mexer e beber. O Ocean's Alive fornece uma energia calma, limpa e equilibrada quando é consumido simplesmente em água. Quando é diluído apropriadamente, ou seja, um conta-gotas em 250 mililitros de água, tem um gosto muito agradável e suave, bastante parecido aos vegetais folhosos verde-escuros. Se você tiver coragem e quiser aumentar o efeito de sua bebida, uma pitada de pimenta-de-caiena ou pó de MSM (metilsulfonilmetano) pode apressar a absorção da bebida. O Ocean's Alive pode também ser adicionado a um jarro de água e ser consumido ao longo do dia. O melhor seria consumir

essa mistura antes de o dia terminar, porque uma vez colocado na água, o Ocean's Alive não está mais "latente", e sim ativado, e perde a potência com o tempo.

3. Para facilitar o uso e conseguir um efeito suave liberado ao longo do tempo, misture o Ocean's Alive a alguma bebida de sua preferência, como suco de fruta, suco de vegetais, água de coco ou outra. Qualquer uma delas serve. O fitoplâncton marinho Ocean's Alive pode ser tomado nas doses citadas quando misturado a bebidas. Descobriu-se que existem algumas misturas especiais, que têm mais sabor que outras; sucos fermentados como maçã tem um gosto especialmente bom quando se adiciona Ocean's Alive. O kefir de coco é ainda melhor. A combinação desses dois alimentos poderosos é um excelente estimulante de energia.
4. Assim como adultos precisam de minerais e de supernutrição, as crianças também precisam. Se uma criança tem paladar puro e já ama os sabores deliciosos dos alimentos crus e vivos e/ou dos superalimentos, é muito provável que elas também apreciem o sabor do Ocean's Alive em água ou em suco. As crianças devem começar com doses para principiantes. Se elas não se importam com o gosto, algumas gotas podem facilmente ser adicionadas a um smoothie de frutas, que conterá os oligoelementos essenciais e os nutrientes necessários para a criança. O mesmo pode ser feito para adultos que acham o gosto desagradável.

O Ocean's Alive parece ser mais efetivo quando consumido com líquidos e com o estômago vazio, para permitir que o corpo absorva completamente os nutrientes.

Uso sublingual do Ocean's Alive

Graças ao tamanho de nanopartículas das espécies de algas marinhas, sua absorção pode ser muito ampliada se o fitoplâncton marinho Ocean's Alive for usado sob a língua, combinado com uma ampla gama de suplementos ricos em nutrientes. Dessa maneira, todos os nutrientes essenciais da combinação escolhida serão diretamente absorvidos pelo corpo, sem passar pelo sistema digestório.

Algumas combinações para uso sublingual do fitoplâncton marinho Ocean's Alive:

- 1 a 4 gotas com 1 conta-gotas completo de ouro coloidal, pela manhã
- 1 a 4 gotas com 2 conta-gotas de zinco pela manhã, e outro à noite, com 1 conta-gotas completo de cobre
- 1 a 4 gotas, pela manhã e à noite, com 1 colher (sopa) de Orgono Living Silica Liquid (ver em www.sunfood.com)

Para todas essas combinações, coloque a quantidade necessária do suplemento sob a língua, e então, cuidadosamente, coloque 1 a 4 gotas de fitoplâncton marinho Ocean's Alive sobre esses minerais. É possível obter taxas mais altas de absorção se essa mistura for mantida na boca durante 2 a 3 minutos antes de engolir. As combinações listadas são melhores se tomadas pela manhã em jejum ou pelo menos 30 minutos antes da refeição, com o estômago vazio.

Também considere adicionar sublingualmente junto com o Ocean's Alive várias gotas de: extrato líquido de *Agarigus blazei* (uma ótima opção é o AgariGold com H1X1, um produto feito de cogumelo medicinal para aumentar a imunidade), extrato líquido de gojis ou extrato líquido de semente de cacau.

Experimente e divirta-se enquanto você inventa sua poção de combinação de superalimentos, para conseguir o máximo de energia, aumento de imunidade ou consciência ampliada.

Como guardar o fitoplâncton marinho

Quando o recipiente do Ocean's Alive ou do produto de fitoplâncton marinho em pó liofilizado for aberto, deve ser refrigerado (mas não obrigatoriamente) para se manter fresco pelo maior tempo possível. Recomenda-se que esses produtos sejam usados até três meses após abertos.

Receitas com fitoplâncton marinho

Coquetel com água mineral, mel e fitoplâncton

- 250 mililitros de água mineral
- 1 a 2 conta-gotas cheio de fitoplâncton marinho (da marca Ocean's Alive)
- 2 colheres (sopa) de mel
- 1 a 2 pitadas de sal do mar Celta ou de sal do Himalaia

Bata todos os ingredientes. Essa é uma bebida incrivelmente energética para longas caminhadas em dias quentes.

Superbebida rejuvenescedora para cérebro, olhos e sistema nervoso

- Água e polpa de 2 cocos ou ½ litro de água mineral
- 2 colheres (sopa) bem cheias de óleo de coco
- 1 a 2 colheres (chá) de pó de fitoplâncton marinho liofilizado
- 1.200 miligramas (3 a 4 cápsulas) de óleo de krill, de óleo de peixe e/ou de óleo de algas
- 1.000 miligramas (2 cápsulas vegetais) de pó de cogumelo juba-de-leão
- 2 colheres (sopa) de mel
- 1 xícara (chá) de mirtilos (de preferência frescos, embora congelados também sejam bons)
- 1 xícara (chá) de framboesas (de preferência frescas, embora congeladas também sejam boas)

Abra os dois cocos e despeje a água no liquidificador. Com uma colher, retire a polpa dos cocos e coloque no liquidificador. Se você não tem cocos, use água mineral. Abra as cápsulas e despeje seu conteúdo no liquidificador. Se as cápsulas de óleo forem gelatinosas, faça um furo e aperte para despejar o conteúdo no liquidificador, extraindo a dosagem desejada. Adicione os ingredientes restantes, bata tudo e delicie-se! Essa bebida tem o poder de regenerar o tecido nervoso, melhora a visão, a memória e ajuda a aliviar problemas neurológicos. O óleo de coco e o fitoplâncton marinho ajudam a melhorar a absorção dos ácidos graxos ômega-3.

Limonada eletrolítica com fitoplâncton marinho

- 250 mililitros de água mineral
- Um punhado de gojis
- 1 a 2 conta-gotas de fitoplâncton marinho (Ocean's Alive) ou 2 colheres (chá) de fitoplâncton marinho em pó
- 1 limão inteiro descascado e sem sementes
- 2 colheres (sopa) de pó de enxofre MSM
- 2 colheres (sopa) de mel
- 2 a 3 pitadas de sal do mar Celta

Coloque todos os ingredientes em um liquidificador e bata ligeiramente. Sirva gelada. Essa bebida é excelente para repor os eletrólitos rejuvenescedores do sangue e para hidratar os tecidos. O enxofre MSM, os eletrólitos e os oligoelementos também melhoram a pele, o cabelo e as unhas.

Limonada eletrolítica com Ormus e fitoplâncton marinho

- 250 mililitros de água mineral
- 1 a 2 conta-gotas cheio de fitoplâncton marinho (Ocean's Alive) ou 2 colheres (chá) de fitoplâncton marinho em pó
- 1 limão inteiro descascado e sem sementes
- 2 conta-gotas cheios de Ormus Gold (da Sunfood.com)
- 2 colheres (sopa) de mel
- 2 a 3 pitadas de sal do mar Celta

Coloque todos os ingredientes em um liquidificador e bata ligeiramente. Sirva gelada. Essa bebida é excelente para repor os eletrólitos rejuvenescedores do sangue, para hidratar os tecidos e rejuvenescer o sistema digestório. O Ormus Gold ajuda a estimular a produção de serotonina e dos neurotransmissores do bem-estar.

Aloe vera

O segredo essênio e egípcio da imortalidade

Nome científico: *Aloe vera, Aloe barbadensis, Aloe ferox*

Nome popular: Babosa, sa'vila (espanhol), ghrita-kumari (sânscrito), jadam (malásia) lu-hui (chinês)

Tipo de superalimento: Folha

História, fatos e lendas

"Depois disto, José de Arimatéia, que era discípulo de Jesus, embora oculto por medo dos judeus, rogou a Pilatos que lhe permitisse tirar o corpo de Jesus; e Pilatos lho permitiu. Então foi e o tirou. E Nicodemos, aquele que anteriormente viera ter com Jesus de noite, foi também, levando cerca de 100 libras duma mistura de mirra e aloés. Tomaram, pois, o corpo de Jesus, e o envolveram em panos de linho com as especiarias, como os judeus costumavam fazer na preparação para a sepultura. No lugar onde Jesus foi crucificado havia um jardim, e nesse jardim um sepulcro novo, em que

ninguém ainda havia sido posto. Ali, pois, por ser a véspera do sábado dos judeus, e por estar perto aquele sepulcro, puseram a Jesus."

João 19:38-42

O gênero *Aloe* abrange mais de duzentas espécies que crescem no deserto e em regiões subtropicais da África, América, Ásia e Europa. As principais variedades de *Aloe* que conhecemos são suculentas nativas do deserto da África, que agora crescem em todo o mundo. Da família do lírio, a *Aloe vera* é um dos vegetais mais nutritivos do planeta. Cada folha fresca de *Aloe vera* contém um gel mucilaginoso, uma fonte potente de açúcares em cadeia conhecida como polissacarídeos. As espessas folhas de *Aloe vera* devem ser cortadas em tiras longitudinais para ser removido o gel.

A *Aloe vera* é verdadeiramente um presente em forma de superalimento dos antigos egípcios, que foram os primeiros a descobrir a magia desse alimento e cultivaram a maioria das variedades que vemos hoje. O propalado segredo da beleza e da juventude de Cleópatra continua a apontar para o óbvio: a aplicação de *Aloe vera* em sua pele.

Os essênios herdaram a *Aloe vera* dos egípcios e continuaram a cultivar essa planta impressionante perto do mar Morto, em Qumran. Os essênios comiam alimentos crus e vivos, fundiam metais, faziam experiências químicas e consumiam a *Aloe vera* como principal superalimento, que eles cultivavam em solo enriquecido com sal extraído do mar Morto. O historiador romano Flávio Josefo registrou que os essênios com frequência viviam até a idade de 125 anos, em uma época em que a média de vida era 39 anos.

Os gregos também herdaram o conhecimento sobre a *Aloe vera* dos egípcios. Graças à influência de seu preceptor Aristóteles, Alexandre, o Grande, era bastante afeito à *Aloe vera*. Seus exércitos carregavam com eles *Aloe vera* em vasos nas campanhas militares. A *Aloe vera* era aplicada nos ferimentos dos soldados. Alexandre conquistou a ilha de Socotra, no oceano Índico, para obter *Aloe vera* (Socotra atualmente é parte do Iêmen).

Benefícios

O gel de *Aloe vera* cru contém vitaminas A, C, e E e os minerais enxofre, cálcio, magnésio, zinco, selênio e cromo, além de antioxidantes, fibras, aminoácidos, enzimas, esteróis, lignina e, o mais importante, polissacarídeos.

Os polissacarídeos da Aloe têm um efeito especial lubrificante das articulações, cérebro, sistema nervoso e pele. Esses polissacarídeos são carboidratos que demoram a ser metabolizados e fornecem energia por muito tempo. Os polissacarídeos da *Aloe vera* têm efeitos imunorreguladores e permitem que o sistema imunológico humano combata infecções crônicas virais, por nanobacterias e infecções por fungo.

A *Aloe vera* é uma parte crucial de qualquer processo para perda de peso e em programas de condicionamento físico, pois quando você ingere *Aloe vera*, consegue perder peso e também ganhar massa muscular magra.

Se você quer ser belo todos os dias de sua vida, se você quer ser flexível e ágil todos os dias de sua vida, se você quer ter um sistema imunológico e um sistema nervoso que funcionem bem todos os dias de sua vida, a *Aloe vera* é o superalimento para você.

Bem-estar digestivo e propriedades antimicrobianas da Aloe vera

A *Aloe vera* é útil para todos os tipos de problemas digestivos e pode ajudar na recuperação de doenças digestivas, como colite, úlceras e síndrome do cólon irritável. Pesquisas sugerem que os polissacarídeos da *Aloe vera* são responsáveis pelos efeitos calmantes na digestão. Além disso, a capacidade da *Aloe vera* de auxiliar a reprodução de células epiteliais saudáveis que forram o trato digestivo interno é bem conhecida. A *Aloe vera* corta e dissolve o muco dos intestinos, o que ajuda a aumentar a absorção de nutrientes.

O polissacarídeo manose da *Aloe vera* é efetivo para combater fungos como a cândida. Em pesquisas clínicas humanas, as cadeias de manose da *Aloe vera* melhoraram a digestão e a absorção de alimentos e aumentaram a presença de bactérias boas (probióticos como *L. acidophilus*) no trato digestivo pela redução de fermentação e normalização dos níveis de pH. A *Aloe vera* age como um probiótico, assim como *L. acidophilus*, *L. bifidus*, *L. salivarius*, *L. plantarum*, etc., e os faz trabalhar melhor.

Os polissacarídeos da *Aloe vera* são convertidos no corpo humano em oligossacarídeos, que protegem a mucosa forrando o trato digestivo e têm se mostrado efetivos no combate a *Bordetella pertussis* (patógeno da coqueluche), *E. coli*, *Heliobacter pylori* e *Streptococcus pneumoniae.* Descobriu-se que indivíduos com a doença de Crohn tem seu sistema digestório deficiente em oligossacarídeos.

Redução de inflamação, náuseas de radiação, câncer, doenças do coração e diabetes

Em estudos feitos com roedores, a *Aloe vera* demonstrou a notória capacidade de inibir artrite, edema e inflamação. A *Aloe vera* também estimulou a produção de fibroblastos em roedores, indicando a cura de tecido danificado. Os resultados indicavam especificamente uma redução de 50 por cento na inflamação. Os mastócitos, que são ativos em respostas autoimunes e alérgicas, diminuíram em 48 por cento.

Estudos demonstraram que a *Aloe vera* reduz a náusea causada pela radiação em animais. A *Aloe vera* os ajudou a ganhar peso e a se recuperar mais rápido com menos náuseas após serem expostos à radiação. Alguns tratamentos tópicos que usaram extrato de *Aloe vera* com cadeias de manose reduziram significativamente as reações na pele de animais expostos à radiação.

Um estudo feito em Milão, na Itália, com 26 pacientes com tumores sólidos avançados, incluindo câncer de mama, de trato digestivo, de cérebro e de pulmão, tratados diariamente com 20 miligramas do neurotransmissor melanina triptaminada, e 24 pacientes tratados duas vezes ao dia com 20 miligramas de melatonina por mililitro de tintura alcoólica de *Aloe vera* constatou o seguinte: dois dos 24 pacientes do primeiro grupo melhoraram, e catorze pacientes ficaram estáveis e não experimentaram piora nos sintomas. Dos 26 pacientes tratados só com melatonina, apenas sete ficaram estáveis.

Em um estudo que durou cinco anos, feito em 5.000 pacientes com angina causada por doença coronariana, foi dada aos indivíduos a opção de consumir

Aloe vera e uma fibra de *psylium* que continha polissacarídeos. Nos indivíduos que consumiram a *Aloe vera* com *psylium*, o colesterol total, os triglicérides e os lipídios totais no soro sanguíneo foram notoriamente reduzidos, e o colesterol HDL (saudável) aumentou. Os pacientes que mais se beneficiaram foram os diabéticos.

O gel cru de *Aloe vera* fresca mostrou ajudar a normalização da glicemia e a redução dos sintomas da diabetes. Estudos recentes mostraram que os níveis de vitaminas C e E, importantes antioxidantes, permaneceram elevados durante 24 horas após a ingestão de gel fresco, ocorrendo no corpo, com o passar do tempo, um efeito suave dessas vitaminas liberadas. O consumo do gel fresco também mostrou estimular as defesas antioxidantes do corpo e aumentar a biodisponibilidade dos antioxidantes naturais encontrados em alimentos e em suplementos alimentares integrais.

Ormus, polissacarídeos e o sistema imunológico

O polissacarídeo encontrado na *Aloe vera* crua e fresca é parte de uma família maior de gliconutrientes essenciais e açúcares de cadeia longa necessários para manter um sistema imunológico forte e uma ótima saúde. Especificamente, a *Aloe vera* contém polissacarídeos de manose que são "amarrados" juntos. Esses agrupamentos de manose são conhecidos por diferentes nomes, como glucomanano, polimananos acetilados, polimanose e APM. A manose é antibacteriana, antifúngica, antiviral e antiparasitária, além de reduzir inflamações.

Os polissacarídeos similares aos existentes na *Aloe vera* crua e fresca podem também ser encontrados em praticamente todos os superalimentos e superervas, ainda que a *Aloe vera*, o noni e os cogumelos medicinais (reishi, chaga, maitake, shiitake, *Cordyceps*, etc.) liderem no quesito quantidade de polissacarídeos medicinais.

A *Aloe vera* tem uma grande afinidade com os minerais Ormus concentrados, um tipo estranho de matéria ou de "partícula de alta energia", conhecida pelos antigos, mas perdida ao longo do tempo, até ser redescoberta nos anos 1970 pelo alquimista David Radius Hudson em sua pesquisa sobre rocha basáltica. A pesquisa de David Hudson indicou que a *Aloe vera* concentra minerais Ormus na parte polissacarídica do seu gel.

Os polissacarídeos transportam os minerais Ormus que têm afinidade com a superfície das articulações, do sistema nervoso e imunológico, da pele e do cabelo, assim como pâncreas e fígado. Esses açúcares medicinais de cadeia longa e transportadores de minerais Ormus foram identificados com o uso histórico da *Aloe vera* no tratamento da imunidade, do sistema digestório e da pele. Esses polissacarídeos que contêm Ormus agem como uma força biológica unificadora, que modula as energias de todos os compostos biologicamente ativos e de células vivas com os quais entram em contato, acelerando a cura e levando a um equilíbrio homeostático profundo e adequado.

Plantei *Aloe vera* tranquilamente em meu escritório usando quantidades diluídas de sal do mar Morto puro e seus extratos. O sal do mar Morto contém a mais alta concentração de minerais Ormus que qualquer outra substância conhecida. Usar ocasionalmente sal do mar Morto em uma mistura de solo para cultivar *Aloe vera* ou diluí-lo na água de rega permite à *Aloe vera* acessar mais minerais Ormus. Uma folha da *Aloe vera* que eu cultivei com sal do mar Morto permaneceu inalterada e "viva" em minha cozinha por mais de três meses enquanto eu estava viajando.

Hidratação

Os polissacarídeos da *Aloe vera* contêm hidrogênio e Ormus concentrados, que aumentam a hidratação das células epiteliais. O hidrogênio é necessário para criar a hidratação e, para se permanecer hidratado, deve-se consumir hidrogênio suficiente. Nos ambientes de deserto em que a água é escassa, consumir *Aloe vera* pode ser algo crucial para a sobrevivência.

O enxofre contido na *Aloe vera* apresenta-se em formas similares ao DMSO (dimetilsulfóxido) e a seu parente químico importante, o MSM (metilsulfonilmetano). Essas formas de enxofre são eficientes para hidratar tecidos secos e rígidos (com perda de colágeno, com rugas, endurecimento de órgãos, etc.), restaurando assim a irrigação, elasticidade e flexibilidade. Essas formas de enxofre também são conhecidas por ajudar o sistema imunológico a destruir nanobactérias que causam endurecimento de tecido desidratado. Nanobactérias são organismos calcificados, do tamanho de vírus, que causam artrite, doenças autoimunes, doenças cardíacas, catarata, pedras nos rins, pedras na vesícula biliar, psoríase, etc.

Os polissacarídeos que transportam os minerais Ormus da *Aloe vera* podem estimular a produção de colágeno, que retém umidade, resultando em uma pele de aparência mais jovem. Descobriu-se que os compostos de Ormus aceleram a cura, diminuem o envelhecimento e ajudam no rejuvenescimento das articulações, da pele, do cérebro, do sistema nervoso, do pâncreas, do fígado e dos cabelos.

Glutationa

A *Aloe vera* é um ativador potente do fígado para que produza mais glutationa. A glutationa é um antioxidante fundamental para a produção das células brancas do sangue. Caracteristicamente, altas quantidades de glutationa no corpo, junto a uma elevada ingestão de vitaminas B_6, B_9 e B_{12}, podem diminuir os níveis perigosos de homocisteína, um subproduto da infecção por nanobactérias, associado a aproximadamente uma centena de patologias.

Rins saudáveis

A *Aloe vera* é um tônico adaptogênico (que mantém nossos órgãos vitais saudáveis), que ajuda a equilibrar a glicemia, intensifica o funcionamento hepático e digestivo e realça a pele.

A complementação da dieta com *Aloe vera*, com extratos (500 miligramas por dia) e com suplementos de arabinogalactana (polissacarídeo de uma resina, 500 miligramas por dia) ajudou a diminuir a necessidade de diálise, como é mencionado no livro de Emil Mondoa e Mindy Kitei, *Sugars That Heal* [Açúcares que curam].

Aplicações tópicas: cura da pele

A *Aloe vera* tem sido usada topicamente para o tratamento de:

- acne;
- alergias da pele;
- artrite (pode ser observado alívio da dor apenas com aplicação tópica);
- câncer de pele;
- cicatrizes;
- eczema;
- escoriações;
- estrias;
- feridas causadas por urtiga;
- hemorroidas;
- infecções causadas por estafilococos;
- infecções da pele;
- manchas;
- manchas marrons;
- pé de atleta;
- picadas de insetos;
- pruridos;
- psoríase;
- queimadura por água-viva;
- queimadura de sol;
- toxicodendro;
- varizes;
- ferimentos.

Por minha experiência, a chave do tratamento da pele com aplicação tópica de *Aloe vera* parece ser manter o gel na área afetada por diversas horas a cada dia, em vez de apenas esfregar o gel na pele ou usar uma loção.

Tanto em animais quanto em humanos, a capacidade da *Aloe vera* de curar, e mesmo de prevenir, danos à pele tem sido extensivamente pesquisada e provada. Placas de gel fresco de *Aloe vera* podem ser aplicadas e deixadas diretamente sobre queimaduras de sol, câncer de pele, eczema e psoríase por várias horas, mostrando efeitos positivos. As células de Langerhans brancas do sangue promovem a cura da pele danificada. Em danos severos da pele, as células de Langerhans podem ser eliminadas. Quando aplicada topicamente, a *Aloe vera* também estimula a produção dessas células, tanto localmente quanto de forma sistemática.

O que adquirir

Produtos com Aloe vera

Folhas de *Aloe vera* normalmente têm de 30 a 60 centímetros de comprimento e cor verde opaca. Elas têm uma textura suculenta e são ricas em gel em seu interior. O gel da *Aloe vera* pode ter um gosto amargo ou pode não ter gosto nenhum. Quando comprar *Aloe vera,* procure pelas seguintes características:

1. Compre *Aloe vera* orgânica.
2. Escolha folhas frescas em vez de *Aloe vera* industrializada. Apenas a *Aloe vera* fresca mantém os componentes antifúngicos, típicos da planta. A *Aloe vera* industrializada deveria ser, pelo menos, "estabilizada" enzimaticamente. Normalmente, na *Aloe vera* industrializada, o polissacarídeo que conhecemos como manose é destruído pelo processamento.
3. Selecione as folhas de *Aloe vera* mais espessas, com bastante gel, e sem manchas brancas. Geralmente, a *Aloe vera* sem manchas brancas na folha é de melhor qualidade.

A seguir, há uma lista de produtos de *Aloe vera* para serem procurados na internet ou em lojas de produtos naturais, ou lojas de suplementos:

- Folhas inteiras de *Aloe vera*: o gel de *Aloe vera* fresca é superior ao de todas as outras formas. Ele é mais potente, e suas enzimas antifúngicas ainda estão intactas, além de ter sabor melhor.
- Gel de *Aloe vera* industrializado.
- Pó de *Aloe vera* seca: um ótimo produto para combater infecções crônicas da bexiga. Tome 750 a 1.500 miligramas por dia.
- Extrato de manose.
- Tintura de *Aloe vera* à base de álcool.
- Loções de *Aloe vera* (algumas fórmulas também contêm MSM).

Como usar a Aloe vera

O gel cru da *Aloe vera* fresca tem sabor suave e levemente amargo por causa da presença da alta concentração de polissacarídeos. A *Aloe vera* é melhor quando cortada em tiras. Corte a porção que você deseja comer da folha de *Aloe*, remova os espinhos de cada lado e separe o gel da pele com uma faca.

Uma vez removido o gel da parte interior da folha, ele pode ser combinado com outros alimentos em smoothies, elixires, saladas ou outras preparações alimentícias. A *Aloe vera* combina bem com alimentos de alto teor de antioxidantes e com superalimentos como polén, goji, noni fresco e cacau cru, em todos os tipos de receitas, tendo um efeito sinérgico com alimentos integrais, ricos em antioxidantes e fórmulas de superalimentos verdes (por exemplo a Sunfood Nutrition's Sun Is Shining™, Elements for Life's Revitaphi™ e Pure Synergy®). Experimente misturar pequenos cubos de gel cru de *Aloe vera* em molhos ou misture pedaços de gel cru em sopas e massas (sim, o gel pode ser cortado em cubos). A *Aloe vera* adiciona os benefícios de um alimento tradicional de cura a qualquer prato cru que você possa imaginar!

Uma vez que o gel tenha sido removido da folha e cortado de tiras, o fino gel que permanece na superfície interna da folha pode ser aplicado sobre a pele como loção hidratante, loção de proteção solar ou como calmante para dar alívio a queimaduras secundárias.

As folhas de *Aloe vera* se mantêm melhor quando deixadas em uma vasilha sob luz indireta em temperatura ambiente (não em geladeira).

Aviso: Por seus efeitos fortes na limpeza do fígado, mulheres grávidas e crianças pequenas não devem consumir *Aloe vera* por via oral.

Aplicações tópicas

A *Aloe vera* tem ótimo efeito em aplicações tópicas para queimaduras e problemas crônicos de pele. O segredo para usar *Aloe vera* efetivamente é expor o gel retirando a pele da folha e, então, aplicar o gel na área afetada durante várias horas, sem removê-lo. Simplesmente esfregar a *Aloe* rapidamente na área não surtirá efeito.

Pé de atleta e micose dos pés

A maioria das micoses dos pés pode ser curada aplicando-se o gel de *Aloe vera* misturado a água mineral, o que forma uma pasta fluida que pode ser despejada em uma bacia. Mergulha-se o pé na bacia várias vezes ao dia, durante cerca de seis semanas.

Se você tem fungos sob as unhas das mãos ou dos pés, esse molho de gel de *Aloe vera* deve ser feito diariamente, junto a uma aplicação tópica (com a área afetada limpa e seca) de extrato alcoólico de neem, extrato alcoólico de pau-d'arco, e 70 por cento de DMSO (dimetilsulfóxido) pulverizado por cima. Deve-se deixar secar a área por 15 a 20 minutos antes que meias ou tecidos toquem a área. O DMSO é um solvente químico e não deve ser utilizado ao acaso. Leia o livro do doutor Morton Walker *DMSO: Nature's Healer* [DMSO: A cura da natureza] antes de usá-lo.

O cultivo de Aloe vera

Minha experiência com o cultivo da *Aloe vera* é bastante extensa. Plantei *Aloe vera* em solo pobre, em solo argiloso, em terra para vaso, em 50 por cento areia da praia e areia do deserto e em solo tropical rico. A *Aloe vera* parece preferir areia da praia misturada 50/50 com terra de vaso e minerais alcalinos suficientes (como cálcio) para manter o solo um tanto alcalino. Tenho encontrado os melhores resultados com essa combinação. A *Aloe vera* gosta de estar em solo bem drenado e de receber boas doses de água de vez em quando. Eu sempre deixo o solo da minha *Aloe vera* quase seco entre as regas ou chuva. É mais fácil molhar demais do que de menos essa planta especial.

Se você mora em uma região tropical ou subtropical, cultive sua *Aloe vera* no exterior, em iluminação indireta. Plante-a em locais que exijam pouco cuidado ou manutenção. A *Aloe vera* cresce sozinha e exige pouca atenção. Em climas mais frios, mantenha seus vasos de *Aloe vera* perto da janela durante os meses de frio e fora de casa em luz indireta nos meses mais quentes.

Colher as folhas de sua planta não causa mal a ela, contanto que pelo menos três folhas fortes permaneçam. Remova as folhas mais baixas, de perto do solo primeiro. Procure descascar a folha fora do talo. Na maioria das vezes você será capaz de descascar sem danificar a folha ou o talo. Se você não conseguir fazê-lo, simplesmente use uma faca e corte a folha da *Aloe vera* perto do talo.

Eu usei o sal do mar Morto e extratos do sal do mar Morto como fertilizantes para minhas plantas de *Aloe vera*. Normalmente junto uma pitada de sal do mar Morto para cada 4 litros de água e rego minha *Aloe vera* com isso de quatro a seis vezes por ano. Uma vez por ano, despejo o extrato de sal do mar Morto em um buraco recém-aberto ao lado do pedaço de terra em que a *Aloe vera* está e depois cubro esse buraco com lama recente.

Os extratos de sal do mar Morto podem ser feitos pela adição de uma solução de 10 por cento de hidróxido de sódio gota a gota a 4 litros de uma solução aquosa que contém 1 a 2 colheres (sopa) cheias de sal do mar Morto. Adicione o hidróxido de sódio gota a gota até que o pH alcance de 10 a 10,5 e decante (mantendo o precipitado intacto) com água destilada para diminuir o pH novamente. Então, uso esse precipitado e a água destilada, quando o pH alcança 7, como fertilizante para a *Aloe vera*.

Receitas com Aloe vera

Como preparar (cortar em tiras) a Aloe vera

Começando da partc mais cspcssa (basc) para a partc mais fina (ponta), escolha a quantidade de *Aloe vera* que você quer usar. Corte um pedaço grosso, corte as extremidades afiadas das laterais e então corte tiras da pele da ponta para a base. Use as partes viscosas e limpas em suas receitas. Esse é o precioso gel de *Aloe vera*.

Limonada com Aloe vera

- 1 e ½ litro de água mineral
- ½ folha de *Aloe vera* preparada (remova a pele e conserve o gel)
- 1 limão-siciliano inteiro sem a casca externa (conserve a polpa branca)
- 1 limão-taiti inteira sem a casca externa (conserve a polpa branca)
- 5 pitadas de sal marinho
- 3 a 5 conta-gotas cheios de extrato de goji silvestre (ou 3 a 5 pitadas de pó de goji)
- 2 colheres (sopa) de xarope de agave

Bata tudo no liquidificador e coe. Sirva com gelo.

Bebida de Aloe vera, laranja e morango

- Gel de *Aloe vera*
- 1 e ½ litro de suco de laranja recém-espremido
- 1 xícara (chá) de morangos orgânicos
- ½ xícara (chá) de gojis

Bata tudo no liquidificador e acrescente mais água se desejar. Coe e sirva gelado.

Delícia hidrante de Aloe vera

- Gel de *Aloe vera*
- Suco de 1 pepino extraído em um centrífuga ou centrífuga
- Suco de 1 a 2 maçãs extraído em um centrífuga ou centrífuga
- Suco de 1 limão recém-espremido
- 2 a 3 pitadas de sal do Himalaia

Bata todos os ingredientes com o gel preparado da *Aloe vera* no liquidificador. Adicione água e gelo se desejar.

Smoothie de Aloe vera

- Pó verde de sua preferência (por exemplo, Sun Is Shining™)
- Suco recém-espremido de 1 laranja orgânica
- 2 folhas de couve orgânicas ou o vegetal folhoso verde de sua preferência
- Gel de *Aloe vera* preparado

Bata tudo no liquidificador e adicione água se desejar.

Bebida rosa, brilhante e desintoxicante

- 2 a 3 colheres (sopa) de óleo de linhaça
- 1 toranja (grapefruit) inteira descascada
- Gel de ½ folha de *Aloe vera*
- ½ xícara (chá) de água mineral (ou apenas o suficiente para bater)

Bata todos os ingredientes no liquidificador de alta velocidade, despeje em um copo, deixe gelar se desejar e sirva!

Frapê sonho de chocolate e baunilha

- 4 xícaras (chá) do líquido de sua preferência (recomendamos água, chá quente ou frio, água de coco ou qualquer leite de sementes ou nozes)
- 3 colheres (sopa) de cacau em pó
- 1 colher (sopa) de maca ou maca extrema
- 1 colher (chá) de canela
- 1 colher (sopa) de nibs de cacau
- 2 colheres (sopa) de manteiga de cacau
- 1 colher (sopa) de amendoins crus
- 1 a 2 colheres (sopa) de adoçante (sugerimos xarope de yacon, xarope de agave escuro ou claro ou mel)
- 1 colher (sopa) de sementes de cânhamo
- uma pitada de sal do mar Celta
- ½ colher (chá) de gengibre (opcional)
- ½ a 1 colher (chá) de pimenta-de-caiena (opcional)
- Gel de ¼ a ½ folha fresca de *Aloe vera*
- ½ fava de baunilha
- 3 a 5 cápsulas (150 miligramas) de micélio de reishi (pó de cogumelo reishi: abra as cápsulas e despeje o pó – opcional – para estimular o sistema imunológico!)
- 1 a 3 xícaras (chá) de frutas orgânicas congeladas, dependendo do quanto você quer que fique espesso

Bata todos os ingredientes no liquidificador e sirva. Rende 4 porções.

Uau Cacau! com superalimentos e Aloe vera

- 4 xícaras (chá) de líquido (água, chá quente ou frio, água de coco ou qualquer leite de nozes, cânhamo, amêndoas, etc.)
- 3 colheres (sopa) de cacau em pó
- 1 colher (sopa) de maca, maca vermelha ou maca extrema
- 1 colher (sopa) de nibs de cacau
- 2 colheres (sopa) de óleo de coco
- 1 colher (sopa) de pasta de amendoim
- 2 colheres (sopa) de superalimento Sun Is Shining™ ou Revitaphi™ (veja em www.sunfood.com)
- 1 a 2 colheres (sopa) de adoçante (sugerimos xarope de yacon, xarope de agave claro ou escuro ou qualquer mel)
- 1 colher (sopa) de sementes de cânhamo
- Uma pitada de sal do mar Celta
- Gel de ¼ a ½ folha fresca de *Aloe vera*
- ½ colher (sopa) de espirulina
- 1 a 3 xícaras (chá) de frutas orgânicas congeladas (dependendo do quanto você quer que fique espesso)

Bata todos os ingredientes no liquidificador. Rende de 2 a 4 porções.

Semente de cânhamo

O superalimento do futuro

Nome científico: *Cannabis sativa L., Cannabis indica* (principais variedades)

Nome popular: Semente de cânhamo

Tipo de superalimento: Semente

História, fatos e lendas

A semente de cânhamo pertence à mesma família de plantas da amora, a *Moraceae.* A família da amora é conhecida por sua complexidade genética e de seus cromossomos, que é provavelmente o que permite que esse grupo de plantas sobreviva em quase todos os climas da Terra.

O cânhamo é uma planta resistente, que se originou, acredita-se, na Ásia Central. Ele pode ser cultivado em praticamente qualquer ecossistema do mundo. Embora normalmente alcance 1,8 metro de altura, a árvore do cânhamo pode chegar a mais de 4,5 metros! O cânhamo não necessita de pesticidas ou herbicidas, usados normalmente para manter vivas algumas plantas fracas. Apenas oito de, aproximadamente, uma centena de insetos nocivos comuns em culturas podem causar problemas, e estes podem ser tratados por meios naturais. O cânhamo também, naturalmente, impede o crescimento de ervas daninhas graças ao seu crescimento rápido e desenvolvimento de um abrigo natural. Acima de tudo, a planta do cânhamo produz uma semente que é um incrível superalimento.

Cânhamo e civilização

"Sem elas [as fibras de cânhamo] como poderia a água ser retirada do poço? O que fariam os escribas, os copistas, as secretárias e os escritores sem ele [o papel de cânhamo]? Documentos oficiais e demonstrativos de renda de aluguéis não desapareceriam? A arte nobre da impressão não pereceria?"

François Rabelais (1495-1553)
Humanista e sátiro francês do Renascimento, citado em
At the Edge of History, de William Irwin Thompson

A produção de cânhamo é, provavelmente, a mais antiga indústria no planeta, remontando há 10.000 anos. A *Columbia History of the World* [História do mundo de Columbia] afirma que o mais antigo artefato da indústria humana é uma peça de tecido de cânhamo que data de aproximadamente 8000 a.C. O tratado agrícola mais antigo chinês, o *Xia Xiao Zheng*, escrito no século VI a.C, apresenta o cânhamo como uma das principais produções da China antiga. Desde o começo da história da humanidade, o cultivo e o uso do cânhamo ocorreram também em culturas nativas da América do Norte e da Europa, e em grandes civilizações como Índia, Suméria, Mesopotâmia, Pérsia, Egito e América Central.

O cânhamo pertence ao gênero *Cannabis.* Os persas chamavam o cânhamo de *kanab;* os gregos, de *kanabis* (da qual deriva não apenas a palavra inglesa *cannabis*, como a palavra *canvas*); os alemães chamam-no de *hanf* ou *hampf*; os holandeses, de *hennep*; os dinamarqueses, *hamp*; os suecos, *hampa*; e os chineses, *huo ma ren.*

O cânhamo desempenha um papel vital na agricultura e na cultura, especialmente na América do Norte. George Washington e Thomas Jefferson cultivavam cânhamo em suas fazendas, e Benjamin Franklin possuía um moinho de fabricação de papel de cânhamo, que continuou como um sólido produto agrícola na América do Norte até o final dos anos 1930. A semente de cânhamo é, literalmente, tão americana quanto a torta de maçã.

A conspiração do cânhamo

Em 1937, a revista *Popular Science* chamou o cânhamo de "a nova cultura do bilhão de dólares". Uma máquina que simplificava a fabricação de papel de cânhamo tinha acabado de ser inventada, mas a promessa do sucesso do cânhamo nunca foi cumprida.

No começo dos anos 1930, aconteceu uma das maiores conspirações da mídia do século XX. O editor de jornal William Randolph Hearst, junto à

DuPont Corporation, um grupo com interesse no ramo do petróleo, e ao *lobby* norte-americano do cultivo de algodão, além de banqueiros internacionais e um grupo de políticos ignorantes, liderou uma cruzada para o total banimento do cânhamo.

A família Hearst havia adquirido milhões de quilômetros de florestas, que ela pretendia transformar em papel para a imprensa, e Pierre DuPont detinha os direitos da patente do processo de fabricação de papel com ácido sulfúrico e polpa de madeira. Em 1937, a DuPont também patenteou o fio de náilon (para substituir a fibra de cânhamo), feito de substâncias químicas sintéticas à base de petróleo. A indústria do petróleo não queria nenhuma concorrência representada pela fibra de cânhamo nem queria competir com o barato biodiesel combustível feito à base de sementes de cânhamo. Hearst, então, usou seu poder de editor para influenciar a opinião pública sobre o cânhamo e sobre a maconha.

Com a ajuda de Andrew Mellon, secretário do tesouro dos Estados Unidos, o Congresso norte-americano aprovou uma lei, em 1937, que estabelecia o imposto sobre a maconha e ditava um complicado conjunto de regras e proibições em relação ao cultivo, à manipulação e distribuição do cânhamo. Isso foi possível porque a maconha é uma subespécie do cânhamo, conhecida pelo elevado teor psicoativo e medicinal do THC, sua principal substância ativa. A violação de qualquer regra da lei do imposto de 1937 resultaria em uma penalidade de até 2.000 dólares (em valores da época) ou até cinco anos de prisão. Essa legislação, essencialmente, levou a uma paralisação das atividades da indústria do cânhamo nos Estados Unidos.

O cânhamo foi, por pouco tempo, legalizado novamente durante a Segunda Guerra Mundial. O governo dos Estados Unidos produziu o filme *Hemp for Victory* [Cânhamo para a vitória] para encorajar os fazendeiros a cultivarem-no. Aproximadamente 1 milhão de acres foi cultivado no Meio-Oeste para apoiar a campanha da guerra, mas o cultivo de cânhamo foi paralisado depois do fim do conflito mundial. Então, por causa da pressão feita pelos mesmos interesses especiais de antes, veio o *Comprehensive Drug Abuse Prevention and Control Act of 1970,* a lei de Controle e Prevenção do Abuso de Droga de 1970, que declarou a maconha completamente ilegal e fez pouca distinção entre cânhamo e maconha.

Cânhamo ou maconha?

O cânhamo e a maconha são classificados como *Cannabis sativa*, uma espécie com centenas de variedades ou subespécies. Usar a planta do cânhamo, *Cannabis sativa*, como um superalimento de início surpreende algumas pessoas. O governo e a mídia restringiram amplamente as informações sobre o cânhamo e sobre a maconha. A maconha, com sua substância psicoativa delta-9-tetra-hidrocanabinol (THC) presente nas folhas e flores, é ilegal na maioria dos países do mundo ocidental, rotulada de "droga", enquanto outras drogas muito sérias e extremamente perigosas, como as bebidas alcoólicas fortes e diversos produtos farmacêuticos (com muitos efeitos colaterais conhecidos) são legais.

O cânhamo industrial é produzido por causa de suas fibras, sementes e óleo, enquanto as variedades de maconha são procuradas por causa do THC. O cânhamo tem um teor de THC entre 0,05 e 1 por cento em suas flores. O teor de THC da maconha vai de 3 a 20 por cento em suas flores. Por causa do baixo teor de THC das flores de cânhamo, seria necessário fumar mais de uma dezena de cigarros feitos de cânhamo durante dezenas de minutos para sentir pelo menos um leve efeito.

Frequentemente, dizem que a planta do cânhamo é tão parecida com a da maconha que os agricultores de cânhamo escondem plantas de maconha no meio da plantação. A verdade é que os baixos níveis de THC do cânhamo imediatamente arruínam os níveis de THC da maconha e a produção da flor com sistema reprodutor feminino. Se o cânhamo for usado para polinizar qualquer flor de maconha que estiver por perto, o resultado será uma maconha com teor de THC cada vez mais baixo. A maconha cultivada ao ar livre deve ser plantada longe do cânhamo, para evitar produzir flores femininas de má qualidade e para prevenir a polinização cruzada.

As muitas facetas da superplanta cânhamo

Todas as partes da planta de cânhamo são úteis. O cânhamo pode ser usado para fazer praticamente qualquer coisa que se faz com algodão, madeira de lei ou petróleo. O cânhamo pode ser usado para produzir quase todos os tipos de produtos comerciais. Além disso, o cânhamo produz uma semente que é um superalimento. As várias partes da planta do cânhamo podem ser usadas das maneiras listadas a seguir.

Sementes de cânhamo e folhas de cânhamo

A semente de cânhamo é uma fonte completa de proteínas. O óleo da semente de cânhamo tem a mais alta concentração de ácidos graxos essenciais e normalmente contém mais de vinte oligoelementos. A semente germina naturalmente na planta de cânhamo no final da estação de crescimento (durante o outono), com a diminuição do teor de ácido fítico e o aumento das enzimas, o que a torna ainda mais digerível. Suas concentrações de ácidos graxos essenciais e proteínas fazem da semente do cânhamo uma alternativa saudável ao peixe, cuja ingestão está se tornando altamente arriscada, dado o aumento da contaminação por mercúrio e por PCB.

As folhas do cânhamo também são comestíveis. Elas contêm uma alta porcentagem de sílica, útil para formar ossos fortes e pele, cabelo e unhas bonitas. A folha do cânhamo é rica em fibras. Um lado da folha de cânhamo é macio e o outro lado é abrasivo, então, à medida que a folha é digerida e as fibras dos dois lados da folha movem-se ao longo do trato digestivo, elas esfregam e limpam suavemente os intestinos.

O chá de folha seca de cânhamo tem um gosto fenomenal, assim como uma ação antimicrobiana. Em minhas experiências com chás, ao deixar em minha casa chás diferentes expostos à atmosfera por mais de uma semana, descobri que o chá de folha de cânhamo evita o crescimento de micróbios de uma maneira ainda melhor do que as mais poderosas ervas, incluindo as ervas antimicrobianas da Amazônia como o pau-d'arco e a unha-de-gato.

Cânhamo e cuidado com o corpo

Graças a seu óleo nutritivo, está crescendo rapidamente a presença do cânhamo na indústria de higiene pessoal; o cânhamo já é encontrado em sabonetes, xampus, loções, hidratantes labiais, óleos de banho, lubrificantes pessoais, e outros. Empresas como a Doutor Bronner's lutaram muito, e por muito tempo, contra a perseguição ao cânhamo, para que pudesse manter os produtos de higiene corporal nas prateleiras das lojas para todos nós.

Produtos têxteis de cânhamo (roupas e tecidos)

A planta do cânhamo é composta das mais fortes fibras naturais existentes. O cânhamo foi a primeira plantação destinada à produção têxtil. Uma determinada área de cânhamo resulta em mais produtos têxteis que uma área duas vezes maior de algodão. Além disso, o cânhamo aquece quatro vezes mais que o algodão, absorve quatro vezes mais água e tem três vezes mais força de tensão.

A plantação do cânhamo é também bem mais segura que a de algodão. O algodão, normalmente, é pulverizado com pesticidas químicos sete vezes a cada estação de crescimento, causando diversos problemas e desastres ambientais, inclusive a contaminação da água do subsolo, que fica imprópria para seres humanos, plantas próximas, animais e insetos. Nos Estados Unidos, o algodão ocupa 1 por cento das terras de cultivo, mas usa 50 por cento de todos os pesticidas. Até 38 por cento dos pesticidas encontrados em roupas de algodão podem ser absorvidos quando se transpira nelas.

Os produtos têxteis são mais fortes, mais duráveis, mais isolantes, mais resistentes ao mofo e bolor e mais fáceis de ser produzidos que produtos têxteis feitos de algodão. As roupas de cânhamo propiciam uma boa "respiração", pois dirigem a umidade para longe do corpo de maneira melhor que o algodão. Roupas que têm pelo menos 50 por cento de cânhamo em sua composição fornecem proteção contra a superexposição à radiação UV solar.

Papel de cânhamo

A China foi o primeiro fabricante de papel do mundo. Os chineses já usavam cânhamo para fazer papel há quase 2.000 anos. Até 1883, mais de 75 por cento do papel do mundo era feito de fibras de cânhamo.

O cânhamo pode render de 3 a 8 toneladas de fibra seca por acre, quatro vezes mais que o rendimento médio de uma floresta. O cânhamo pode substituir a fibra de madeira, salvando florestas da destruição. A maioria das árvores leva aproximadamente vinte anos para se desenvolver, e o cânhamo precisa de quatro meses apenas. O papel feito de cânhamo dura séculos, e o de polpa de madeira dura de 25 a 80 anos. A plantação de cânhamo não apenas reduz o desmatamento, mas melhora o solo sobre o qual ele é cultivado. Com a produção de cânhamo, podemos salvar as florestas que fornecem água fresca, *habitat* para animais selvagens, oportunidades de recreação, reserva de carbono (para redução do prejuízo atmosférico) e beleza natural.

O baixo teor de lignina reduz a necessidade de usar ácidos na polpa, e sua cor cremosa se presta ao clareamento propício com peróxido de hidrogênio em vez dos produtos químicos irritantes empregados para o branqueamento por cloro, que são ambientalmente perigosos.

A fibra de papel de cânhamo resiste à decomposição melhor que qualquer material natural. O papel de cânhamo pode ser reciclado dez vezes, enquanto o papel da madeira pode ser reciclado apenas duas vezes. Foi encontrado papel de cânhamo com mais de 1.500 anos de idade.

Fibras de cânhamo

As fibras de cânhamo são usadas para fazer tecidos e cordas há mais de 10.000 anos. Os cordões de cânhamo são famosos por sua força e durabilidade. A produção e o uso de fibras de cânhamo foi uma das técnicas básicas que fizeram a navegação possível. Imagine velejar sem corda ou fio! A corda de cânhamo é produzida de fibras de cânhamo.

Plástico de cânhamo

O cânhamo é ecológico e substitui praticamente todos os produtos tóxicos derivados do petróleo. A semente de cânhamo pode ser usada para a fabricação de produtos plásticos biodegradáveis, celofane, plástico reciclado misturado com cânhamo para produtos injetados, resinas, tintas a óleo, vernizes, tintas, solventes, lubrificantes, betume e revestimentos, para citar alguns exemplos. Mais de 2 milhões de carros que atualmente estão em uso nos Estados Unidos possuem peças compostas de cânhamo em portas, painéis, bagageiros; há também partes de peças produzidas com cânhamo cultivado fora dos Estados Unidos.

Materiais de construção de cânhamo

A parte central do caule do cânhamo é usada para produzir placas, isolamentos, carpetes, substitutos de fibras de vidro, blocos de cimento, concreto, estuque e argamassa. As placas compostas de MDF (fibra de média densidade) de cânhamo testadas pelo laboratório de materiais de madeira e engenharia da universidade do estado de Washington provaram ser duas vezes e meia mais fortes que os compostos de MDF de madeira convencional. As placas compostas de cânhamo também se mostraram três vezes mais elásticas que as feitas de madeira comum. A elasticidade é o fator que determina se um prego consegue ou não entrar em uma placa. Outra vantagem é que a água não penetra nas placas de MDF de cânhamo.

Combustível de cânhamo

O motor a diesel original foi projetado para funcionar com óleo de plantas, como o óleo das sementes do cânhamo. Qualquer motor a diesel consegue funcionar com óleo de cânhamo ou biodiesel refinado feito de óleo de cânhamo.

O cânhamo é também a fonte perfeita para o etanol. Ele produz mais biomassa que qualquer outra planta (10 toneladas por acre em aproximadamente quatro meses). De acordo com o departamento de energia dos Estados Unidos, o cânhamo como fonte de combustível de biomassa exige os procedimentos mínimos de cultivo e processamento, assim como todos os produtos de cânhamo. O desenvolvimento de biocombustíveis pode realmente eliminar o consumo de combustíveis fóssis e de energia nuclear.

Quando há queima de cânhamo como combustível, todo o dióxido de carbono liberado equivale ao dióxido de carbono que a planta havia retirado do ambiente durante sua vida, criando um ciclo fechado de carbono, o que diminui os efeitos da poluição atmosférica.

Veículos de cânhamo

Em 1941, Henry Ford produziu um automóvel experimental com carroceria de resina de cânhamo, composta de 70 por cento de fibras de celulose de cânhamo. O automóvel era mais leve que os de carroceria de metal, o que dava a ele uma maior eficiência de combustível. O carro podia absorver tantos impactos quanto os carros de aço sem ficar com marcas. O carro foi projetado para funcionar com etanol de cânhamo. Por causa das campanhas de difamação feitas pelo pessoal do petróleo, e da proibição tanto do cânhamo quanto do álcool, o carro nunca foi produzido em massa.

A salvação do planeta com o cânhamo

Por causa da multiplicidade de usos, a planta do cânhamo é lendária entre os indivíduos voltados à ecologia e os empresários envolvidos em negócios de sustentabilidade ambiental. A Union of Concerned Scientists afirmou que 80 por cento dos problemas ecológicos que existem são causados por quatro atividades humanas:

- condução de carros e de caminhões leves;
- produção de carne de boi e de aves;
- prática de agricultura não orgânica;
- construção civil e manutenção.

Com a incorporação do cânhamo no processo de projeto e fabricação, o dano ecológico em cada uma dessas atividades é reduzido ou eliminado. Todos os produtos feitos apenas de fibras de cânhamo são biodegradáveis, compostáveis e recicláveis.

Benefícios

Cientistas de ponta e médicos consideram o cânhamo uma das fontes de alimento mais nutritivas do planeta. A robustez e o poder nutricional da semente de cânhamo podem suprir significativamente as necessidades de proteína do planeta e sanar os problemas de desnutrição.

À medida que os níveis de exposição das pessoas a produtos químicos, pesticidas e materiais radioativos aumentam, mais e mais elas começam a se interessar em comer produtos da base da cadeia alimentar, o que significa ingerir cada vez mais vegetais (em oposição a comer produtos derivados de animais, como carne, frango, peixe, frutos do mar e laticínios, que estão no topo da cadeia alimentar, onde as toxinas se acumulam).

Os efeitos colaterais de se comer produtos animais, como ficar com colesterol alto, gorduras saturadas e ganhar peso, com cada vez menos qualidade e sabor ruim, assim como o uso de produtos químicos artificiais (originários de pesticidas, hormônios injetados, vacinação de animais, etc.) estão se tornando um problema avassalador, fazendo milhões de pessoas procurarem alternativas mais humanas e sustentáveis com fontes de proteína e de gordura, como os alimentos crus, veganos e vegetarianos. Uma das melhores fontes de proteínas e de gorduras é a semente de cânhamo.

Em termos de teor médio de nutrientes, a semente de cânhamo com casca é composta de 35 por cento de proteínas, 47 por cento de gorduras e 12 por cento de carboidratos. As sementes de cânhamo contêm todos os aminoácidos essenciais e os ácidos graxos necessários para manter a vida humana saudável. Nenhuma outra fonte vegetal sozinha possui aminoácidos de forma tão facilmente digerível, ou tem ácidos graxos essenciais em tão perfeita sintonia com as necessidades nutricionais humanas.

Composta de 33 a 37 por cento de proteína pura digerível, a semente de cânhamo crua, com todas as suas enzimas e energia, sua força vital, é uma das mais ricas e completas fontes proteicas. Apenas as algas como a espirulina, a alga azul AFA e o fitoplâncton marinho superam o cânhamo em proteínas.

Aproximadamente 47 por cento de cada semente de cânhamo contém gorduras "boas" com um equilíbrio ideal entre ômega-3 (ácido alfalinolênico) e ácidos graxos ômega-6 (ácido linoleico e ácido gamalinoleico).

O teor de carboidratos da semente de cânhamo com casca é 11,5 por cento, e seu teor de açúcares é de 2 por cento. Dos carboidratos da semente de cânhamo com casca, 6 por cento estão em forma de fibras. O conteúdo de fibras da farinha de sementes de cânhamo é o mais alto de todas as sementes cultivadas e comercializadas. Além de conter os grupos de nutrientes básicos para os seres humanos, a semente de cânhamo tem alto teor de vitamina E (três vezes mais alto que o da linhaça) na forma de alfa, beta, gama e delta tocoferol e de alfa-tocotrienois.

A semente de cânhamo também é fonte notável de ácidos graxos monoinsaturados ômega-9, considerados uma fonte saudável de energia e um óleo de qualidade para a beleza.

A semente de cânhamo é uma boa fonte de lecitina, importante para o cérebro e para o fígado. A lecitina é um lipídio composto principalmente de colina e inositol. Ela é encontrada em todas as células vivas como componente principal das membranas celulares. O termo "lecitina" é derivado da palavra grega *lekithos,* que significa "ovo", pois a lecitina foi descoberta primeiro nos ovos.

A semente de cânhamo é uma das poucas que contêm clorofila. Em cada semente de cânhamo há primórdios de folhas verdes ainda não desenvolvidas, que crescerão quando a semente germinar.

O THC encontrado em várias concentrações no gênero ao qual pertence o cânhamo tem utilidade medicinal para indivíduos com dores crônicas e náuseas, como os pacientes com câncer.

Proteínas

Aminoácidos são as unidades químicas que formam os "tijolos" que compõem a proteína. Depois da água, a proteína é o maior componente do corpo em peso. As proteínas constroem músculos, ligamentos, tendões, órgãos, glândulas, unhas, cabelos, fluidos corporais e quase todos os componentes do maquinário microscópico celular. A proteína é essencial para o crescimento dos ossos.

As próprias proteínas podem agir como neurotransmissores ou precursores de neurotransmissores, permitindo que todas as células recebam e transmitam impulsos e informações.

As proteínas são úteis não apenas para desenvolver músculos e força, mas também para resistência, equilíbrio glicêmico e equilíbrio químico cerebral, saúde neurológica, cura rápida, desenvolvimento de ossos fortes, desintoxicação e quase todos os outros aspectos da saúde.

O desafio que enfrentamos é que os alimentos de origem animal, ricos em proteínas, estão se tornando cada vez mais difíceis de obter. Conseguir alimentos animais altamente proteicos está ficando cada vez mais complicado, pois a indústria da carne de boi, de frango e de peixe está produzindo carne mais pobre em proteínas e mais rica em gorduras e toxinas. A criação "industrial" de animais é ambiental, emocional e psicologicamente problemática, e o impacto causado está fazendo com que nos tornemos cada vez mais conscientes de que devemos nos afastar de fontes tóxicas de proteína.

A semente de cânhamo, diferentemente da proteína de origem animal disponível, é uma fonte pura, viva e completa de proteínas. Ela nunca precisa ser cozida para eliminar bactérias e, portanto, todos os seus componentes vitais permanecem intactos.

A proteína da semente de cânhamo pode também ser mais prontamente absorvida que a de origem animal, porque ela se mistura facilmente à água, a bebidas, smoothies, shakes e molhos de salada, sem precisar de coagulação ou aquecimento. A semente de cânhamo é leve para o sistema digestório.

Das proteínas totais da semente de cânhamo, 65 por cento consistem em edestina globular, a mais alta concentração encontrada no reino vegetal. A palavra "edestina" vem da palavra grega *edestos*, que significa comestível. A edestina é considerada por muitos cientistas e pesquisadores a forma de proteína mais comestível e mais facilmente digerível da cadeia alimentar. Os outros 35 por cento da proteína do cânhamo são albumina, que também é considerada uma das formas facilmente digeríveis de proteína.

A edestina e a albumina são proteínas flexíveis de amplo espectro e hipoalergênicas (a taxa de reações alérgicas na população provocadas por elas é baixa). Muitas pessoas são alérgicas a comidas comuns ricas em proteínas, como o soro de leite e a soja.

A edestina e o sistema imunológico

A edestina é uma globulina de origem vegetal. Globulinas são proteínas globulares simples construídas inteiramente de aminoácidos. Quase todos os anticorpos, enzimas, hormônios, moléculas de hemoglobina e fibrogina (que converte o agente coagulador sanguíneo fibrina) são proteínas globulares e podem ser construídas a partir da edestina. Elas carregam as matérias-primas necessárias para formar novos tecidos, assim como para substituir tecidos danificados.

As gamaglobulinas trabalham no sistema imunológico e são divididas em cinco classes de anticorpos, chamados de imunoglobulinas. Todas elas são feitas para combater micróbios específicos que invadem a célula. Essas globulinas são responsáveis pela imunidade natural e adquirida que uma pessoa tem contra corpos estranhos e são essenciais para se ter um sistema imunológico saudável.

As gamaglobulinas compreendem a primeira linha de defesa contra infecções. Elas são anticorpos programados pelas células brancas do sangue e replicados por clones das células brancas conhecidas como células plasmáticas. As gamaglobulinas destroem os antígenos (invasores) como nanobactérias, vírus, bactérias, fungos tóxicos, células cancerígenas, toxinas, tecido morto e metabólitos de resíduos internos. Os anticorpos são costumeiramente projetados para neutralizar ou desintegrar apenas um tipo específico de antígeno. Esses anticorpos circulam no líquido linfático e no sangue (às vezes durante anos) à espera do próximo contato com o antígeno para o qual eles foram feitos (para destruí-lo). Uma vez que cheguem até as adjacências do antígeno, os anticorpos iniciam a liberação de uma cascata de enzimas corrosivas, que destroem a superfície do antígeno.

Uma célula branca do sangue pode criar centenas de células idênticas de plasma em apenas poucos dias. Uma célula de plasma madura produz, aproximadamente, 2.000 anticorpos a cada segundo durante seus poucos dias de vida. A habilidade do corpo de resistir e se recuperar de doenças depende da rapidez com que consegue produzir quantidades maciças de anticorpos para se defender do ataque inicial. É assim que desenvolvemos e adquirimos imunidade.

Se a matéria-prima para construir a proteína globulina for escassa, o transporte de nutrientes ficará debilitado, e o exército de anticorpos pode ser muito pequeno para conseguir combater os sintomas de doença. Pela semente de cânhamo ser a melhor fonte do mundo de matéria-prima (edestina) para a construção de globulina, sua ingestão pode assegurar que o corpo tenha a reserva de recursos necessária para que o sistema imunológico consiga dar respostas imunológicas pronta e adequadamente.

Ácidos graxos essenciais

Os ácidos graxos essenciais são assim considerados porque nosso corpo não consegue fabricá-los sozinho, e eles também não podem ser criados a partir de outras gorduras ou óleos ingeridos em nossa dieta. A presença de ácidos graxos essenciais é atualmente considerada fundamental para a manutenção da saúde a vida inteira.

Os ácidos graxos essenciais são antioxidantes poderosos, que protegem a pele da exposição solar excessiva. Eles também representam um importante papel na melhora do nosso sistema imunológico, graças às suas propriedades anti-inflamatórias. Eles nos ajudam a queimar o excesso de gordura pela liberação de energia prontamente disponível, que ajuda a transportar e a remover toxinas da pele, do trato intestinal, dos rins e dos pulmões. Eles nutrem e alimentam o cérebro e os olhos, compostos de uma grande fração de ácidos graxos ômega-3. Também lubrificam o sistema cardiovascular, reduzindo a ameaça de doenças cardíacas e derrames.

O cânhamo é uma das poucas plantas que contêm quantidades significativas dos seguintes ácidos graxos essenciais: ômega-6 (ácido linoleico e GLA), assim como ômega-3 (ALA). A fração do óleo de toda a semente de cânhamo normalmente contém aproximadamente 80 por cento desses ácidos graxos poli-insaturados, como ômega-6 e ômega-3, nas proporções ideais 3:1 ou 4:1. A proporção perfeita entre ômega-6 e ômega-3 é 3,38:1, o que se aproxima bastante da proporção de 3:1 recomendada para a dieta humana pelo especialista norte-americando em lipídios na dieta humana, Udo Erasmus, e de 4:1, proporção média recomendada pela Organização Mundial de Saúde (OMS), pela Suécia e pelo Japão. A semente de cânhamo é o único alimento conhecido que contém essa proporção ideal. O óleo de peixe e o óleo de linhaça são ricos em ômega-3, mas não em ômega-6. Quase todas as nozes comumente consumidas e as sementes são ricas em ômega-6, mas não em ômega-3.

O teor de ômega-3 da semente de cânhamo aumenta quando a planta é cultivada nos extremos dos hemisférios norte ou sul. Quanto mais frio o clima, mais alta a necessidade de ácidos graxos poli-insaturados, especialmente ômega-3, que são bem representados não apenas na semente de cânhamo, mas também no peixe de água fria, no fitoplâncton marinho, no krill, nas sementes de linhaça, nas frutas secas, nas sementes de noni, nas algas azuis AFA e em muitas outras fontes interessantes. Os ácidos graxos ômega-3 também nos protegem da superexposição ao sol, que é particularmente forte no extremo norte e no extremo sul no verão.

Pesquisas científicas descobriram que o óleo de coco parece aumentar a efetividade dos ácidos graxos ômega-3 da semente de cânhamo; portanto, recomenda-se consumir sementes de cânhamo com óleo de coco orgânico e cru.

Ácido gamalinolênico (GLA)

A semente de cânhamo, assim como a espirulina, contém um superanti-inflamatório, o ácido graxo essencial conhecido como ácido gamalinolênico (GLA). O GLA mostrou inibir a formação de prostaglandinas inflamatórias (hormônios de curta duração) e de metabólitos araquidônicos gordurosos da digestão.

O GLA também é famoso por ajudar a equilibrar os hormônios. Isso significa que a semente de cânhamo pode melhorar os sintomas da tensão pré-menstrual (TPM), assim como as variações de humor. Evidências mostram que a deficiência de GLA faz com que as mulheres se tornem supersensíveis à sua própria prolactina, o que causa dor nos seios.

Minerais

O cânhamo destaca-se por sua absorção de minerais do solo. A semente de cânhamo é uma fonte excelente dos principais oligoelementos e pode conter os seguintes minerais:[1]

- Fósforo (a "bateria" mineral que fornece energia necessária para melhorar a densidade óssea)
- Potássio (mineral de "ação" energética)
- Magnésio (abre mais de trezentos caminhos de desintoxicação do corpo)
- Enxofre (principal mineral da beleza e da longevidade)
- Cálcio (relaxa o trato digestivo e o sistema muscular e remove toxinas)
- Ferro (um "construtor" do sangue e um oxigenador)
- Manganês ("construtor" do sangue e oxigenador)
- Zinco (mineral da beleza, que auxilia a pele e o fígado)
- Sódio (equilibra o potássio e alimenta as suprarrenais)
- Silício (mineral da beleza, necessário para melhorar a densidade óssea)
- Cobre (parte do complexo de vitamina C que reverte o embranquecimento dos cabelos)
- Platina (mineral enzimático principal)
- Boro (auxilia a assimilação do cálcio e normaliza os hormônios na menopausa)

1 Essa lista de minerais é originária do *Drugs Masquerading as Foods* [Drogas disfarçadas de alimentos], de Suzar. Os comentários patéticos foram acrescentados por David Wolfe. (N. A.)

- Níquel (tem papel-chave no metabolismo das enzimas)
- Germânio (mineral antiviral que auxilia o sistema imunológico)
- Estanho (ajuda a reverter o padrão de calvície masculina)
- Iodo (mineral que reverte o hipotireoidismo)
- Cromo (mineral pancreático)
- Prata (mineral antiviral, antifúngico e antimicrobiano)
- Lítio (mineral alcalino que melhora o humor)

Aminoácidos transportadores de enxofre

A semente de cânhamo fornece uma coleção balanceada de 18 aminoácidos. Um aspecto importante das proteínas da semente de cânhamo é o alto teor de arginina (123 mg/g de proteína) e de histidina (27 mg/g de proteína), ambas importantes para o crescimento durante a infância, além dos aminoácidos que contêm enxofre, metionina (23 mg/g de proteína) e cisteína (16 mg/g de proteína), necessários para a formação apropriada de enzima.

Os aminoácidos transportadores de enxofre como a cisteína e a metionina ajudam o fígado e o sistema nervoso a se desintoxicarem de venenos. Eles também melhoram o sistema imunológico, a força física, a flexibilidade, a agilidade, a aparência e o brilho dos cabelos, a velocidade de cura e o funcionamento do fígado e do pâncreas.

THC: delta-9-tetra-hidrocanabinol

De todos os tipos de cânhamo do mundo, apenas 2 a 3 por cento têm concentração de THC suficiente para ser rotulado de “maconha”. A maioria dos THC e dos outros canabinoides psicoativos são encontrados em folhas e flores.

A semente de cânhamo contém THC?

Em alguns casos, a semente do cânhamo pode conter vestígios de THC. Estudos indicam que doses de até 5 miligramas de THC não causam efeitos psicoativos em pessoas que pesam cerca de 70 quilos. Para ingerir 5 miligramas de THC através de uma semente que contém duas partes por milhão de THC, você teria de comer mais de 2 quilos de semente em um dia, uma proeza quase impossível e que ainda assim não causaria o efeito que a maconha causa.

O governo dos Estados Unidos irracionalmente declarou ilegais quaisquer produtos de semente de cânhamo que contenham vestígios de THC. A semente de cânhamo liberada nos Estados Unidos deve conter THC em quantidades menores que uma parte por milhão.

Geralmente, as cepas das plantas de cânhamo selecionadas para uso alimentar são as que produzem pouco ou nenhum THC. Essas variedades nutricionais da planta de cânhamo crescem em climas temperados, em altitudes de 5 metros e, como acontece com a maioria dos grãos na agricultura, suas sementes devem ser colhidas de modo convencional, com uma ceifadora/debulhadora. Como o manuseio moderno e a casca da semente minimizam seu contato com as resinas da folha, a folha em si e o óleo da semente, assim como os outros alimentos preparados com eles, terão concentrações de THC que variam de uma parte por milhão a não detectáveis. Esses produtos de cânhamo, quando consumidos em quantidades normalmente recomendadas, devem excluir exames de urina positivos para THC. Testes conduzidos com tipos mais antigos de óleo de semente de cânhamo encontraram alguma concentração de THC na urina.

O que adquirir

Produtos com semente de cânhamo

Para ser importada pelos Estados Unidos, a semente de cânhamo deve ser retirada da casca (a agricultura do cânhamo é ilegal na maior parte dos Estados Unidos, embora as leis estejam mudando rapidamente, à medida que a percepção do valor geral dessa planta continua a aumentar).[1]

A semente de cânhamo importada e os produtos proteicos de cânhamo do Canadá estão atualmente disponíveis pela internet, por envio postal e em algumas lojas de produtos de saúde. Os produtos com cânhamo disponíveis no mercado mundial hoje são:

- semente de cânhamo (com a casca removida);
- semente de cânhamo (integral) (atualmente legal em muitos países como o Reino Unido, mas ilegal nos Estados Unidos e no Brasil até o momento da publicação deste livro);
- proteína de sementes de cânhamo;
- óleo de sementes de cânhamo prensado a frio;

1 O cânhamo também é proibido no Brasil por causa da maconha. Porém, está começando a ser legalmente produzido em países como Canadá, Reino Unido, Israel e Holanda, para a indústria farmacêutica, para a produção de fios têxteis e para fabricação de azeite. (N. E.)

- manteiga de sementes de cânhamo;
- barras de chocolate cru com sementes de cânhamo, barras de proteína energéticas;
- sorvete de sementes de cânhamo cruas;
- molhos de salada com sementes de cânhamo;
- pães com sementes de cânhamo;
- cerveja de sementes de cânhamo;
- óleo de semente de cânhamo para produtos tópicos de higiene corporal (sabonete, xampu, etc.).

Desses produtos de cânhamo, o pó de proteína de cânhamo cru é de especial importância para aqueles que necessitam de uma dieta com alto teor de proteína. Feito de sementes de cânhamo cruas (prensadas a frio a menos de 43°C), o bolo de cânhamo desengordurado que resulta é então finamente moído para formar o pó de proteína, com muito do óleo removido. A proteína do cânhamo é equilibrada, "integral", cheia de aminoácidos, vitaminas, minerais e antioxidantes. O teor de edestina superior a 66 por cento e o teor de albumina de 33 por cento são os mais altos do reino vegetal.

Como usar a semente de cânhamo

A semente de cânhamo é ótima para ser comida sozinha, como petisco. Ela é boa para ser polvilhada sobre saladas e se mistura bem, adicionando consistência e sabor a smoothies e a molhos de salada.

A semente de cânhamo integral, com casca, pode ser deixada de molho na água, para diminuir as enzimas inibidoras normalmente encontradas em sementes. Elas podem ser descascadas e comidas, ou esmagadas para fazer um leite, coadas e bebidas frescas. Eu as aprecio das duas maneiras.

A semente de cânhamo pode ser facilmente adicionada a smoothies de superalimentos, a sucos frescos, a preparações com chocolate cru (cacau) e a molhos de salada feitos em casa. A semente de cânhamo é mais rica em proteínas e mais satisfatória que a maioria das sementes, como girassol e papoula.

Ingestão recomendada

- Iniciante ou criança (2 a 9 anos): 15 a 30 gramas por dia
- Dose de adolescente (10 a 18 anos): 30 a 50 gramas por dia
- Dose para adulto: 50 a 75 gramas por dia
- Dose para atletas: até 140 gramas por dia

Receitas com semente de cânhamo

Leite de cânhamo

- 1 xícara (chá) de sementes de cânhamo
- 4 xícaras (chá) de água mineral
- Uma pitada de sal do mar Celta
- ¼ a ½ fava de baunilha

Misture todos os ingredientes no liquidificador e coe em uma peneira, coador para leite de sementes ou qualquer outro de malha fina ("panela furada"). Adicione 1 a 3 colheres (sopa) de adoçante de sua preferência (mel, xarope de yacon ou xarope de agave). Opcional: adicione frutas em bagas, pêssegos ou papaia. Se suas sementes de cânhamo estão na casca, primeiro deixe-as de molho em água durante 8 a 12 horas, escorra a água, lave as sementes de cânhamo com mais água, então bata e coe, como orientado, para remover as cascas. Adicione o leite de cânhamo a seu smoothie ou shake, ao cereal matinal ou ao café ou chá. Você também pode beber o leite de cânhamo puro.

Leite de cânhamo para o dia inteiro

- ½ xícara (chá) de sementes de cânhamo
- 4 xícaras (chá) de água mineral
- 2 colheres (sopa) de leite de sementes de cardo moídas finas (um moedor de café funciona bem)
- 1 colher (sopa) de espirulina
- 2 colheres (sopa) de xarope de agave
- Uma pitada de sal do Himalaia

Essa é uma versão de leite de cânhamo com leite de cardo e espirulina, auxiliar do fígado. Bata até que a mistura fique homogênea e coe em uma peneira, coador para leite de sementes ou qualquer outro de malha fina ("panela furada"). Aproveite!

Petisco de cânhamo e espirulina

- ½ xícara (chá) de espirulina
- 1 colher (chá) de sal do mar Celta
- 30 gramas de sementes de cânhamo

Misture os ingredientes e jogue sobre a salada. Adicione azeite de oliva, óleo de cânhamo e limão espremido na hora, ou vinagre de maçã, para fazer um delicioso molho, ou coma simplesmente esse petisco altamente proteico.

Molho de salada de cânhamo

- ⅓ xícara (chá) de sementes de cânhamo
- 250 mililitros de óleo de sementes de cânhamo
- 3 colheres (sopa) de suco de limão
- 2 ramos de salsa
- 2 colheres (sopa) de manteiga de semente de cânhamo
- 2 colheres (sopa) de espirulina
- 2 colheres (sopa) de mel

Bata até a mistura ficar homogênea. Eu fiz esse molho de salada no *The Mad Mad House,* um *reality show* em que estive em 2005, e foi um sucesso!

O molho mais nutritivo do mundo

- ½ xícara (chá) de água mineral
- 3 colheres (sopa) de suco de limão
- 2 colheres (sopa) de missô
- ⅓ xícara (chá) de sementes de cânhamo
- 1 colher (chá) de gengibre picado
- 2 colheres (sopa) de tahine
- 2 colheres (sopa) de azeite de oliva

Misture tudo até que fique homogêneo. Essa é a receita do molho mais nutritivo de todos os tempos.

Coco

O símbolo do paraíso

Nome científico: *Cocos nucifera*

Nome popular: Coco

Tipo de superalimento: Semente

História, fatos e lendas

"Além disso, havia um grande número de elefantes na ilha...
e os frutos de casca dura propiciavam bebidas...
Todas essas coisas eles recebiam da terra,
e eles se dedicavam a construir
seus templos, palácios, portos e docas."

Platão
Crítias (ao descrever os cocos do continente perdido de Atlântida)

O coqueiro pode crescer até 30 metros de altura. Tem folhas pinadas gigantes, de 5,5 metros de comprimento. À medida que as folhas velhas morrem e/ou soltam-se do coqueiro, elas o fazem de maneira muito limpa e deixam um tronco de árvore macio. O termo "coco" se refere à semente gigante do coqueiro.[1]

Coqueiros são plantas pré-históricas, parentes distantes das gramíneas. Por serem como a grama, são extremamente tolerantes ao sal e podem cres-

1 A parte branca e suculenta do coco é, de fato, a semente do coco, pois contém o embrião para formar uma nova planta e tecido nutritivo do qual esse embrião vai se alimentar durante o desenvolvimento (que de início é líquido, e depois fica sólido). O que fica em volta disso é o fruto, que é do tipo drupa seca. (N. E.)

cer bem ao lado do oceano. Coqueiros que fiquem longe da costa podem ser fertilizados com água do mar. Também como as gramíneas, os coqueiros podem absorver quase todos os minerais conhecidos e úteis à nutrição humana.

Os coqueiros prosperam em areia e em solos arenosos, mas podem sobreviver em condições de solo argiloso também. Elas amam a luz do sol abundante, chuvas (de 1.000 a 2.000 milímetros por ano) e alta umidade (de 60 a 80 por cento ou mais) para ter um ótimo crescimento. O coco tem dificuldades em condições secas e áridas, e os coqueiros também precisam de calor, pois não toleram tempo frio. Eles conseguem crescer, mas não frutificar apropriadamente em áreas de calor e de umidade insuficientes.

A temperatura ideal para os coqueiros é entre 21°C e 32°C. Os coqueiros podem sobreviver em temperaturas baixas, entre 4,5°C e 12°C, e podem até sobreviver ao congelamento (0°C), que normalmente é fatal, embora se saiba de árvores que se recuperaram de temperaturas de -3°C.

Não se sabe ao certo de onde os coqueiros são originários, mas alguns estudiosos sugerem que tenham vindo das Filipinas, e lá realmente há a mais densa plantação de coqueiros de todos os lugares que visitei. As Filipinas têm a maior produção de cocos do mundo.

O coco é leve e flutua e pode percorrer distâncias consideráveis pelas correntes marítimas. Os cocos conseguem sobreviver muitos meses boiando no mar e chegam a praias subtropicais e de climas temperados do mundo todo. Não é raro que um coco consiga germinar nas praias de Los Angeles, ainda que isso esteja fora dos locais em que o coco comumente cresce.

Os cocos foram descobertos e levados por antigos marinheiros para todo o mundo. Há simulações das correntes marítimas e da força do vento feitas em computador que mostram que os seres humanos levaram os cocos para a América do Norte. Já havia coqueiros na costa sudoeste do México quando os espanhóis chegaram lá, que eram cultivados em todas as terras maias.

Nas ilhas do Havaí, o coco é visto como planta da Polinésia, levada por marinheiros que moravam nas ilhas do sul do Pacífico. Os cocos agora são encontrados em todas as regiões tropicais, entre as latitudes 26°N e 26°S.

O coco pode salvar sua vida

Em sânscrito (a língua da Índia antiga), o coqueiro é conhecido como *kalpa vriksha,* que significa "a árvore que fornece tudo o que é necessário para viver".

Os cocos são um dos maiores presentes nesse planeta. Não importa onde você esteve, o que você fez, o quanto você maltratou seu corpo: a polpa de coco fresco, a água de coco, o leite de coco e o óleo de coco podem salvar sua vida.

O coco é um filtro de água natural, que leva quase nove meses para filtrar 1 litro de água com sua casca. Para chegar lá, a água passa por inúmeras fibras, que a purificam até terminar em uma semente estéril. Essa água de coco é uma das mais altas fontes de eletrólitos encontradas na natureza.

A água de coco-verde é quase idêntica ao plasma sanguíneo humano, o que faz dela um doador universal. Durante as batalhas da Segunda Guerra Mundial no Pacífico, entre 1941 e 1945, ambos os lados do conflito usaram água de coco – tirada com sifão diretamente do coco – para usar em transfusões de "sangue" de emergência em soldados feridos. O plasma forma 55 por cento do sangue humano. Os outros 45 por cento consistem em hemoglobina, que é essencialmente o "sangue" de origem vegetal transformado (clorofila). Quando consumimos uma bebida que é 55 por cento água de coco fresca e 45 por cento de suco fresco de folhas verdes (ou suco de grama de trigo, como recomenda a doutora Ann Wigmore), estamos fazendo uma transfusão de sangue instantânea.

Os cocos em estágio jovem de crescimento são os maiores promotores de saúde. Eles contêm uma polpa macia, que consiste, em sua maior parte, em pura gordura saturada, que tem a notável habilidade de rejuvenescer tecidos danificados por oxidação por causa da idade, de melhorar o funcionamento do sistema nervoso, de aumentar a produção de leite materno e de repor os fluidos sexuais masculinos.

Se você estiver em um país tropical, deve aproveitar e beber e comer pelo menos três a quatro cocos-verdes por dia. Na América do Norte e na Europa, cocos jovens tailandeses estão disponíveis em lojas de produtos naturais e em mercados de produtos asiáticos. São na verdade "híbridos" e não tão bons quanto os cocos tropicais, por causa de seu alto teor de água-açúcar e falta de *prana* (força vital de energia) na polpa. Entretanto, eles ainda são bastante úteis e funcionam especialmente bem como base para smoothies ou bebidas fermentadas.

O coco marrom e "peludo", ao qual a maioria das pessoas está acostumada, é o coco maduro. Ele contém água de coco de boa qualidade (não sempre), mas a polpa é dura e fibrosa, diferente da polpa macia que há em seu estágio imaturo. A polpa fibrosa é menos saborosa e não tão digerível, mesmo que dentro a fibra e a proteína sejam substâncias gordurosas das mais curativas.

Leite e óleo de coco

A dificuldade com os cocos maduros é que eles contêm muitas fibras e proteínas grossas (três vezes mais fibras que o resto dos vegetais), que envolvem o óleo nutritivo e limpante. Isso é resolvido moendo-se a copra fibrosa (a polpa branca e dura do coco maduro) com pedras e leite de coco, e extraindo-se o óleo pelo aquecimento da copra em água, e/ou prensando a frio para que gordura medicinal saia da copra e para concentrar sua essência em um óleo. O verdadeiro óleo de coco puro é produzido quando a copra do coco é seca a baixa temperatura, então prensada a frio. O óleo liberado na prensa é então engarrafado. O óleo branco cremoso se torna um óleo claro quando aquecido acima de 25°C.

O leite de coco (às vezes chamado de manteiga de coco) é obtido de cocos maduros que têm a polpa branca endurecida (copra). A copra é fragmentada e coletada, e com a utilização de um malaxador de aço inoxidável ou de moedores de pedra, ela é reduzida a partículas de apenas alguns mícrons de diâmetro, por um período de aproximadamente 24 horas, o que reduz a copra a um tipo de creme.

O óleo de coco e o leite de coco têm sido usados como alimento e remédio desde o início da história. A aiurveda (a medicina tradicional indiana) e os sistemas medicinais da Polinésia há muito têm defendido as propriedades terapêuticas e cosméticas do coco. O leite de coco é tão delicioso que o maior desafio é experimentar e conseguir parar de comê-lo. Por peso, o óleo de coco tem menos calorias que qualquer outra fonte de gordura. Diferentemente das gorduras de origem animal de cadeias longas e saturadas, ricas em calorias e encharcadas de colesterol, encontradas na carne e nos derivados de leite, o leite de coco e o óleo de coco são feitos de gorduras saturadas puras que contêm, em sua maioria, ácidos graxos de cadeia média, que o corpo consegue metabolizar eficientemente e converter rapidamente em energia.

Benefícios

Os seguintes benefícios podem ser obtidos com os produtos do coco, como a polpa fresca do coco-verde, o leite de coco e o óleo de coco.

- Melhoram a digestão e a absorção de vitaminas solúveis em gorduras e de aminoácidos.
- São valiosos para o sistema imunológico, pois contêm ácidos graxos saturados saudáveis, com ação antiviral, antifúngica e antimicrobiana, que ajudam naturalmente a combater vírus, bactérias e crescimento de fungos.
- Melhoram a utilização do açúcar do sangue e podem diminuir os sintomas da hipoglicemia.
- Melhoram a absorção dos tipos adequados de íons cálcio e magnésio.
- Consistem de mais de 90 por cento de gordura saturada, um raro e importante bloco de construção de todas as células do corpo humano.

Diferentemente das gorduras saturadas de cadeia longa de origem animal (que têm sido associadas a más condições de saúde), a gordura saturada do óleo de coco está na forma de ácidos graxos de cadeia média, que auxiliam o sistema imunológico, a glândula da tireoide, o sistema nervoso, a pele, e fornecem energia rápida.

- Contêm poderosos antioxidantes na forma de gorduras saturadas e óleos puros. O óleo de coco contém mais ácido láurico (uma substância antiviral poderosa) que qualquer fonte vegetal.
- Ajudam o corpo a usar os ácidos graxos essenciais (ômega-3 e ômega-6) e outros ácidos graxos e fosfolipídios (ex.: colina, lecitina, etc.) mais eficientemente. Você pode e deve ingerir óleo de coco juntamente com os ácidos graxos ômega-3 ou com superalimentos ricos em ácidos graxos ômega-3, como as sementes de cânhamo, o fitoplâncton marinho, as algas azuis AFA, etc. O óleo de coco e os ácidos graxos ômega-3 são duas vezes mais eficazes quando tomados juntos que quando estão separados.
- Ajudam a regular e a auxiliar a produção saudável de hormônios.
- São precursores nutricionais do hormônio antienvelhecimento conhecido como pregnenolona.
- Aumentam a velocidade de funcionamento da tireoide, permitindo ao corpo eliminar o excesso de peso e as toxinas acumuladas. Ao contrário do que se acreditava anteriormente, o coco não pode ser armazenado no corpo como gordura; ele, na verdade, precisa ser queimado na hora, o que ajuda a estimular o metabolismo a queimar o excesso de gordura imediatamente.
- Ajudam a substituir os tóxicos ácidos graxos hidrogenados do tipo trans (ex.: óleo de soja hidrogenado).
- Recuperam os níveis de gordura saturada da pele, de gordura subcutânea e de cada membrana celular individualmente. Os produtos de gorduras saturadas de coco são também vitais para a saúde do sistema nervoso em desenvolvimento das crianças.
- Reforçam o metabolismo e ajudam na perda de peso por causa da presença de ácidos graxos saturados de cadeia média. Animais domésticos alimentados com coco e óleo de coco nunca são obesos. Quando parcialmente alimentados com óleo de soja hidrogenado e com outras gorduras rançosas, os animais ganham peso.
- Não contêm níveis consideráveis de colesterol e, na verdade, auxiliam a saúde cardiovascular. Isso é baseado na pesquisa compilada pelo doutor

Bruce Fife em seus livros e na de outros pesquisadores da área, incluindo este autor.

- Auxiliam a formação do colesterol saudável no fígado. O colesterol de alta densidade (HDL) é o tipo que desejamos ter e é essencial para a produção de hormônios. O colesterol HDL não está ligado a doenças de calcificação, como as doenças cardíacas coronarianas. A gordura saturada que vem de produtos cozidos de origem animal (carne preparada e leite e queijo pasteurizados) podem na verdade ser perigosos, porque são tão grudentos que podem ser tornar um meio de crescimento de organismos calcificantes, que se prendem neles como cracas e então entopem os vasos capilares, e depois todo o sistema cardiovascular. Além disso, os produtos industrializados de animais de fazenda (carne de boi, frango, queijo, leite, etc.) são também contaminados pelos organismos calcificadores, e assim seu consumo aumenta as taxas de calcificação em nosso corpo. A calcificação, inevitavelmente, torna-se o principal fator que contribui para o aparecimento de quase todas as doenças crônicas.

Alguns benefícios de beber a água de coco-verde natural:

- É uma excelente fonte de nutrição para crianças.
- É ótima para reidratação.
- Contém compostos orgânicos que possuem propriedades promotoras do crescimento; o coco é excelente para melhorar o tamanho dos músculos e o crescimento físico geral das crianças.
- É refrescante para o corpo (reverte a agravação de *pitta* na medicina aiurvédica)
- Sua aplicação tópica no corpo ajuda a acalmar, e mesmo a prevenir, erupções na pele e exantemas.
- Tem sódio orgânico e albumina, o que faz da água de coco uma boa bebida para casos de cólera.

- Ajuda a acalmar infecções do trato urinário (também recomendo aplicar meu produto Ormus Gold topicamente para infecções do trato urinário).
- É um excelente tônico para todas as idades.
- Ajuda a aliviar a dor nos rins e as pedras na uretra. A água de coco auxilia no combate à nanobactéria e à produção de cálcio ruim nos rins.
- É usada como substituta do plasma sanguíneo, porque é estéril, não provoca aquecimento, não destrói as células vermelhas do sangue e é prontamente aceita pelo corpo.

Ácidos graxos de cadeia média

Gorduras são compostas por cadeias, que variam em comprimento, formadas por átomos de carbono rodeados por hidrogênio. O arranjo dos hidrogênios na cadeia de carbono determina sua saturação. Quanto mais tiver hidrogênio, mais saturada e mais estável será a molécula.

O comprimento da cadeia de carbono na gordura determina muitas de suas propriedades. O óleo de coco é uma gordura saturada, mas consiste principalmente de ácidos graxos de cadeia média (algumas vezes chamados de triglicérides de cadeia média), com o comprimento de oito a doze átomos de carbono. Alguns ácidos graxos saturados das carnes, por exemplo, variam em comprimento de 14 a 24 átomos de carbono, enquanto outros, na manteiga e no vinagre, variam em comprimento de dois a seis átomos de carbono.

As cadeias mais curtas de ácidos graxos necessitam de menos energia e de menos enzimas para ser digeridas. Na maioria das pessoas, o leite de coco e o óleo de coco podem ser emulsificados durante a digestão sem carregar excessivamente o fígado ou a vesícula biliar. Assim, o leite de coco e o óleo de coco fornecem mais energia mais rapidamente que outras fontes de gordura. Muitas pessoas que sofrem de má digestão, especialmente de problemas de fígado e vesícula biliar, podem se beneficiar do consumo de óleo de coco em vez de outros óleos.

Melhora do sistema imunológico pelos ácidos graxos de cadeia média

"Eu uso triglicérides de cadeia média ou óleo de coco orgânico como fonte de ácidos graxos antimicrobianos."
Udo Erasmus
autor de *Fats That Heal, Fats That Kill*
[Gorduras que curam, gorduras que matam]

Os ácidos graxos de cadeia média do leite e do óleo de coco possuem incríveis propriedades que melhoram a saúde. O leite de coco e o óleo de coco contêm os seguintes ácidos graxos de cadeia média:

- Ácido caprílico (C-8)
- Ácido cáprico (C-10)
- Ácido láurico (C-12)
- Ácido mirístico (C-14)

Todos eles possuem propriedades antivirais, antimicrobianas e antifúngicas. O ácido láurico tem a melhor atividade antiviral. O ácido caprílico é a substância mais potente para o combate a leveduras.

Os ácidos graxos de cadeia média rompem as membranas lipídicas de vírus, bactérias, leveduras e fungos. As membranas lipídicas de vírus e bactérias são similares às dos ácidos graxos de cadeia média. Os ácidos graxos de cadeia média confundem os micróbios e vírus, que não conseguem mais precisar o posicionamento de sua membrana na presença de óleo de coco, e isso os faz derramar seu conteúdo genético e se tornar presa fácil para as células brancas do sangue, que os destroem.

Quem sofre com cândida e com outros fungos pode se beneficiar do óleo de coco. Algumas formas de psoríase são, na verdade, infecções da pele causadas por fungos em combinação com organismos calcificantes (nanobactérias que formam microconchas). O óleo de coco aplicado topicamente pode ajudar a combater essas infecções.

Colesterol

A maioria das informações que circula na mídia sobre gordura saturada está errada. A gordura saturada tem sido o grande alvo de uma série de propagandas negativas, que dizem que as gorduras saturadas levam à obstrução das artérias, quando, na realidade, a placa arterial está diretamente relacionada ao consumo de gordura não saturada rançosa (óleos vegetais como o óleo de milho e o óleo de soja parcialmente hidrogenado), assim como de colesterol LDL (resultado da ingestão de produtos de origem animal) e de cálcio ruim formado por infecções de nanobactérias que originam microconchas.

Blackburn et al. (1988) fizeram uma revisão da literatura publicada sobre o efeito do óleo de coco no colesterol e na aterogenese e concluíram que quando "alimentado fisiologicamente com outras gorduras ou com suplementos adequados com ácido linoleico, a gordura do óleo de coco é neutra em termos de aterogenicidade".

O óleo de coco não contém colesterol e realmente ajuda a normalizar seus níveis. Ele supera o azeite de oliva prensado a frio nesse aspecto. As pessoas de alguns países tropicais que consomem coco têm níveis de colesterol consideravelmente mais baixos.

As propriedades do óleo de coco de normalização do colesterol são resultado direto de sua propriedade de estimulação da função da tireoide. Na presença de hormônio da tireoide, o colesterol (especificamente o colesterol LDL) é convertido por processos enzimáticos em esteroides necessários ao antienvelhecimento, em progesterona, DHEA e pregnenolona. Essas substâncias são necessárias para ajudar a prevenir doenças cardíacas, senilidade, obesidade, câncer e outras doenças associadas ao envelhecimento e à degeneração.

Em seus livros, o doutor Raymond Peat (pesquisador pioneiro no campo dos hormônios) detalha que os produtos de coco, quando regularmente adicionados a uma dieta equilibrada, abaixam o colesterol para o nível normal por sua conversão em pregnenolona, que também é um precursor de muitos hormônios, incluindo a progesterona. O doutor Peat recomenda que mulheres com desequilíbrio hormonal aumentem seus níveis de pregnenolona.

A pregnenolona é o fator principal que dá aos produtos do coco suas qualidades de embelezamento. Ela estimula e melhora a circulação na pele, restaura a pele flácida e reduz as bolsas sob os olhos por promover a contração de células musculares dessa região. A pregnenolona combate a fadiga, melhora a memória, protege do estresse e tem propriedades antiansiolíticas.

Antioxidantes

Como derivado do coco, a pregnenolona é um antioxidante. O óleo de coco por si parece ter fortes propriedades antioxidantes, pois é altamente estável e reduz nossa necessidade de vitamina E, enquanto os óleos vegetais não saturados, como o óleo de semente de algodão, de soja e de milho exaurem a vitamina E.

Os resultados de pesquisas indicam que o óleo de coco parece dobrar a capacidade do corpo de usar os antioxidantes e ácidos graxos ômega-3. Por causa disso, recomendo que as pessoas ingiram óleos ricos em ômega-3 (óleo de semente de linhaça, óleo de semente de cânhamo, óleo de krill, óleo de alga, etc.) com óleo de coco.

Glicemia

Para aqueles que usam leite de coco ou óleo de coco com frequência, uma das mudanças que mais se pode notar é a capacidade de passar várias horas sem comer e ficar com fome sem ter sintomas de hipoglicemia ou níveis irregulares de glicemia. As oscilações da glicemia estressam o sistema e ativam as glândulas suprarrenais (baixo nível de açúcar no sangue é sinal para liberar os hormônios suprarrenais).

Ao adotar o leite de coco ou o óleo como fonte de gordura, os níveis de glicemia se normalizam, a energia aumenta, o estresse diminui; assim, nossa necessidade de hormônios suprarrenais fica reduzida. Ao remover os efeitos do estresse das suprarrenais, desaparecem as olheiras e os círculos escuros ao redor dos olhos.

A glândula tireoide e a perda de peso

O doutor Peat descreveu que, nos anos 1940, fazendeiros tentaram usar gordura de coco para engordar seus animais, mas descobriram que ela tornava os animais magros e ativos, e esse não era o efeito que eles estavam procurando. Os fazendeiros queriam engordar seus animais para abate; assim, em dez anos, escolheram dar a seus animais alimentos de soja e milho. Alimentos de soja e milho tornam a tireoide lenta, fazendo os animais ficarem gordos sem comer muito alimento.

Óleos cozidos, não saturados (óleo de milho, óleo de canola, margarina de soja, etc.) impedem o metabolismo, contribuindo para o hipotireoidismo (e ganho de peso). Isso ocorre porque, cozidos, óleos não saturados não apenas impedem a resposta de nosso tecido para o hormônio da tireoide, mas também bloqueiam o transporte do hormônio sobre proteína transportadora da tireoide.

Consumir produtos de coco regularmente ajuda a restaurar o funcionamento da tireoide e realmente aumenta o padrão metabólico, levando à perda de peso. Aqueles que estão tomando medicação artificial para a tireoide devem ser cuidadosos ao parar de tomar a droga. A medicação para a tireoide influencia fortemente o metabolismo. Consulte seu médico sempre.

A pele e o sistema nervoso

O óleo de coco geralmente é antiviral. O leite de coco pode ser antiviral (com exceção do vírus do herpes) por causa do seu teor de ácidos graxos saturados de cadeia média. A trituração do coco, para extrair o leite, em um esmagador-malaxador ou em um moedor de pedra faz com que o aminoácido arginina e provavelmente vários outros elementos fiquem mais biodisponíveis. Quando o coco é usado como leite em vez de óleo, a família do vírus do herpes (quando uma infecção no sistema nervoso é bastante profunda) pode obter alimento suficiente do leite de coco para se multiplicar, especialmente durante períodos estressantes. Isso também vale para manteiga de amêndoas, para manteiga de caju, etc., e também é verdade para o chocolate, especialmente quando ele é cozido, liquefeito e mexido. As erupções na pele e as crises podem não ocorrer o tempo todo, mas há uma ligação entre surtos e essa categoria de alimentos. Portanto, o leite de coco e todas as manteigas de nozes não são recomendados para quem sofre de herpes. Se você tem herpes, verifique o programa LongevityNOW em www.thebestdayever.com, site que ensina em detalhes sobre o que fazer para o herpes deixar de ser um problema em sua vida. Esse programa também fornece ferramentas para diminuir os níveis de calcificação no corpo e restaurar a elasticidade de articulações, órgãos, pele e tecido conjuntivo.

Depois que uma garrafa de óleo não saturado (óleo de milho, óleo de canola, óleo de soja, etc.) é aberta várias vezes, algumas gotas normalmente pingam do lado de fora da garrafa. Essas gotas ficam pegajosas e difíceis de ser limpas. Uma vez dentro do corpo, essa característica do óleo rançoso leva a rugas, manchas na pele e lesões no cérebro, coração, vasos sanguíneos e olhos. Com o aumento da ingestão de óleo vegetal cozido saturado na dieta, a taxa de danos por oxidação aumenta, conduzindo ao envelhecimento de órgãos como fígado, coração e pele.

Gorduras rançosas e óleos são encontrados em cremes comercializados no dia a dia e são absorvidos pela pele, afetando negativamente os tecidos conjuntivos. Eles fornecem alívio temporário para a pele seca, mas de fato enfraquecem a pele com o tempo. Geralmente, quanto mais alguém usa loções e cremes comerciais, pior a pele se torna. Em seu livro *The Coconut Oil Miracle* [O milagre do óleo de coco], Bruce Fife escreve: "Estudos mostram que pele seca contém um alto teor de ácidos graxos não saturados (60 por cento) se comparada à pele normal (49 por cento). O melhor óleo para usar é aquele que não dá origem a radicais livres. As gorduras saturadas atendem a essa exigência".

Na minha opinião, o óleo de coco é uma loção essencial. Eu uso óleo de coco como loção pós-banho de sol para ajudar a criar e a manter um belo bronzeado. Mesmo sem banho de sol, você pode esfregá-lo nas mãos, no rosto e pescoço, e mesmo nas gengivas. O óleo de coco tem um odor agradável e dá brilho à pele.

E a polpa e o óleo de coco que estão no coco? A polpa do coco-verde natural (para se comer com a colher) é o melhor alimento para a formação de fluidos sexuais masculinos. Segundo a aiurveda, são necessários 35 dias para processar o alimento de seu estado básico, desde que o mastigamos, passando por todas as etapas até o sangue, ossos, fluidos linfáticos, e ao longo de todos os sete níveis de transformação, até que ele alcance o estágio final, que é o fluido reprodutivo. A polpa do coco consegue chegar lá em um dia, pois já está em estado processado.

Nas mulheres, a polpa do coco-verde pode ser instantaneamente transformada em leite materno. O coco e os produtos do coco em geral são alimentos valiosos para a gravidez, para a recuperação pós-parto e para o aleitamento.

O que adquirir

Produtos com coco

- *Coco in natura:* Disponível na maioria das regiões tropicais do mundo.
- *Coco marrom:* Escolha coco marrom "peludo" olhando os três buracos em um dos lados do coco. Se houver mofo em qualquer um dos três buracos, selecione outro coco. Compre apenas coco sem mofo.
- *Água de coco:* Use os produtos acondicionados em recipientes de papelão em vez de produtos em recipientes de alumínio. O alumínio é tóxico e tem tido implicações com a doença de Alzheimer.
- *Óleo de coco*: De preferência, escolha óleo de coco comercializado em vidro escuro. Evite os recipientes de plástico, se possível, pois ele pode

se dissolver no óleo de coco em decorrência das propriedades solventes do óleo.

- *Leite de coco* (pode por vezes ser chamado de manteiga de coco): Feito da copra moída ou esmagada/malaxada ou do coco ralado, esse produto ainda contém a fibra do coco. O leite de coco é espesso e tem um gosto típico de cream cheese. Contém muitos nutrientes e menos calorias que qualquer outro óleo de semente.
- *Coco ralado ou em flocos* (copra ralada)
- *Coco em pó*

Óleo de coco em vidro escuro

Assim como qualquer óleo, o óleo de coco deve ser, de preferência, prensado a frio e embalado em recipientes de vidro escuro. Todas as gorduras e óleos são sensíveis à luz. Recipientes de vidro escuros, de cor âmbar, evitam que faixas de luz danosas do espectro possam atingir o óleo.

O óleo de coco em vidro escuro é muito estável é pode ser mantido em um armário de cozinha em temperatura ambiente. Ele pode ser refrigerado após abertura, mas isso não é obrigatório para garantir seu frescor. O óleo pode permanecer estável por mais de dois anos (algumas pessoas sugerem até cinco anos) se estiver armazenado apropriadamente, sem contato com luz, calor ou oxigênio. Em *The Coconut Oil Miracle,* Fife nos diz:

> De acordo com Leigh Broadhurst, PhD, um cientista do USDA – Centro de Pesquisa da Nutrição Humana, em Maryland, os ácidos graxos saturados são trezentas vezes (ou mais) mais resistentes à oxidação que ácido alfalinolênico (óleo da semente de linhaça). Em outras palavras, o óleo de coco permanece fresco trezentas vezes mais tempo que o óleo de semente de linhaça. Por exemplo, para haver o mesmo nível de dano oxidativo que ocorre no óleo de semente de linhaça em apenas 30 minutos de processamento, o óleo de coco teria de ser submetido às mesmas condições por 150 horas contínuas, ou seja, mais de seis dias.

Para reparar e nutrir a pele e outros órgãos com óleo de coco é preciso tanto ingerir o óleo de coco quanto massageá-lo na pele.

O óleo de coco reverte o processo de danificação da pele, retirando o óleo rançoso e cozido dos tecidos e fornecendo vitaminas solúveis em gordura, minerais e fatores de supernutrição (especialmente a pregnenolona) diretamente ao tecido danificado.

O óleo de coco é usado como hidratante para a pele há milhares de anos. Ele é ideal para pele seca, áspera e enrugada. Por consistir em sua maior parte de ácidos graxos saturados de cadeia média, ele é facilmente absorvido pela pele, prevenindo estrias e clareando as já existentes. É um excelente hidratante labial. Seus elementos antissépticos mantêm a pele jovem, saudável e relativamente livre de infecções. Todos esses fatores tornam o óleo de coco ideal para massagens e massagistas.

Como usar os produtos do coco

Qualquer coco-verde pode ser aberto com facão ou com faca de açougueiro. Certifique-se de manter os dedos bem longe da lâmina de corte. Você pode beber a água com um canudo (canudos de vidro são maravilhosos) e depois disso ingerir a polpa branca do interior do coco.

Para obter a polpa branca e fresca, corte o coco pela metade e, com uma colher, retire-a. Reparta em quatro a casca do coco restante (divida cada lado da casca interna do coco) de modo a evitar criar "vasilhas" que podem represar água em que mosquitos podem se reproduzir (isso é importante se você mora em regiões tropicais). A casca de coco é excelente para acender fogueiras.

A polpa do coco pode ser adicionada à água de coco e batida em liquidificador. Essa mistura é chamada leite de coco, pois tem uma aparência branca e uniforme. A polpa do coco também pode ser seca e/ou desidratada com ervas e especiarias e preparada como "carne de sol".

O leite de coco é um petisco espesso, rico e nutritivo para crianças e adultos. Adultos podem consumir de 2 a 4 colheres (sopa) de leite de coco diariamente, seja puro ou misturado a alguma bebida (chá, smoothie, elixir) ou misturado como um lanche a outros superalimentos (goji, fitoplâncton marinho, espirulina, polén, etc.). O leite de coco pode ser usado para criar deliciosos chocolates, bebidas e sobremesas.

O óleo de coco pode ser consumido puro, misturado a um molho de salada ou adicionado a qualquer tipo de smoothie (superalimento, chocolate, fruta) que você desejar. A ingestão diária recomendada é de uma a quatro colheres de sopa (uma dose terapêutica consiste de, no mínimo, três colheres de sopa diariamente).

Experimente beber água de coco com uma proteína proveniente de superalimento (espirulina, alga azul, clorela, proteína de semente de cânhamo, etc.) e você descobrirá a energia estável e duradoura que você tanto procura. A água de coco é saborosa, um excelente veículo para proteína de superalimentos em pó e é a base líquida ideal para quase qualquer smoothie ou shake que você queira preparar.

Gordura de coco

A gordura de coco é obtida pelo aquecimento do coco maduro e seco ralado em água quente, o que extrai o óleo do coco e seus elementos aromáticos. Quando refrigerada, a gordura do coco subirá à superfície e se separará da água. Esse é outro meio, além da prensagem da copra, para se retirar o óleo do coco. Esse tipo de óleo é geralmente considerado superior ao óleo comum usado para fins cosméticos.

Para cozinhar

Uma das melhores informações que se pode obter deste livro é: use apenas e exclusivamente o óleo de coco para todas as suas necessidades culinárias. O óleo de coco é o mais estável (mais que quaisquer gorduras/óleos conhecidos) a altas temperaturas (acima de 76,5°C). Assim, se alguém for aquecer ou cozinhar qualquer alimento, o óleo de coco deve ser o único óleo/gordura usado. Isso significa usar óleo de coco para cozinhar em vez de manteiga, margarina, óleo de canola, óleo de milho ou outro óleo. Diferentemente dessas gorduras/óleos, o óleo de coco não forma polímeros ou ácidos graxos trans perigosos, porque ele é uma gordura completamente saturada. Por causa de sua saturação completa, o coco é superior até mesmo ao óleo de oliva como óleo para cozinhar.

Óleo de coco como óleo tópico e sensual

O óleo de coco é um ótimo óleo para uso tópico. Seus ácidos graxos saturados de cadeia média naturalmente ajudam a eliminar da pele bactérias tóxicas insalubres e, simultaneamente, favorecer um ambiente para pele em que organismos desejáveis possam viver bem. Isso resulta em pele bonita, saudável, macia e jovial. O óleo de coco pode ser aplicado na maior parte do corpo, com exceção dos finos poros do rosto e o couro cabeludo.

O óleo de coco, como a manteiga de cacau, é também um fantástico óleo sensual. O cheiro e sabor desse óleo intensificam a relação sexual. Suas propriedades antivirais e antimicrobianas geralmente não são suficientemente fortes para proteger contra doenças sexualmente transmissíveis (DST); portanto, use outros tipos de preservativos e proteção apropriada contra doenças. O óleo de coco pode ser usado como lubrificante com preservativos de poliuretano ou com preservativos do tipo "pele natural". Não deve ser usado, no entanto, com preservativos de látex, pois o óleo de coco pode dissolvê-lo.

Você pode fazer um óleo caseiro misturando manteiga de cacau e óleo de coco meio a meio, usando um pouco de calor para derretê-los. Experimente isso na pele e desfrute de uma nutrição mágica.

Dentes

Aplique uma colher de chá de óleo de coco nas gengivas e nos dentes (ou nos de seus filhos) para matar germes da boca e ajudar a normalizar o pH oral. O óleo de coco pode ajudar a proteger arcada dentária, pois funciona como um biofilme saudável na boca.

Armazenamento do óleo e do leite de coco

O óleo de coco de alta qualidade é muito estável e não requer refrigeração, O leite de coco é um pouco menos antimicrobiano e, portanto, deve ser refrigerado.

Nota sobre cuidados com a água de coco

A água de coco fresca não é substituto para a água potável. Embora a água de coco possa diminuir as necessidades de líquido, a água potável ainda deve ser consumida. Além disso, pessoas com hipercalemia (excesso de potássio), deficiência renal, insuficiência suprarrenal aguda, baixa produção de urina por hemólise após transfusões de sangue ou indivíduos que foram tratados com soro antiofídico, no qual o potássio é muito alto, devem evitar a água de coco.

Receitas com coco

Docinhos de goji com coco (receita de Sandy B. "Chocolate Face")

- 1 xícara (chá) de coco ralado
- ½ xícara (chá) de óleo de coco
- 1 e ½ xícara (chá) de castanhas de caju
- 1 e ¼ xícara (chá) de sementes de cânhamo
- ½ xícara (chá) de gojis
- 2 e ½ colheres (sopa) de mel
- Uma pitada ou duas de sal do mar Celta

Moa as sementes e as castanhas separadamente em um moedor de café, adicione os ingredientes restantes no liquidificador de alta velocidade ou no processador de alimentos e bata até obter uma pasta. Enrole essa pasta em bolinhas e refrigere.

Leite de coco maravilhoso

- Polpa de 2 a 3 cocos-verdes inteiros
- Água de 1 coco-verde
- 2 punhados de castanhas de caju (não deixadas de molho)
- Raspa de 2 favas de baunilha
- 2 colheres (sopa) de mel

- ½ xícara (chá) de coco seco ralado batido para virar pó
- ⅓ a ½ xícara (chá) de óleo de coco

Bata tudo no liquidificador e alucine! Como sugestão, jogue sobre chocolate ou nibs e aproveite! Variação perfeita: despeje creme em abundância sobre frutas da estação frescas e picadas. Eu gosto especialmente do seguinte (combine de acordo com seu paladar): morango, mirtilo, amora, framboesa, manga, damasco, pêssego, caqui e abacaxi.

Coco mastigável delicioso

- ¼ xícara (chá) de pó de curry
- 2 colheres (sopa) de mel (ou xarope de yacon)
- 1 colher (chá) de sal do mar Celta
- ⅓ a ½ xícara (chá) de óleo de coco
- 1 a 2 colheres (chá) de pimenta-de-caiena em pó (opcional, apenas se você gosta de apimentado)
- Polpa de 4 cocos-verdes

Misture os ingredientes em uma vasilha grande. Despeje a água de coco em um recipiente à parte e retire com a colher a polpa dos cocos. Misture a polpa aos outros ingredientes e deixe marinar por no mínimo 2 horas (de um dia para o outro é melhor) na geladeira. Depois de marinada, coloque-a na bandeja de um desidratador ou tabuleiro de forno e desidrate-a a 50°C, até que o coco tenha alcançado uma consistência mastigável. É bom sozinho como petisco ou com salada.

Líquido instantâneo de reidratação e rejuvenescimento

- Água de 2 cocos-verdes
- 2 conta-gotas cheios de fitoplâncton marinho Ocean's Alive
- 2 colheres (chá) de alga azul

Despeje a água de coco em um copo, adicione os superalimentos e mexa. Rejuvenesce e hidrata o corpo inteiro.

Leite de coco celestial

- Água de 2 a 3 cocos-verdes
- ½ xícara (chá) de sementes de cânhamo

Bata os ingredientes, coe em um coador para leite de sementes e despeje o líquido coado de volta no liquidificador, adicionando:

- Raspas de 1 a 2 favas de baunilha
- 1 colher (sopa) de pó de algarobeira
- 1 pitadinha de sal do mar Celta
- 1 a 2 colheres (chá) de óleo de coco
- 1 colher (sopa) ou menos de mel ou xarope de yacon

Despeje em uma xícara e aprecie essa delícia!

Molho de coco condimentado

- 2 xícaras (chá) de coco seco ralado
- 1 pedaço de gengibre fresco (do tamanho de um polegar)
- Uma pitada de cúrcuma
- 1 colher (chá) de pimenta em pó
- ¼ xícara (chá) de suco de laranja
- 2 colheres (sopa) de mel ou xarope de yacon

Misture o coco ralado, a cúrcuma e o gengibre em uma vasilha. Adicione o suco de laranja, a pimenta e o mel. Use como molho de salada, cobertura de biscoitos, em um enroladinho vegetal ou servido sobre legumes e verduras frescos.

Creme bávaro (receita de Elaina Love)

- 2 xícaras (chá) de leite de coco
- ½ xícara (chá) de água de coco
- 2 colheres (sopa) de suco de laranja
- ⅛ colher (chá) de sal do Himalaia
- Uma pitada de cúrcuma em pó para dar cor
- Raspas de 1 fava de baunilha
- 1 colher (chá) de extrato de baunilha
- ¼ colher (chá) de extrato de amêndoas
- ¼ xícara (chá) de xarope de agave ou mais, a gosto (ou mel ou xarope de yacon)
- 1 colher (sopa) de lecitina de soja
- 1 colher (sopa) de óleo de coco

Bata tudo no liquidificador em velocidade alta até que a mistura fique cremosa. Refrigere até que fique gelada e sirva. Rende 4 porções.

Sorvete de baunilha e coco (receita de Elaina Love)

- 2 xícaras (chá) de amêndoas cruas
- 3 xícaras (chá) de água mineral
- ½ xícara (chá) de óleo de coco
- ¼ xícara (chá) de musgo irlandês hidratado durante 3 a 8 horas e bem enxaguado
- 1 xícara (chá) de xarope de agave (ou mel)
- ¼ colher (chá) de pó de baunilha
- 2 colheres (chá) de extrato de baunilha
- ¼ colher (chá) de sal do Himalaia

Bata as amêndoas com água para fazer um leite de amêndoas espesso. Coe a mistura em um coador de pano ("panela furada") e guarde a polpa para outra receita. Bata 1 xícara (chá) do leite de amêndoas com o musgo irlandês. Adicione os ingredientes restantes e bata até que fique homogêneo. Despeje em recipientes que possam ir ao congelador e congele durante uma noite. Deixe degelar aproximadamente 5 minutos antes de servir.

Variações: Substitua o leite de nozes por água ou qualquer chá aromatizado, como chá de menta, de laranja ou de frutas vermelhas. Você também pode bater com ¼ xícara (chá) de cacau cru em pó ou ½ xícara (chá) de frutas.

Menções honrosas

Em ordem alfabética:

Açaí
Camu-camu
Clorela
Physalis
Kelp
Noni
Yacon

Os alimentos aos quais faço menção honrosa são superalimentos por mérito próprio e não estão na minha lista dos dez mais por razões estritamente pessoais, mas podem estar na sua. Leia sobre eles. Coma-os. Explore esses e outros superalimentos e tenha o melhor dia da sua vida!

Açaí: Antioxidante amazônico ancestral

O açaí é uma frutinha roxa (às vezes azul) originária da floresta Amazônica brasileira. Considerada um dos mais poderosos e nutritivos superalimentos do planeta, o açaí tem sido usado há séculos pelos nativos do norte do Brasil por suas famosas propriedades medicinais.

As palmeiras do açaí (*Euterpe badiocarpa* e *Euterpe oleracea)* podem crescer até mais de 20 metros. Entre quatro e oito árvores crescem de uma semente.

A palmeira do açaí pode ser encontrada em planícies inundadas tropicais e regiões à beira dos rios da bacia do Amazonas, no Brasil. Uma planta de clima muito específico, o açaí só é encontrado em regiões tropicais próximas do equador. Porque os trópicos equatoriais são uma das zonas mais severas e de intensa radiação UV do planeta, de maneira a proteger-se do sol, o açaí produz altas quantidades de seu próprio "protetor solar de UV" – substâncias que conhecemos como "antioxidantes".

A palmeira do açaí tem pequenas flores marrom-arroxeadas e produz grandes cachos de frutas comestíveis. Quando maduras, as frutas são de um azul-arroxeado escuro e de tamanho aproximado de uma uva. Elas contêm uma fina camada de polpa deliciosa e comestível que circunda uma semente grande. Quando as frutas do açaí ficam maduras e são colhidas, a polpa fina da fruta é processada para ficar mais concentrada (como pó) por meio de uma variedade de métodos, dependendo do fornecedor.

Essa fruta amazônica rica em antioxidantes recentemente recebeu muita atenção (ela está na lista dos dez superalimentos de Oprah Winfrey) por causa de seus surpreendentes benefícios à saúde como superalimento promotor de longevidade.

Benefícios e descobertas sobre o açaí

- O açaí contém altos níveis de ácidos graxos essenciais ômega-3 e ômega-6, assim como ômega-9 e ácido oleico monoinsaturado. O ácido oleico é um óleo embelezador.
- É muito rico em pigmentos antioxidantes azuis. O teor de antioxidantes dos frutos do açaí é realmente notável. O açaí tem um dos índices ORAC (capacidade de absorção do radical livre oxigênio) mais altos do mundo, recebendo o bem merecido título de "superfruta". (O índice ORAC é uma medida padrão de concentração de antioxidantes.) Fenóis e antocianinas (extraordinários 320 miligramas por 100 gramas), potentes antioxidantes responsáveis pela atraente cor azul-escura a roxa da fruta, representam um papel fundamental na neutralização de radicais livres (oxigênio agressivo) no organismo, promovendo assim a longevidade. Em testes recentes, o açaí alcançou um índice ORAC de 185. As uvas vermelhas obtiveram 11, os mirtilos 32 e as romãs 105.
- De acordo com pesquisas recentes, o açaí parece ajudar a regenerar e a produzir células-tronco, que são os embriões de todas as células. Elas ajudam a rejuvenescer e a curar mais rápido, podendo se transformar

em qualquer célula necessária dentro do organismo. Por exemplo, uma célula-tronco pode se tornar uma célula de tecido conjuntivo, um glóbulo branco, uma célula de músculo ou uma célula nervosa, qualquer uma de que precisemos. Quanto mais produzimos células-tronco, mais nos regeneramos e mais tempo podemos viver.

- Contém grandes quantidades de esteróis vegetais, especialmente betassistosterol. Esteróis vegetais são compostos que ocorrem naturalmente em certas plantas e que inibem a absorção de colesterol de origem animal no trato gastrointestinal.
- Contém dezenove diferentes aminoácidos necessários para formar proteínas saudáveis para o corpo.
- É excelente fonte de fibras dietéticas (auxilia na digestão).
- Tem baixo nível glicêmico. O açaí tem baixo teor de açúcar.
- É rico em minerais e vitaminas, especialmente cálcio, fósforo, betacaroteno e vitamina E.
- Combate o câncer. Um estudo recente da Universidade da Flórida publicado no *Journal of Agricultural and Food Chemistry* mostrou que extratos de açaí desencadearam uma resposta autodestrutiva em até 86 por cento de células de leucemia, segundo Stephen Talcott, professor-assistente do Instituto de Alimentos e Ciências da Agricultura da Universidade da Flórida. "As frutas do açaí já são consideradas uma das fontes mais ricas de antioxidante", disse Talcott. "Esse estudo foi um passo importante para aprender o que as pessoas podem ganhar usando bebidas, suplementos dietéticos ou outros produtos feitos com açaí."

Todos esses benefícios referem-se a um superalimento que é ótimo estimulador de energia, ajuda a aumentar a função nervosa e cerebral, promove a saúde do sistema cardiovascular, auxilia a criação de pele macia e saudável, melhora a resistência e o desenvolvimento muscular, auxilia a saúde digestiva, aumenta o poder de nosso sistema imunológico e permite ao nosso corpo rejuvenescer mais rapidamente.

O que adquirir

- Açaí orgânico: Sempre que possível, escolha superalimentos orgânicos. Alimentos orgânicos são cultivados sem pesticidas químicos ou fertilizantes artificiais.
- Comércio justo: Garante salários justos aos trabalhadores, melhorando suas oportunidades para um melhor cuidado com saúde, moradia e educação. Ao comprar açaí de comércio justo você estará contribuindo diretamente com a manutenção das comunidades da floresta.
- O maior teor nutricional está na casca do açaí; consuma tanto quanto possível a casca desse produto.
- Açaí congelado e em pó (se você não conseguir açaí fresco). Se você tiver certeza de que o pó do açaí é feito de frutas que foram secas por congelamento rápido após a colheita, poderá conseguir teores de antioxidantes que variam de 30 a 50 por cento dos níveis encontrados na polpa fresca de açaí.

Camu-camu: A vitamina C do rei sol

"Não há dúvida de que o ácido ascórbico (vitamina C) é necessário para a síntese do colágeno no corpo de seres humanos e de outros animais. Uma das funções importantes do colágeno é o fortalecimento do cimento intercelular, que mantém as células juntas em vários tecidos. Não é improvável que uma parte da eficácia da vitamina C contra resfriado comum, gripe e outras doenças virais possa ser atribuída a esse efeito de fortalecimento, e, dessa forma, prevenir ou dificultar o movimento das partículas do vírus pelos tecidos e pelas células."

Linus Pauling
Vitamina C, o resfriado comum e a gripe

O camu-camu (*Myrciaria dubia*) é um arbusto nativo das florestas tropicais da América do Sul, que produz uma fruta que contém mais vitamina C que qualquer outra fonte vegetal (uma fruta de camu-camu fresca pode conter até 4 por cento de vitamina C, enquanto um limão contém até 0,5 por cento dessa vitamina). Alguns estimam que o camu-camu tenha até trinta vezes mais vitamina C que a laranja.

Considere as palavras do doutor James Duke, cientista da USDA e autor de *The Green Pharmacy* [A farmácia verde]: "Eu tomo vitaminas para resfriados... Eu prefiro obter as minhas do camu-camu, a surpreendente fruta amazônica que tem o mais alto teor de vitamina C do mundo".

Os povos indígenas da Amazônia tradicionalmente colhem o camu-camu na estação, secam-no e usam medicinalmente no resto do ano. Essa fruta vermelho-arroxeada adquire cor bege clara quando é seca e transformada em pó.

O camu-camu é uma excelente fonte de cálcio, fósforo, potássio, ferro e dos aminoácidos serina, valina e leucina, assim como de pequenas quantidades de vitaminas tiamina, riboflavina e niacina. O camu-camu normalmente está disponível na forma seca, em pó, que tem sabor delicioso e penetrante. Tradicionalmente o camu-camu tem sido usado para:

- auxiliar o sistema imunológico;
- manter a visão excelente;
- ter uma pele bonita;
- repelir infecções virais;
- auxiliar colágeno forte, tendões e ligamentos;
- diminuir inflamações;
- melhorar a saúde respiratória (pulmão);
- ajudar a manter uma ótima clareza mental em períodos de estresse e ansiedade;
- auxiliar especialmente as funções do cérebro, olhos, coração, fígado e pele.

Em um estudo comparativo entre centenas de plantas, classificadas por ordem de eficácia para várias condições de saúde, o camu-camu foi colocado pelo doutor Duke entre centenas de plantas como se segue:[1]

Antimutagênico	#4
Antioxidante	#4
Antiviral	#6
Asma	#1
Arteriosclerose	#1
Catarata	#1
Resfriado	#1
Depressão	#2
Edema	#1
Gengivite/doença periodontal	#1
Glaucoma	#1
Hepatite	#1
Infertilidade	#1
Enxaquecas	#1
Osteoartrite	#1
Analgésico	#1
Doença de Parkinson	#1

1 Os resultados desse estudo comparativo não foram aprovados pela Food and Drug Administration (FDA). Não fazemos aqui nenhum tipo de apologia ao uso do camu-camu como medicamento. (N. A.)

Ingestão recomendada

Uma colher de sopa rasa (3 gramas) de pó de camu-camu por pessoa por dia. Pode-se aumentar a dosagem com o tempo. Sintomas de diarreia indicam consumo excessivo.

Como usar o pó de camu-camu

Adicione uma colher de sopa rasa (3 gramas) ou mais a sucos, smoothies, sorvetes puros, sobremesas puras ou simplesmente adicione água. Como fonte natural de vitamina C, esse produto pode ser usado juntamente com pó de MSM para revitalizar o colágeno.

Clorela: O pigmento verde da sua imaginação

A clorela é uma alga unicelular, que cresce na água e que consiste principalmente de um núcleo e de uma grande quantidade de clorofila disponível diretamente, um nutriente vital para a saúde do corpo. A clorela é um alimento integral, rico em vitaminas, minerais, aminoácidos, ácidos graxos, polissacarídeos e inúmeros outros compostos benéficos. A clorela auxilia o funcionamento do cérebro e do fígado, melhora a digestão e a eliminação, ajuda a regenerar o corpo (especialmente em casos de degeneração), desintoxica o corpo, protege contra radiação, alivia inflamações, auxilia a perda de peso saudável, intensifica o sistema imunológico e, acima de tudo, acelera o processo de cura.

Documentação científica e relatos pessoais confiáveis indicam que a clorela é efetiva na redução de sintomas de vários tipos de câncer, diabetes, baixa glicemia, artrite, aids, cândida, pancreatite, cirrose, hepatite, úlcera péptica, infecções virais e bacterianas, anemia e esclerose múltipla.

O maior teor de clorofila conhecido

A clorela recebe seu nome por causa da grande quantidade de clorofila que possui. Ela contém mais clorofila por grama que qualquer outra planta. A clorofila é uma das melhores substâncias para revitalizar o sangue e limpar os intestinos e outros órgãos de eliminação, como o fígado.

Microalgas verdes são as melhores fontes de clorofila do mundo vegetal. De todas as microalgas estudadas até agora, a clorela tem o mais alto teor, que varia de 3 a 5 por cento de clorofila natural.

Desintoxicador do corpo e auxiliar da função hepática ideal

A clorela é considerada um agente de primeira classe na desintoxicação, capaz de remover o álcool do fígado e/ou limpá-lo de metais pesados e certos pesticidas, herbicidas e policloribifenilos (PCB) dos tecidos do corpo. No Japão, o interesse pela clorela focou-se amplamente na capacidade desse superalimento de remover ou de neutralizar substâncias nocivas ao corpo que se acumularam por causa da poluição ambiental e da ingestão de alimentos contaminados.

A Life Extension Foundation citou muitos relatórios positivos sobre a clorela a partir dos estudos japoneses conduzidos depois das catástrofes nucleares de Hiroshima e Nagasaki em 1945. Em um relatório da reunião geral da sociedade farmacêutica do Japão sobre um estudo inicial com animais, Ichimura (1973) relatou que a ingestão de clorela (8 gramas por dia) triplicou a eliminação de cádmio nas fezes e aumentou sete vezes na urina. Outros pesquisadores do Japão mostraram que a clorela ajudou a desintoxicação de urânio e de chumbo.

Diversos projetos de pesquisa nos Estados Unidos e na Europa também indicam que a clorela pode ajudar o organismo na decomposição de hidrocarbonetos persistentes e de toxinas metálicas, especificamente mercúrio (presente no corpo de muitas pessoas na forma do tóxico amálgama dentário), cádmio, arsênico, chumbo, DDT e PCB.

A clorofila também auxilia o ótimo funcionamento e a limpeza do fígado, o principal órgão responsável pela desintoxicação geral do corpo no dia a dia. Um estudo japonês mostrou que tomar 4 a 6 gramas de clorela antes de consumir álcool pode prevenir ressacas em 96 por cento das vezes, mesmo depois de uma noite de muita bebida. A clorela também absorve as toxinas dos intestinos e, combinada com sua capacidade de alterar para melhor o teor da flora intestinal, é capaz de ajudar a aliviar a prisão de ventre crônica e eliminar os gases intestinais. Essa desintoxicação de metais pesados e de outras toxinas químicas no sangue leva de três a seis meses, dependendo de quanto de clorela a pessoa está tomando.

Auxílio imunológico para rejuvenescimento do organismo

O extrato de clorela é bem conhecido pela comunidade científica japonesa como "modulador da resposta biológica". Estudos indicaram que a clorela pode fornecer benefícios fundamentais para a saúde de indivíduos com baixa resistência imunológica causada por doenças crônicas prolongadas ou tratamentos quimioterápicos. Esses estudos sugerem que a clorela acelera a recuperação do desenvolvimento de células do sistema imunológico e restaura a população de células brancas maduras do sangue. Tanto quanto entendemos o processo atualmente, as células brancas do sangue se originam na medula óssea como células-tronco. A partir das células-tronco, as células brancas do sangue continuam a se multiplicar e a crescer como "unidades formadoras de colônias". As células aumentam nessas colônias e amadurecem em uma variedade de células imunológicas. Em estudos, a clorela acelerou a recuperação de células em desenvolvimento nas unidades formadoras de colônias e restaurou o número de células brancas maduras do sangue.

Uma cepa recentemente disponível de clorela contém uma porção significativa do pigmento azul ficocianina, que ajuda o corpo a produzir mais células-tronco. Como vimos para a alga azul AFA e para a espirulina, quando superalimentos que contêm ficocianina são consumidos com cogumelos, como reishi, maitake ou cogumelo chaga, a resposta imunológica é significantemente aumentada.

Ratos tratados com o quimioterápico ciclosfosfamida mostraram resistência aumentada contra *E. coli* quando recebiam extrato de clorela. A clorela não apenas acelerou a recuperação das células brancas do sangue, como também aumentou sua capacidade de responder e de se acumular no local da infecção.

Auxílio para o sistema imunológico para combater bactérias, vírus e doenças alimentares

Estudos têm mostrado que a clorela pode aumentar a resistência a infecções virais e a capacidade de matar bactérias. Por exemplo, o superóxido é uma arma poderosa que as células brancas do sangue usam para "detonar" bactérias. Em um mesmo número de células imunológicas, o nível de superóxido gerado foi uma vez e meia maior em camundongos que recebiam extrato de clorela, aumentando assim a "capacidade de matar" daquelas células.

Outro exemplo: o citomegalovírus é um vírus como o da herpes que pode causar doenças graves em pacientes tratados com drogas imunossupressoras. Camundongos tratados com extrato de clorela antes da inoculação desse vírus sobreviveram a doses letais de infecção. O extrato de clorela diminuiu a duplicação do vírus em órgãos em 58 a 65 por cento. O extrato aumentou a atividade do interferon gama, que estimulou as células NK a atacarem o vírus.

A *Listeria monocytogene* é uma bactéria que adquiriu um interesse nacional por causa dos crescentes incidentes com sua presença em alimentos industrializados embalados. Uma infecção pode ter consequências letais em indivíduos com sistema imunológico debilitado. O extrato de clorela aumentou significativamente a resistência de camundongos infectados com *Listeria monocytogenes,* produzindo uma taxa de sobrevivência com a dose de 20 a 25 por cento, enquanto o grupo controle, que não recebeu extrato de clorela, não teve sobreviventes.

Fator de crescimento da clorela

Há outra propriedade surpreendente da clorela chamada "fator de crescimento da clorela" (CGF), que tem desconcertado cientistas de todo o mundo: a clorela quadruplica a cada 24 horas, crescendo mais depressa que qualquer cultura conhecida pelo homem. Quando a clorela é ingerida pelo corpo humano, ele aumenta enormemente a taxa de reconstrução e cura de tecidos, multiplica a taxa de crescimento de lactobacilos (bactérias benéficas) no intestino, estimula o sistema imunológico e combate os danos causados por radicais livres. A clorela ajuda também a reconstruir o tecido nervoso danificado por todo o corpo e é excelente para tratar distúrbios degenerativos do cérebro e dos nervos. Esse superalimento está sendo usado para ajudar a tratar pacientes com Alzheimer e com doença de Parkinson.

> "A clorela tem demonstrado melhorar a função imunológica de pessoas em tratamento com quimioterapia e/ou com radioterapia. A clorela aumenta a atividade macrófaga, ativa tanto em células T quanto em células B, e mostrou efeitos antitumorais. Além disso, a clorelana, uma substância encontrada na clorela, estimula a produção de interferon."
>
> Donald R. Yance
>
> *Herbal Medicine, Healing & Cancer* [Medicina herbal, cura e câncer]

A maior fonte comestível de RNA

Anteriormente, acreditava-se que a sardinha era a maior fonte comestível de RNA, essencial para aumentar a longevidade. Essa pesquisa foi sugerida quando o mais velho americano vivo, de 135 anos de idade, foi questionado sobre sua dieta e ele respondeu que comia sardinhas em lata e bolachas de água e sal. Comer alimentos com alto teor de RNA e DNA fornece material para reparo e produção de RNA e DNA humanos. Acredita-se que a decomposição do RNA e do DNA nas células seja um dos principais fatores para o envelhecimento e as doenças degenerativas.

Uma pesquisa do Japão mostrou que a *Chlorella pyrenoidosa* é a maior fonte alimentícia conhecida de RNA. A clorela tem vinte vezes mais RNA que as sardinhas (as sardinhas contêm 0,59 por cento de RNA e a clorela tem 10 por cento). O pólen e a geleia real também são fontes extraordinárias de RNA.

Fonte de enzimas

A clorela contém enzimas como clorofilase e pepsina, enzimas digestivas. As enzimas desempenham muitas funções importantes no corpo, especialmente em relação à digestão. A clorela liofilizada ou pasteurizada não fornece os benefício das enzimas.

Indutora da proliferação das bactérias "boas"

A clorela provoca a multiplicação de lactobacilos no estômago quatro vezes mais que a taxa normal. Ingerida junto com as refeições, a clorela ajuda a propiciar uma digestão muito boa e, o mais importante, a melhor assimilação dos nutrientes.

Muito proteica

Com aproximadamente 60 por cento de proteína pura digerível, a clorela é uma das maiores fontes proteicas do planeta, sendo muito superior aos produtos de origem animal como carne de boi, frango e peixe (18 a 30 por cento de proteína).

Extremamente rica em vitaminas e minerais

A clorela é um alimento integral. Contém vitaminas C e E e todas as vitaminas do complexo B (incluindo B_{12} que, na clorela, pode ou não ser utilizável para o metabolismo humano), aminoácidos, ácido fólico,

Naturalmente rica em ácidos graxos essenciais

"A clorela contém maior quantidade de ácidos graxos que a espirulina ou a alga azul. Aproximadamente 20 por cento desses ácidos graxos são do tipo ômega-3, da variedade alfalinolênica que limpa as artérias. Talvez essa seja uma razão pela qual a clorela é tão efetiva na redução do colesterol corporal e na prevenção da arteriosclerose."

Paul Pitchford
Healing with Whole Foods [Cura com alimentos integrais]

betacaroteno, lisina e iodo. A clorela também é extraordinariamente rica em ferro e cálcio. Uma colher de sopa de clorela fornece 320 por cento da recomendação diária de ferro e 120 por cento da recomendação diária de cálcio.

Como consumir a clorela

A clorela melhora muito a digestão saudável e a saúde geral do trato digestivo. Ainda que seja quase impossível tomar clorela em excesso, é melhor introduzi-la gradualmente na dieta, de maneira a permitir que o corpo se adapte aos seus profundos efeitos regenerativos, especialmente nos sistemas digestório e intestinal.

Três gramas por dia são uma boa dose de ingestão da clorela. Com essa quantidade, você não notará mudanças significativas, mas seu corpo obterá muitos dos nutrientes de que precisa para funcionar apropriadamente, como aminoácidos (proteínas), minerais essenciais, vitaminas, carboidratos e enzimas.

Uma pessoa que toma clorela especificamente para desintoxicar-se de mercúrio deve ingerir de 5 a 7 gramas por dia. Essa dosagem é bastante comum, e nesse nível se notarão mudanças significativas na digestão, energia e saúde global. Uma colher de chá de pó contém 5 gramas (5.000 miligramas) de clorela.

Algumas pessoas não toleram a clorela, talvez por insuficiência de celulase. Se você tiver intolerância à clorela, é sensato considerar a utilização de uma microalga diferente (como espirulina, alga azul AFA ou fitoplâncton marinho) ou adicionar um suplemento de enzima digestiva com celulase para ajudar a digerir a clorela.

Physalis: A superfruta da trilha inca

A *Physalis* também é conhecida por outros nomes: fruta inca, aguaymanto, fruta dourada, groselha espinhosa peruana, topotopo (quéchua), cuchuva (aymara), motojobobo embolsado (espanhol).

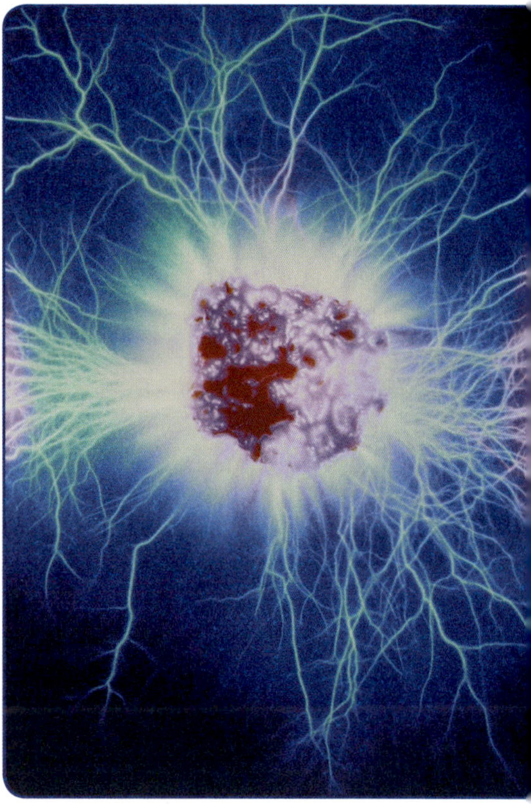

As plantas andinas sempre foram associadas à ótima saúde e longevidade. Maca, yacon e quinua são alguns exemplos maravilhosos de plantas cultivadas que têm altas concentrações de fitonutrientes, e que se tornaram o principal item de produção nos Andes. Agora a *Physalis* (*Physalis peruviana*) emerge de seu lar no Peru como mais um exemplo de extraordinário vegetal cultivado nos Andes.

Entre os apreciadores de produtos naturais, a *Physalis* é geralmente considerada como a goji da América do Sul, mas na verdade ela supera a goji em termos de nutrição: em média, a *Physalis* contém 16 por cento de proteínas, em comparação aos 13 a 14 por cento da goji. Isso é uma extraordinária concentração proteica para uma fruta.

A *Physalis* cresce naturalmente nos solos ricos em minerais dos Andes peruanos. Ela é um alimento antigo, uma das "culturas perdidas dos incas" e é altamente valorizada no Peru. Os arbustos da *Physalis* são uma das primeiras plantas a desbravar áreas difíceis (as periferias das cidades, as margens de conjuntos habitacionais, estradas, etc.). Sua robustez e adaptabilidade conferem qualidades adaptogênicas a essa fruta. Isso significa que quando comemos *Physalis*, ela nos ajuda na adaptação a diferentes formas de estresse físico, mental e emocional.

A *Physalis* fresca é protegida por uma casca semelhante a papel, parecida com aquelas lanternas chinesas. Essa cobertura da fruta tem de ser retirada com as mãos antes de se consumir a fruta.

A época da colheita da *Physalis* vai de abril a agosto. A maioria das *Physalis* do Peru são plantas de crescimento nativo silvestre. Entretanto, alguns fazendeiros locais têm desenvolvido pomares com sementes silvestres.

Com sabor agridoce agradável, penetrante e provocativo, a *Physalis* adiciona uma nova e deliciosa dimensão à nossa dieta enquanto funciona como um adaptogênico para melhorar todos os aspectos de nossa saúde física. A doçura da *Physalis* fica entre a da goji pura e a das ervas medicinais silvestres e tem até sido comparada à da framboesa, com um toque distante de amendoim (provavelmente por causa de seu teor de niacina). As *Physalis* podem variar em cor, indo do escarlate escuro ao laranja forte, e até ao amarelo.

Normalmente, as frutas frescas silvestres ou cultivadas em fazendas são colhidas à mão e levadas a uma fazenda cooperativa para um processamento centralizado. Lá elas são classificadas, limpas e preparadas para posterior secagem ao sol. Colher e secar essas preciosas frutinhas é um trabalho que consome muito tempo. Na verdade, uma pessoa leva um dia inteiro para limpar apenas cerca de 10 quilos de fruta fresca! Essa é uma das razões por que ela tem um preço mais alto que outras frutas.

Uma vez que as frutas frescas estejam maduras e limpas, elas normalmente são colocadas em secadores solares e removidas quando o nível perfeito de umidade permanece e ainda há uma deliciosa suculência na fruta. Cerca de 3 quilos de fruta fresca resultam em 450 gramas de frutas secas. Essas "passas gigantes" secas e macias são normalmente de tamanho irregular, de 1,6 a 2 centímetros. Uma vez secas e embaladas, as *Physalis* normalmente têm um ano de duração em armazenamento.

Benefícios exclusivos da Physalis

- As *Physalis* podem ser usadas como ingredientes de smoothies, em lanches de frutas, em barras de frutas, em barras energéticas, em mix de frutas e muito mais. Elas conferem um delicioso sabor picante e uma textura macia a todas as receitas.
- As *Physalis* são excelente fonte de betacaroteno, vitamina C, tiamina, niacina, fósforo e proteína. Lembre-se de que elas superam as gojis, uma das frutas mais ricas em proteína, representando aproximadamente 16 por cento do seu peso seco.
- As pequenas e mastigáveis sementes da *Physalis* têm um efeito levemente laxativo, o que as torna um alimento excelente para a saúde intestinal e a regularidade das evacuações.

- As *Physalis* também são consideradas boas fontes de IgA, um anticorpo vegetal que auxilia o sistema imunológico.
- As *Physalis* oferecem altos níveis de bioflavonoides, também conhecidos como vitamina P. Centenas de estudos sobre bioflavonoides têm demonstrado que eles possuem propriedades antiescleróticas, antivirais, anticarcinogênicas, anti-inflamatórias, anti-histamínicas e antioxidantes. Essa classe de nutrientes tem sido estudada por sua capacidade de melhorar a força dos vasos capilares e simultaneamente prevenir a formação de placa arteriosclerótica nos vasos sanguíneos. Consumir alimentos ricos em bioflavonoides é fundamental para a desintoxicação e a absorção de nutrientes. Melhorar a saúde dos vasos capilares é essencial para o sistema cardiovascular e para os órgãos que requerem níveis relativamente altos de nutrientes e de oxigênio: olhos, cérebro e órgãos reprodutores.
- Bioflavonoides também ajudam a aumentar os benefícios da vitamina C, melhorando sua biodisponibilidade e protegendo esse nutriente frágil da oxidação. Está claro que as *Physalis* e outros alimentos ricos em bioflavonoides contribuem para benefícios progressivos na saúde do corpo.
- As *Physalis* também contêm altos níveis de pectina. Há muito conhecida por sua capacidade de regular o fluxo sanguíneo pelo trato digestivo, a pectina também trabalha para diminuir os níveis de colesterol alto, especialmente o colesterol LDL que, junto com bioflavonoides, previnem o acúmulo de colesterol oxidado nos vasos sanguíneos. A pectina é segura para aqueles que sofrem de diabetes, pois ela age para prevenir oscilações nos níveis de glicose sanguínea.

Sugestões de uso da Physalis

Em uma simples bandeja de frutas variadas ou em sobremesas exóticas feitas de alimentos crus, as cores festivas da *Physalis* ajudam a embelezar qualquer prato. Seu equilíbrio marcante entre sabores doces e azedos faz da *Physalis*, rica em nutrientes, um ótimo lanche se consumida sozinha ou em todos os tipos de combinações. Relaxe e aprecie um punhado de *Physalis* enquanto assiste a um filme, ou adicione-as a gojis e a nibs de cacau com sementes de cânhamo sobre frutas, ou bata-as diretamente em uma bebida e coe as sementes, ou as espalhe em uma salada. As *Physalis* são superalimentos silvestres, de baixo índice glicêmico, e você pode comê-las "livre de culpa", pois elas são capazes de melhorar sua saúde com o passar do tempo.

A *Physalis* ama o camu-camu! Bata as duas frutas peruanas, uma dos Andes e a outra da Amazônia, em qualquer shake ou molho e terá vitamina C em abundância. Bata *Physalis*, pó de camu-camu, água, suco de limão, sal do mar Celta e mel ou xarope de yacon e conseguirá uma delícia saborosa que certamente colocará um sorriso no seu rosto e um grande impulso na sua imunidade.

Melhorar a força e a flexibilidade dos vasos capilares com alimentos ricos em bioflavonoides é vital para a saúde dos olhos, cérebro e sistema reprodutivo. Sementes de cânhamo, sementes de jambeiro e fitoplâncton marinho são fontes concentradas de ácidos graxos ômega-3 que funcionam em sinergia com bioflavonoides, permitindo que esses órgãos processem a informação rápida e eficientemente. Combine qualquer desses alimentos com *Physalis* para obter um molho de salada penetrante, que oferece muitos benefícios à saúde. Como a maioria das frutas secas, a *Physalis* não exige refrigeração.

Kelp: A glândula mineral do mar

O kelp é um vegetal marinho (alga) que, como o cacau, é extraordinariamente rico em minerais como cálcio e magnésio. Ter minerais suficientes em uma dieta apropriada normaliza e acalma o comportamento. A falta de minerais na alimentação impacta em praticamente todos os sintomas de uma saúde ruim e um comportamento emocional extremo.

O kelp é uma fonte especialmente rica de potássio, ferro, iodo, vitamina B_6, riboflavina e fibras. Também contém ácido glutâmico, que aumenta o sabor e amacia os alimentos fibrosos. Os fotoquímicos do kelp absorvem e eliminam elementos radioativos e metais pesados que contaminam nosso corpo.

O kelp é o vegetal marinho mais abundante em iodo. O iodo do kelp ajuda a restaurar a função da tireoide, permitindo melhora do metabolismo e perda rápida de peso. O iodo e outros minerais presentes no kelp aumentam o teor de minerais de todos os órgãos, propiciando um funcionamento mais efetivo. Quanto melhor funcionam nossos órgãos, mais prontamente eles são capazes de eliminar toxinas e revitalizarem-se. O kelp também ajuda a substituir minerais tóxicos por minerais saudáveis (ex.: iodo radioativo por iodo saudável) e é ideal como tempero para substituir o sal.

O açúcar essencial (polissacarídeo) conhecido como xilose também é encontrado no kelp. A xilose é antibacteriana, antifúngica e ajuda a prevenir o câncer do sistema digestório. O kelp contém outro açúcar essencial conhecido como fucose, que é antiviral, auxilia a memória de longo prazo, combate alergias e protege contra doenças do pulmão. A fucose também ajuda a aliviar fibrose cística, diabetes, câncer e herpes. O kelp é uma fonte excelente de um açúcar essencial conhecido como galactose, que aumenta a memória, a absorção de cálcio e a velocidade de cura de ferimentos.

O papel do iodo na saúde

O iodo em si é um gás venenoso, como é o cloro halogênio, o flúor e o bromo. Entretanto, como o cloro, os sais ou íons de iodo negativamente carregados (iodetos) são solúveis em água e dessa forma são essenciais em pouquíssima quantidade a muitas formas de vida. A maioria das plantas não precisa de iodo, mas os humanos necessitam dele para a produção de hormônios da tireoide, que regulam a energia metabólica e estabelecem a taxa metabólica basal.

O iodo é bem absorvido no estômago e vai para o sangue. Aproximadamente 30 por cento vai para a glândula tireoide, dependendo da necessidade. O iodo é eliminado rapidamente. A maior parte dos 70 por cento restantes é utilizada pelo sistema imunológico, e o que sobra é filtrado pelos rins e vai para a urina. Nosso corpo não mantém o iodo como faz com o ferro, e portanto devemos consegui-lo regularmente a partir de nossa dieta.

Iodo e estanho

O iodo partilha com o elemento estanho os receptores dos lados direito e esquerdo da célula e é considerado essencial para a saúde humana. O estanho está associado ao iodo da mesma maneira que o cálcio está associado ao magnésio; o estanho auxilia as suprarrenais, e o iodo, a tireoide. A *Schizandra berry* (uma supererva chinesa) é a mais conhecida fonte do oligoelemento estanho.

Distúrbios da tireoide

A tireoide é uma pequena glândula que fica no pescoço, mede aproximadamente 2,5 centímetros e encontra-se logo sob a pele, abaixo da proeminência laríngea, o pomo de Adão. A glândula tireoide secreta hormônios que controlam a velocidade do metabolismo do corpo.

Para produzir seus hormônios, a glândula da tireoide precisa do iodo, um elemento que está no kelp de maneira ideal. A glândula tireoide prende o iodo e processa-o nos hormônios da tireoide. À medida que os hormônios são utilizados, um pouco do iodo contido nos hormônios retorna para a glândula tireoide, onde um pouco é perdido e o resto é reciclado para produzir mais hormônios da tireoide.

Como a tireoide estimula a produção de energia da mitocôndria celular, ela influencia todas as funções do corpo. A saúde dos nervos, a formação dos ossos, a reprodução, a condição mineral de pele, cabelos, unhas e dentes, assim como nossa fala e nosso estado mental, são todos influenciados pela tireoide. A tireoide e o iodo afetam também a conversão do caroteno em vitamina A e a transformação do RNA em proteína.

O iodo é um bom exemplo de oligoelemento cuja deficiência cria uma doença facilmente corrigida por sua reintrodução na dieta. O bócio, o aumento da glândula tireoide, desenvolve-se quando ela não tem iodo suficiente para fabricar os hormônios. Ela aumenta de tamanho para tentar pegar, em uma armadilha, mais iodo, e toda a glândula aumenta em tamanho, criando um inchaço no pescoço. Mesmo quando uma deficiência menor no tipo correto de iodo ocorre, resulta em um estado da tireoide, aparentemente levando à fadiga e preguiça, ganho de peso e frieza no corpo.

Noni: A superfruta da Polinésia

Noni é o nome popular da *Morinda citrifolia*, uma árvore tropical nativa da Polinésia, especialmente do Taiti e do Havaí. Os *kahuna*, ou curandeiros tradicionais, têm usado o noni e suas folhas, caules e raízes em alimentos e bebidas nos últimos 2 mil anos.

A fruta do noni possui um odor e um sabor muito característicos. Muitas pessoas, especialmente quando estão experimentando a fruta fresca nos trópicos, são em princípio afastadas pelo cheiro, mas, após comerem-na, com o tempo passam a adorar o sabor. Os benefícios à saúde definitivamente fazem esse superalimento valer a pena!

A planta produz uma fruta irregular, grumosa, em formato de ovo, que alcança 10 centímetros ou mais de tamanho. A fruta madura possui um odor forte, acre. As sementes flutuam por causa das câmaras de ar internas e podem resistir à exposição prolongada à água salgada. Acredita-se que o noni se espalhou pela Ásia, Austrália e Américas, inicialmente pelas sementes que iam flutuando pelas correntes marítimas e, posteriormente, pelos mercadores e colonos da Polinésia. O noni foi a plantação inicial dos grupos nativos que povoaram as ilhas havaianas.

Pesquisas modernas identificaram vários compostos nutricionais importantes no noni. A fruta do noni é cheia de antioxidantes poderosos e compostos que ajudam a saúde, como selênio (elasticidade e saúde da pele), xeronina (saúde da estrutura celular e regeneração), glicosídeos (defesas contra radicais livres), escopoletina (propriedades anti-inflamatórias), terpina (ajuda na desintoxicação do corpo), limoneno e antraquinonas (propriedades antissépticas efetivas particularmente em pessoas com sistema imunológico comprometido). Estudos sugeriram que o noni aumenta a eficiência do sistema imunológico estimulando os glóbulos brancos por meio da energia dos açúcares de cadeia longa (polissacarídeos). Acredita-se que os polissacarídeos (como a 6-D-glucopiranose pentacetato) encontrados na fruta aumentam o poder global de eliminação dos glóbulos brancos.

O suco de noni é uma bebida enzimática potente, antimicrobiana e antifúngica, criada durante a fermentação do noni. Normalmente, considera-se que ela possui mais propriedades saudáveis que quaisquer outros produtos de frutas fermentadas, incluindo vinho e vinagre. Se você vive ou vai visitar uma região tropical como o Havaí, experimente o noni fresco. Você pode misturar uma fruta madura inteira em água de coco, peneirá-la e beber imediatamente! Consumir noni fresco dá um bem-estar tão grande que parece que nunca

acabará. Parece que tudo sempre está bem, o tempo todo. Por todas as indicações, o noni parece acelerar o bem-estar que a serotonina propicia. O pó de noni puro e as folhas de noni contêm as mesmas propriedades psicoativas e realçadoras do noni fresco e estão agora disponíveis.

Compostos recentemente descobertos nas folhas do noni provaram ser ricos em flavonoides e em outros antioxidantes que ajudam a proteger as células e os tecidos dos danos causados por radicais livres. O chá feito com as folhas ajuda a melhorar a digestão, mantém o nível de glicemia no sangue normal e elimina toxinas do corpo. O chá também tem propriedades antimicrobianas, antibacterianas e antifúngicas. Evidências preliminares sugerem que as folhas e as sementes do noni contêm ácidos graxos ômega-3.

O sabor do chá da folha de noni é extremamente agradável. Ele se parece um pouco com o chá de coco e lembra o chá verde. A folha de noni é relaxante e não contém cafeína ou estimulantes de qualquer tipo. Nenhum traço do odor ou sabor acre do fruto do noni ou do suco de noni está presente nas folhas da árvore do noni. Essas folhas podem ser usadas em um chá de folha de noni. O chá de folha de noni é uma ótima maneira de ingerir os excelentes componentes promotores de saúde da planta de noni. Colher as folhas de noni não danifica a árvore de maneira alguma; na verdade, no lugar delas, novas folhas crescem de forma rápida e abundante.

Yacon: O girassol pré-histórico probiótico

A yacon é um parente distante do girassol, com tubérculos e folhas comestíveis. Ela é comumente cultivada e consumida da Colômbia ao noroeste da Argentina.

A yacon é naturalmente pobre em calorias e em açúcares mono e dissacarídeos (açúcares que rapidamente elevam os níveis de açúcar no sangue). Cada parte da planta pode ser usada para ajudar quem tem distúrbios de glicemia. O xarope de yacon é obtido por prensagem e é apreciado há séculos como adoçante saudável, de baixo índice glicêmico, natural das montanhas andinas do Peru. A yacon também pode ser encontrada em fatias secas ou em pó.

Como probiótico, a yacon é boa para a digestão, estimula a saúde do cólon e ajuda na absorção de cálcio, magnésio e vitaminas do complexo B. A yacon ajuda a regular convenientemente a flora intestinal e melhora o crescimento de certos probióticos (bifidobactérias e algumas espécies de lactobacilos), auxiliando assim a reduzir a prisão de ventre. A yacon contém quantidades significativas de potássio e de antioxidantes. Por seu alto valor antioxidante, a yacon é benéfica na redução dos danos causados por radicais livres no corpo, especialmente no colón.

Fruto-oligossacarídeos

A yacon é considerada a mais rica fonte natural de fruto-oligossacarídeos (FOS) do mundo. A maioria das outras raízes e tubérculos armazena carboidratos como o amido, que é um polímero de glicose, mas a yacon armazena carboidratos do tipo FOS, uma cadeia de polímeros composta principalmente de frutose. O FOS pode ser considerado um subgrupo da inulina, pois tem uma estrutura molecular similar, mas com cadeias de frutose mais curtas.

O xarope de yacon padronizado contém aproximadamente 30 por cento de FOS e baixas proporções de açúcares simples (ex.: glicose, frutose e sacarose). O corpo humano não tem enzimas para hidrolisar o FOS; então, embora ele tenha um sabor doce, passa pelo trato digestivo em sua maior parte não metabolizado, fornecendo poucas calorias. A yacon também age como probiótico. A porção não digerida serve de alimento para as bactérias "benéficas" (bifidobactéria e espécies de lactobacilos) no intestino delgado e no colón. Estudos clínicos mostraram que a administração de FOS pode aumentar o número dessas bactérias convenientes no colón enquanto, simultaneamente, reduz a população de bactérias prejudiciais. Outros benefícios notados com a suplementação com FOS incluem o aumento ácidos graxos de cadeia curtas benéficos, como butirato, aumento da absorção de cálcio e magnésio e melhor eliminação de compostos tóxicos. Estudos pré-clínicos indicam um aumento da densidade óssea depois do consumo de FOS. Além disso, os efeitos benéficos do FOS na presença de bifidobactérias sugerem uma melhor absorção de vitaminas como as do complexo B.

A yacon em testes de glicemia

Testes da Universidad Nacional Mayor de San Marcos, no Peru, em 2004, verificaram como o xarope de yacon afeta os níveis de glicemia. Participantes (sessenta homens e mulheres não diabéticos, de idades de 20 a 60 anos) jejuaram por no mínimo oito horas antes de ingerir vários adoçantes. Para seis grupos foram dados diferentes amostras de yacon e de outros adoçantes. A três grupos foi dado xarope de yacon, a um grupo foi dado mel, a outro grupo foi dado xarope de bordo e ao último foi dado glicose anidra. Os três grupos que ingeriram xarope de yacon tiveram a menor variação de glicemia, medida antes e depois. Esses resultados mostraram que a yacon tem muito pouco efeito nos níveis de glicose, enquanto outros adoçantes mostraram um aumento imediato significante e um lento declínio ao normal.

A yacon ajuda a controlar os níveis de colesterol e triglicérides do corpo, assim como a gordura do metabolismo em geral. A yacon também contém gliconutrientes (açúcares essenciais ou polissacarídeos) e ajuda a estimular o sistema imunológico de modo similar à *Aloe vera*. A yacon é ideal para desintoxicação e dietas de baixas calorias e pobres em açúcar.

Como usar a yacon e seus produtos

Use o xarope de yacon como você usa o mel, o xarope de agave ou o xarope de bordo: em alimentos, receitas e para adoçar bebidas. O xarope de yacon tem influência muito pequena na curva de tolerância à glicose.

Como outras raízes da família do girassol, a yacon é extraordinariamente rica em ferro. Combinada com outros superalimentos ricos em ferro, como o cacau e a espirulina, pode-se desenhar uma estratégia efetiva para melhorar a anemia e a oxigenação do sangue.

Fatias de yacon podem ser comidas como petisco não glicêmico, rico em minerais. Esse é um ótimo alimento para crianças e maravilhoso para quem faz caminhadas e viagens de longa distância. Ela também se conserva notavelmente bem.

O pó de yacon e o pó de folhas de yacon podem ser adicionados a chocolates caseiros, bebidas, elixires e sobremesas, para auxiliar a manter níveis de glicemia saudáveis.

Glossário de ingredientes das receitas

- ***Agaricus blazei*** – Cogumelo medicinal originalmente descoberto no Brasil. Está disponível na forma de pó ou cápsulas, pela internet e em lojas de produtos naturais.
- **Alga azul AFA (pó)** – A alga azul é normalmente seca e forma um bolo, mas pode ser triturada e ficar como um pó.
- **Alga dulse** – Uma alga vermelho-arroxeada original do Atlântico Norte. É a preferida dos apreciadores de alimentos naturais em todo o mundo. A dulse fica ótima com abacate amassado.
- **Algarobeira (pó)** – Espécie vegetal arbórea nativa das Américas. Os índios americanos usam o pó de seu fruto como adoçante não glicêmico há milhares de anos. É rica em cálcio, zinco e fibras e pode ser comprada pela internet e em lojas de produtos naturais.
- **Camu-camu (pó e extrato)** – A maior fonte de vitamina C está disponível em pó.
- **Cavalinha** – Uma supererva rica em silício, que ajuda a aumentar a densidade óssea e a força.
- **Chuchuhuasi (erva de)** – Casca de uma árvore da Amazônia. Essa erva maravilhosa auxilia coluna, sistema reprodutor, rins, suprarrenais e joelhos.
- **Cistanche (pó)** – Na tradição medicinal chinesa, é considerado como um maravilhoso afrodisíaco. Essa erva está disponível pela internet ou em algumas lojas de produtos chineses.
- **Clorela (pó)** – Um superalimento na forma desidratada e em pó.

- **Cogumelos medicinais (pó)** – Os cogumelos medicinais são uma das plantas mais poderosas do mundo. Incluem reishi, chaga, maitake, shiitake, juba-de-leão e outros.
- ***Cordyceps*** – Uma extraordinária erva yin que ajuda a melhorar os rins e as suprarrenais.
- **Estévia** – Adoçante não glicêmico que ajuda a controlar os níveis sanguíneos de açúcar.
- **Eucommia (pó da casca)** – Uma maravilhosa erva yin da medicina tradicional chinesa. Essa erva é benéfica para a coluna vertebral, gravidez, pele, energia reprodutiva e rins.
- **Extrato de goji silvestre de David Wolfe** – Extrato das gojis silvestres do Arizona fabricado por David Wolfe e disponível apenas sazonalmente.
- **Ficocianina** – O pigmento azul da alga azul. Vem em um pó concentrado e está disponível pela internet e em determinadas lojas de produtos naturais.
- **Fitoplâncton marinho Ocean's Alive** – A marca comercial de um produto concentrado líquido de fitoplâncton marinho.
- **Fitoplâncton marinho seco** – Um poderoso superalimento concentrado em pó carregado com ATP (para a energia), clorofila (para o sangue) e EPA (para o cérebro).
- **Flocos secos ou cristalizados de alga azul AFA E3Live™** – E3Live™ é uma marca comercial da alga azul AFA que vem em forma de flocos pequenos.
- **Geleia real** – Uma substância especial que as abelhas preparam e com a qual apenas a abelha rainha é alimentada. Essa substância, assim como o mel, aumenta a longevidade humana.
- **Gynostemma (chá de ervas)** – Uma maravilhosa erva chinesa com propriedades similares ao ginseng, porém com uma energia mais feminina.
- **Ho shou wu** – Uma erva maravilhosa, deliciosa, yin, de longevidade, usada na medicina tradicional chinesa. Ho shou wu é uma raiz com propriedades que estimulam a produção dos neurotransmissores do bem-estar. Disponível em pedaços ou em pó.
- **Juba-de-leão (pó)** – O pó do cogumelo medicinal de reconstrução do sistema nervoso.
- **Lecitina de soja não GMO** – Essa é a fração de lecitina removida dos grãos de soja que não foram geneticamente modificados. A lecitina é um nutriente para o cérebro e para o sistema nervoso.

- **Leite de amêndoas** – Um "leite" feito batendo-se amêndoas cruas com água e coando-se a mistura em coador de pano.
- **Leite de cânhamo** – Leite feito com as sementes de cânhamo batidas com água e coadas em coador ou saco de malha fina.
- **Líquido fresco E3Live™** – Marca comercial de um produto que consiste em alga azul AFA viva em líquido. Pode ser comprado pela internet e chega até você em um frasco congelado. Descongele o produto durante 24 horas e consuma.
- **Lúcuma (pó)** – A lúcuma, originária do Peru, é um suplemento alimentar delicioso para ser consumida com chocolate e sorvetes.
- **Maca extrema** – Extrato de maca em forma de pó. Esse produto realmente libera os efeitos afrodisíacos da maca. Com a maca extrema é possível obter os benefícios da maca ingerindo-se menos quantidade.
- **Mel de Manuka** – Um tipo específico de mel curativo que vem da Nova Zelândia. Possui propriedades curativas tópicas e de revitalização do estômago.
- **Mel NoniLand™** – NoniLand™ é uma marca que produz o melhor mel e o melhor noni em pó, feitos nas ilhas havaianas. Os méis NoniLand™ são extraordinariamente ricos em oligoelementos e enzimas e variam em cor do amarelo-claro ao âmbar avermelhado ou quase preto. Os méis NoniLand™ podem até mesmo superar os méis Manuka da Nova Zelândia em termos de propriedades medicinais.
- **Milho roxo (extrato em pó)** – Um rico antioxidante extraído do núcleo do milho roxo.
- **MSM (pó)** – Metilssufonilmetano (MSM) é o mineral enxofre em forma altamente biodisponível. Possui poderosas propriedades regenerativas, rejuvenescedoras, anti-inflamatórias e curativas.
- **Musgo irlandês (também conhecido como musgo irlandês do mar)** – Alga nutritiva, que tem uma consistência gelatinosa quando misturada a líquidos e resfriada.
- **Noni NoniLand™ (pó)** – Produto feito de noni silvestre seco a baixa temperatura e moído até ser tornar um pó. É extraordinariamente nutritivo e fácil de ser adicionado a sucos, smoothies, shakes ou molhos de salada.
- **Ormus Gold** – Principal produto de David Wolfe, Ormus Gold é um líquido medicinal miraculoso feito de ouro puro e silício. É resultado

de catorze anos de pesquisa e desenvolvimento, criado por um processo alquímico pelo qual ouro puro é transformado em uma forma não metálica e associado ao silício mineral em uma solução líquida. O Ormus Gold era conhecido de antigas civilizações e dizia-se possuir propriedades mágicas de cura.

- **Ouro coloidal Gold Rush™** – Produto extraordinário, lançado pela empresa Elements for Life Company, é uma bebida que ajuda a aumentar a produção de serotonina por meio de um mecanismo desconhecido, que ajuda a proteger do estresse. Esse produto contém apenas ouro coloidal e água.
- **Pau-d'arco** – Erva poderosa antifúngica e anticândida original da América do Sul. Com ela se faz um delicioso chá.
- **Própolis (tintura)** – Extrato de própolis, uma poderosa substância medicinal que as abelhas produzem e usam para proteger sua "cidade", ou seja, a colmeia.
- **Proteína de arroz** – Excelente forma de proteína, melhor que a soja, que o soro do leite ou que outras formas de proteína animal ou vegetal.
- **Psyllium (casca)** – Semente ou casca da planta *Psyllium*. Essa semente forma um gel que ajuda a limpar o lixo digestivo dos intestinos.
- **Quebra-pedra** – Erva interessante da América do Sul, conhecida por ajudar a eliminar o cálcio ruim e os organismos formadores de cálcio (nanobactérias) no corpo.
- **Raiz de burdock** – Alimento/erva silvestre potente, que tem uma concentração excepcionalmente alta de ferro. É um dos melhores purificadores do sangue e é a erva mais importante para problemas crônicos da pele, como acne, psoríase e eczema. É um ótimo alimento para condições de calcificação reumática (inflamatória), especialmente associadas à psoríase. As propriedades amargas da raiz de burdock melhoram a digestão e estimulam os sucos digestivos e a circulação da bile. É considerado diurético, diaforético (que aumenta a transpiração) e calmante mucilaginoso. Os chineses também consideram a raiz de burdock afrodisíaca.
- **Reishi** – Cogumelo medicinal conhecido por ter propriedades extraordinárias para a saúde, sendo um superestimulador do sistema imunológico.
- **Sacha jergón** – Uma das ótimas superervas para imunidade e limpeza do fígado, original da Amazônia. Disponível em pedaços ou em pó.
- **Sal rosa** – Tipo de sal de rocha originário do famoso depósito de sal do Paquistão.

- **Semente de cardo-mariano** – Semente da planta cardo-mariano, considerada um dos melhores alimentos para o rejuvenescimento do fígado.
- **Sementes germinadas de girassol** – Sementes cruas de girassol mergulhadas em água pura durante 6 a 8 horas para diminuir os inibidores de enzimas e aumentar a disponibilidade de nutrientes.
- **Suma (pó)** – Raiz transformada em pó que é uma das principais ervas adaptogênicas, original do Brasil.
- **Superminerais iônicos** – Suplemento mineral líquido que contém oligoelementos iônicos.
- **Unha-de-gato** – Erva popular antiviral especial originária da América do Sul.
- **Urtiga** – Supererva rica em silício e ferro, conhecida por suas propriedades urticantes quando encontrada em uma cerca viva.
- **Vita-Mix®** – Marca de liquidificador de alta potência. Utensílio recomendado para qualquer cozinha que prepare superalimentos.
- **Xarope de yacon** – Xarope feito da raiz da planta semelhante a um girassol gigante, original do Peru.

Apêndice I
Informação nutricional

Goji

Minerais

Goji contém 21 minerais, incluindo:

Cálcio

Cobre

Gerânio (mineral que combate o câncer, raramente encontrado em alimentos)

Ferro (11mg/100 g)

Magnésio

Fósforo

Selênio

Zinco

Vitaminas

Vitamina A (superantioxidante que melhora o funcionamento dos olhos e dos nervos)

Vitamina C (73 mg/100 g)

Vitaminas (auxiliam a converter comida em energia, aumentam a energia, melhoram o humor)

B_1

B_2

B_6

Vitamina E (raramente encontrada nas frutas)

Aminoácidos (proteína)

Contém 18 aminoácidos (dos quais oito são essenciais vida)

50% são aminoácidos de forma livre

Mais proteína que as encontradas no trigo (13%)

Fonte completa de proteínas

Tipo de teste	Método	Resultado
Energia	Método Atwater USDA Handbook 74	391 calorias/100 g
Calorias de gorduras	Método Atwater USDA Handbook 74	74 calorias/100 g
Proteína (N X 6.25)	AOAC 990.03	11,70%
Gordura	AOAC 990.03	8.20%
Gorduras saturadas	AOAC 990.03	2,80%
Gorduras monoinsaturadas	AOAC 990.03	1,10%
Gorduras poli-insaturadas	AOAC 990.03	4,30%
Betacaroteno	AOAC 990.03	28.7000IU/100 g
Colesterol	JAOCS Vol 76 No 4, Pg 902-906	1 mg/100 g
Carboidratos	Método Atwater USDA Handbook 74	67,70%

Açúcares totais	AOAC 971.18	57,40%
Fibras alimentares totais	AOAC 991.43	10,00%
Sódio (Na)	AOAC 968.08	294 mg/100 g
Vitamina A	J SCI Fd Agri, Vol 29 Pg767-722	10IU/100 g
Equivalentes ao retinol	J SCI Fd Agri, AOAC 967.21	1,610 RE/100 g
Vitamina C	AOAC 967.21	<1 mg/100 g
Cálcio (Ca)	AOAC 968.08	60.0 mg/100 g
Ferro (Fe)	AOAC 968.08	6,9 mg/100 g
Polissacarídeos totais	Calculados	30%

Aminoácido	**Aminoácido livre**	**Solução de aminoácidos**	**Total**
Ácido aspártico	1,21	0,4	1,76
Treonina	0,07	0,07	0,29
Serina	0,14	0,11	0,43
glutamato (ou ácido glutamato)	0,63	0,28	1,27
Glicina	0,04	0,03	0,19
Alanina	0,37	0,18	0,64
Valina	0,05	0,05	0,26
Metionina	0,00	0,00	0,04
Isoleucina	0,04	0,04	0,2
Leucina	0,09	0,03	0,3
Tirosina	0,05	0,00	0,16
Fenilalanina	0,06	0,02	0,16
Lisina	0,02	0,02	0,16
Amônia	0,3	0,07	0,58
Histidina	0,04	0,02	0,1
Arginina	0,19	0,09	0,45
Prolina	0,65	0,13	0,91
Total	3,95	1,54	7,9
Total %	50	19	100

Aminoácido	Total mg/100 g
Ácido aspártico	1,55 mg/100 mg
Treonina	0,37 mg/100 mg
Serina	0,47 mg/100 mg
Ácido glutâmico (ou glutamato)	1,23 mg/100 mg
Glicina	1,23 mg/100 mg
Alanina	0,43 mg/100 mg
Cistina	0,11 mg/100 mg
Valina	0,37 mg/100 mg
Metionina	0,10 mg/100 mg
Isoleucina	0,29 mg/100 mg
Leucina	0,45 mg/100 mg
Tirosina	0,15 mg/100 mg
Fenilalanina	0,26 mg/100 mg
Lisina	0,31 mg/100 mg
Amônia	0,38 mg/100 mg
Histidina	0,15 mg/100 mg
Arginina	0,94 mg/100 mg
Triptofano	0,10 mg/100 mg
Prolina	1,08 mg/100 mg
Total	9,14 mg/100 mg

Polissacarídeos e suas propriedades

Moléculas de açúcar de cadeias muito longas são alimento para os macrófagos (as grandes células brancas do sangue) que estão nas paredes dos intestinos. Os macrófagos são transportados para outras células imunológicas, formando a cadeia de defesa do corpo humano.

Estimulam o funcionamento do sistema imunológico
Inibem o crescimento de tumores
Anticancerígenos
Neutralizam os efeitos colaterais da quimioterapia e da radiação
Normalizam a pressão sanguínea
Equilibram o nível de açúcar sanguíneo
Combatem doenças autoimunes
Anti-inflamatórios
Equilibram as funções do sistema imunológico
Aumentam a capacidade de absorver cálcio
Baixam o colesterol e os lipídios do sangue
Normalizam o crescimento das células
Restauram e corrigem o DNA
Removem os radicais livres do oxigênio

Polissacarídeos de Lycium barbarum (LBP 1-4)

Glicoconjugados (células de açúcares essenciais)
Raminose
Xilose
Glicose
Manose
Arabinose
Galactose

Antioxidantes

Índice ORAC (Capacidade de Absorção do Radical Livre Oxigênio) 133 por grama (medição de antioxidantes)

Vitamina C – Superantioxidante
Betacaroteno – Imunidade
Cistina – Imunidade e conservação da parede estomacal
B_2 (riboflavina) – Conversão de carboidratos em energia
Manganês – Saúde do sangue, ossos, cartilagem
Zinco – Cicatrização, fertilidade, visão, imunidade
Cobre – Energia, funcionamento hormonal, saúde da pele

Selênio – Saúde do fígado, tireoide, sistema imunológico, proteção contra o câncer

Carotenoides

Aumento da longevidade

Betacaroteno (a goji é uma das maiores fontes de betacaroteno do mundo)

26.000 e 8.000 IU/100 g

Tetraterpenos

Zeaxantina (protege a visão)

Fisalina

Outras ocorrências de ingredientes naturalmente ativos

Betassistosterol

Anti-inflamatório

Baixa o colesterol

Trata a impotência sexual

Trata o aumento da próstata

Betaína (0,1%)

Protege o DNA

Aumenta a produção de colina pelo fígado

Reduz o nervosismo

Aumenta a capacidade de memória

Promove o crescimento muscular

Protege contra doenças por acúmulo de gordura no fígado

Auxilia na desintoxicação do fígado

Ácidos graxos essenciais

Produzem hormônios

Auxiliam as funções do cérebro e do sistema nervoso

Ácido linoleico

Flavonoides

Antioxidante

Protege as membranas das células

Solavetivona

Antifúngica

Antibacteriana

Fisalina

Anticancerígeno

Antileucêmica

Estimula as funções do sistema imunológico

Combate a leucemia

Usada no tratamento da hepatite B

Sesquiterpenoides

Estimulam a produção glandular do hormônio do crescimento

Aumentam a longevidade

Ciperona (um sesquiterpeno)

Usados no tratamento do câncer cervical

Trazem benefícios para o coração e para a pressão sanguínea

Aliviam os desconfortos menstruais

Solavetivona

Tetraterpenos

Zeaxantina

Fisalina

Fontes

MINDELL, Earl e Rick Handel. *Goji: the Himalaya Health Secret*. Texas: Momentum Media, 2003.

TEEGUARDEN, R. *The Ancient Wisdow of the Chinese Tonic Herbs*. New York: Warner Books, Inc, 1998.

GROSS, P.M., X. Zhang e R. Zhang. *Wolfberry: Nature's Bounty of Nutrition and Health*. Booksurge Publishing, 2006.

Cacau

Relatório analítico (nibs de cacau da www.sunfood.com)
Todos os valores em a 100 g

- Proteína – 15,4 g
- Carboidratos (totais) – 29,4 g
- Gorduras (totais) – 48,0 g
- Umidade – 3,9 g
- Cinzas – 3,3 g
- Calorias – 611
- Calorias da gordura – 423
- Gordura saturada – 27,6 g
- Gordura trans – 0,25 g
- Fibras alimentares – 22,3
- Açúcares – 0,1 g
- Sódio – 53 mg
- Cálcio – 58 mg
- Ferro – 202 mg
- Magnésio – 342 mg
- Vitamina A – 20 (IU)
- Vitamina C – 44 mg

* Northeast Laboratories, Inc.; nibs de cacau, Relatório analítico

Os componentes naturais das sementes de cacau e sua concentração (quando disponível)

- Ácido acético 1.520 – 7.100 ppm
- Alanina 10.400 ppm
- Amilase
- Anandamina
- Arabinose
- Arginina 800 + ppm
- Ácido ascóbico 31 ppm
- Ácido cafeico
- Ácido linoleico
- Ácido linolênico
- Ácido lático
- Ácido oleico 190.000 – 217.000 ppm
- Ácido vanílico
- Água
- Asparaginase
- Beta-sistoterol
- Beta-teosterol
- Cafeína, pecíolo 51-525 ppm ou 500-12.900 ppm, Pele 130-723 ppm
- Cálcio 800-1.100 ppm
- Camposterol
- Carboidratos 347.000-445.000 ppm
- Catalase
- Catecol 30.000-35.000 ppm
- Cloreto 120 ppm
- Cromo (10 vezes mais que no trigo, taxa maior que qualquer outro alimento principal para consumo humano)
- Ácido cítrico 4.500-7.500 ppm
- Cobre 24 ppm
- Cumarina
- Cianidina-glicosada 4.000-5.000 ppm
- Dopamina
- Epigalocatequina
- Ergosterol
- Fibra 59.000-89.000
- Glicose 3.000 ppm
- Glicina 900 ppm
- Gordura 371.000-582.300
- Histamina
- Histidina 800 ppm
- Ferro 36-37 ppm
- Óxido de ferro 40 ppm
- Isoleucina 5.600 ppm
- Lisina 800 ppm
- Lisofosfatidil
- Magnésio
- Manose
- N-linoleoiletanolamina Inibidor da reabsorção de anandamina
- N-oleoletanolamina – Inibidor da reabsorção de anandamina
- Niacina 17-18 ppm

Nicotimida 21 ppm
Nitrogênio 22.800 ppm
Oleodipalmitina 76.500-92.800 ppm
Ácido oxálico 1.520-5.000 ppm
Ácido palmítico
Ácido pantotênico (vitamina B_5) 13 ppm
Pectina
Pentose
Pexoxidase
Ácido fenilacético
Fenilalanina 5.600 ppm
Feniletilamina
Fosfatidil-cloreto 92-1.328 ppm
Fosfolipídios
Fósforo 3.600-5.571 ppm
Polifenóis 78.000-100.000 ppm
Polifenol 40.000 ppm
Prolina 7.200 ppm
Proteína 120.000-180.000 ppm
Purina 30.000
Piridoxina (vitamina B_6) 1 ppm
Riboflavina (vitamina B_2) 1-4 ppm
Serina 8.800 ppm
Serotonina
Sitosterol
Amido 60.000 ppm
Ácido esteárico
Taninos 75.400 ppm
Teobromina 10.000-33.500 ppm
Teofilina 3.254-4.739 ppm
Teofilina é um metilxantina com propriedades diuréticas e relaxantes para os músculos dos brônquios
Tiamina (vitamina B_1) 1-3 ppm
Treinina 1.400 ppm
Tocoferol (beta, gama, vitamina E)
Triotofano
Tiramina
Tirosina 5.700 ppm
Valina 5.700 ppm
Xilose

Fontes

www.sunfood.com
WOLFE, David, e Shazzie. *Naked Chocolate*. San Diego: Sunfood Publishing, 2006.
Dados Fitoquímicos e Etnobotânico do doutor Duke.

Maca

Minerais
Cálcio (mais que as batatas) (350-500 mg/100 g)
Cobre
Ferro (mais que as batatas)
Magnésio
Fósforo (300-350 mg/100 g)
Potássio (1.600-2.000 mg/100 g)
Iodo
Zinco
Enxofre
Ferro
Sódio
Manganês
Alumínio
Estanho

Vitaminas
Vitamina B_1 (tiamina)
Vitamina B_2 (riboflavina)
Vitamina C
Vitamina E

Aminoácidos
Alanina
Arginina
Ácido aspártico
Glutamina
Glicina

Histidina
OH-prolina
Isoleucina
Leucina
Listina
Metionina
Fenilalanina
Prolina
Sarcosina
Serina
Treonina
Tirosina
Valina

Mais nutrientes e fatos

Carboidratos	59%
Proteína	10,2%
Fibra	8,5%
Lipídios	2,2%

Esteróis
- Brassicasterol
- Erogosterol
- Ergostadienol
- Estimagsterol
- Campesterol
- Sitosterol

Ácidos graxos
- Oleico
- Láurico
- Mirístico
- Palmítico
- Linoleico
- Araquídico
- Esteárico
- Beânico
- Nervoico
- Lignocérico
- Tridecanoico
- 7-tridecanoico
- Pentadecanoico
- 7-pentadecanoico
- Nonadecanoico
- 11-nonadecanoico
- 15-eicosenoico

Alcaloides
Marcaína 1-4 (Chacón)
Macamides
Macaenes (Zheng)
Glucosaminas (anticancerígeno, antimutagênico, anticarcinógico)
Indole3-carbinol
Isotiocianato
p-metoxicinamato isocianato (propriedades afrodisíacas)

Fontes

LEY, B.M. *Maca: adaptogen and Hormonal Regulator*. Minnesota: BL Publications, 2003.

Produtos da abelha

Pólen

Minerais

Cálcio
Fósforo
Potássio
Ferro
Cobre
Iodo
Zinco
Enxofre
Sódio
Cloro
Magnésio
Manganês
Molibdênio
Selênio
Boro
Sílica
Titânio

Vitaminas

Provitamina A
B_1 Tiamina
B_2 Riboflavina
B_3 Niacina
B_5
B_6 piridoxina
B_{12} (cianocobalamina)
Ácido pantotênico
Vitamina C
Vitamina F
Vitamina D
Vitamina E
Vitamina H
Vitamina K
Vitamina P
Ácido fólico
Cloro
Inositol
Rutina

Outros nutrientes

Aminoácidos
Carboidratos
Ácidos graxos
Enzimas e coenzimas
Gorduras

Mel

Composição média do mel
(todos os valores em %, exceto o pH)

Componente	Média	Variação
Umidade	17,2%	12,2-22,9%
Frutose	38,4	30,9-44,3
Glicose	30,3	22,9-40,7
Sacarose	1,3	0,2-7,6
Maltose	7,3	2,7-16,0
Açúcares	1,4	0,1-3,8
Ácido glucônico	0,57	0,17-1,17
Cinzas	0,169	0,02-1,03
Nitrogênio	0,041	0,00-0,13
pH	3,91	3,42-6.10

Fontes:

KACERA, Walter "Shantree". *Pollen Power: Nectar of Life*. Ayuredic Nutritionist and Herbalist, 2002.

Geleia real

A análise da geleia real mostra que essa substância contém as principais vitaminas: A, complexo B, C, D e E. A geleia real contém um antibiótico natural – ácido decaneico – além de enxofre e mais de 5% de ácidos graxos, 12% proteína e quase 3% de substâncias não identificáveis. O teor de umidade é de 66%. Hormônios naturais, açúcares essenciais, ácidos nucleicos, gelatina vegetal, gamaglobulinas e outros ingredientes fascinantes também são encontrados na geleia real.

Própolis

Como todos os produtos da colmeia, o própolis é feito de substâncias de origem vegetal coletadas localmente. A composição do própolis difere, de acordo com o lugar onde é produzido. Geralmente consiste em:

30% de cera de abelha
55% de resinas
10% de óleos essenciais e substâncias aromáticas
5% de pólen

Uma amostra dos ingredientes químicos do própolis sempre inclui:

Vitaminas B	Ácido ferúlico
Ácido cafeico	Ferro
Cálcio	Manganês
Crisina	Silício
Ácido cinâmico	Tectocricina
Álcool cinamílico	Vanádio
Cobre	Vanilana
Vitamina E	Vitamina C

O própolis pode conter mais de 27 outros componentes, cuja composição, área de atuação e efeitos ainda não são conhecidos pela ciência.

Espirulina

Minerais essenciais e oligoelementos

Mineral	Total
Potássio	15.400 mg/kg
Cálcio	1.315 mg/kg
Zinco	39 mg/kg
Magnésio	1.915 mg/kg
Manganês	25 mg/kg
Selênio	0,40 mg/kg
Ferro	580 mg/kg
Fósforo	8.942 mg/kg

Minerais (em 10 gramas)

Mineral	Total
Cálcio	12 mg
Magnésio	14,4 mg
Ferro	3,18 mg
Fósforo	31,2 mg
Potássio	45,6 mg
Sódio	21,9 mg
Manganês	78 mcg
Zinco	36 mcg
Boro	30 mcg
Cobre	3 mcg
Molibdênio	3 mcg

Vitaminas (em 10 gramas)

Vitamina	Total
Betacaroteno	10 mg
Vitamina A (100% como betacaroteno)	15.030 IU
Vitamina B_1 (tiamina)	102 mcg
Vitamina B_2 (riboflavina)	99 mcg
Vitamina B_3 (niacina)	621 mcg
Vitamina B_6	13 mcg
Vitamina B_{12}	6,6 mcg
Inositol	2,04 mg
Biotina	0, 969 mg
Ácido fólico	0,9 mcg
Pantotênico	12 mcg
Prodoxina (B_6)	3 mg/kg
Biotina	0,4 mg/kg
Cobalamina (B_{12})	2 mg/kg
Ácido pantotênico	11 mg/kg
Ácido fólico	0,5 mg/kg
Inositol	350 mg/kg
Niacina	118 mg/kg
Riboflavina (B_2)	40 mg/kg
Tiamina (B_1)	55 mg/kg
Tocoferol (E)	190 mg/kg

Aminoácidos

Oito aminoácidos essenciais

Aminoácido	%
Isoleucina	4,13%
Leucina	5,80 %
Lisina	4,00 %
Metionina	2,17 %
Fenilalanina	3,95 %
Treonina	4,17 %
Triptofano	1,13 %
Valina	6,00 %

Aminoácidos não essenciais

Aminoácidos	%
Alanina	5,82%
Arginina	5,98 %
Ácido aspártico	6,34%
Cistina	0,67%
Ácido glutâmico (ou glutamato)	8,94%
Glicina	3,50%
Histidina	1,08%
Prolina	2,97%
Serina	4,00%
Tirosina	4,60%

Composição geral da espirulina

Análise química da espirulina

Proteínas	71%
Fibras cruas	0,90%
Carboidratos	16,90%
Gordura	7,00%
Colesterol (menos que)	0,05%
Umidade	7,00%

Composição geral de outro tipo de espirulina

Proteínas	60%
Carboidratos	19%
Lipídios	6%
Minerais	8%
Umidade	7%

Análise das vitaminas da espirulina (média)

Biotina	0,4 mg/kg
Vitamina B_{12}	2 mg/kg
D-Ca-Pantotenato	11 mg/kg
Ácido fólico	0,5 mg/kg
Inositol	350 mg/kg
Ácido nicotinoico	118 mg/kg
Vitamina B_6	3 mg/kg
Vitamina B_2	40 mg/kg
Vitamina B_1	55 mg/kg
Vitamina E	190 mg/kg

Análise mineral da espirulina (média)

Cálcio	1.315 mg/kg
Fósforo	8.942 mg/kg
Ferro	580 mg/kg
Sódio	412 mg/kg
Magnésio	1.915 mg/kg
Manganês	25 mg/kg
Zinco	39 mg/kg
Potássio	15.400 mg/kg
Selênio	0,4 mg/kg

Outros componentes (média)

Ácidos nucleicos	4,50%
Carotenoides	0,40%
Clorofila	0,80%
Proteínas	71%

Aminoácidos essenciais

Aminoácido	%
Isoleucina	4,10%
Leucina	5,80 %
Lisina	4,00 %
Metionina	2,20 %
Fenilalanina	4,00 %
Treonina	4,20 %
Triptofano	1,10 %
Valina	6,00 %

Aminoácidos não essenciais

Aminoácido	**%**
Alanina	5,80 %
Arginina	6,00 %
Ácido aspártico	6,40%
Cistina	0,70%
Ácido glutâmico (ou glutamato)	8,90%
Glicina	3,50%
Histidina	1,10%
Prolina	3,00%
Serina	4,00%
Tirosina	4,60%

Polissacarídeos e fitonutrientes em 10 gramas (% espirulina)

Ácido gamalino-lênico (GLA)	130 mg 1,3%
Glicolipídios (lipídios)	200 mg 2,0%
Sulfolipídios (glicolipídios)	10 mg 0,1%
Polissacarídeos	460 mg 0,1%

Antioxidantes em 10 gramas

Betacaroteno 9-cis	1,60%
Betacaroteno 13-cis	0,52 mg
Betacaroteno 15-cis	0,12 mg
Betacaroteno trans	7.80 mg
Zeaxantina	0,95%
Clorofila	23,70 mg
Total de carotenoides*	14 mg
Ficocianina	333 mg
Superóxido Dismutase**	2.640 unidades

* Inclui alfacaroteno, betacriptoxantina e outros

** Relatado como unidades de S.O.D. férrico

Perfil carotenoide
Indícios de alfacaroteno

Carotenoide	**Total**
Betacaroteno	1.700 mg/kg
Xantofilas	1.000 mg/kg
Cryptoxanthin	556 mg/kg
Equinenona	439 mg/kg
Zeaxantina	316 mg/kg
Luteína	289 mg/kg

Ocorrência de outros ingredientes naturalmente ativos (em cada 10 gramas)

Família ômega-6

Gamalinolênico (GLA)	30 mg
Linoleico essencial	33 mg
Di-homogama linolênico	1,59 mg

Família ômega-3

Alfa-linolênico	0,0435 mg
Docosahexaenoico (DHA)	0,0435 mg

Família monoenoica

Palmitoleico	5,94 mg
Oleico	0,51 mg
Erúcico	0,072 mg

Fontes

CHALLEM, Jack J. *Spirulina*. New Cannan, CT: Keats Publishing, 1981.

McCAULEY, B. *Confessions of a Body Builder.* Lansing, MI: Spartan Enterprises, 2000.

http://www.mallorcaspirit.com/Alternative_Medicine_directory/espirulina.html

Alga azul AFA

Minerais

Boro	0,05 mg
Cálcio	4,86 mg
Cloro	0,02 mg
Cromo	0,18 mcg
Cobalto	0,69 mcg
Cobre	1,49 mcg
Fluoreto	13,21 mcg
Germânio	0,09 mcg
Iodo	18 mcg
Ferro	121,69 mcg
Magnésio	0,76 mg
Manganês	11,12mcg
Molibdênio	1,15 mcg
Níquel	1,84 mcg
Potássio	4,16 mcg
Fósforo	1,82 mcg
Selênio	0,23 mcg
Silicone	65,2 mcg
Sódio	0,94 mg
Estanho	0,172 mcg
Titânio	16,17 mcg
Vanádio	0,96 mcg
Zinco	6,51 mcg

Minerais (por grama)

Boro	14,0 mcg
Cálcio	12,70 mg
Cloro	0,47 mg
Cromo	0,53 mcg
Cobalto	2,00 mcg
Cobre	4,30 mcg
Fluoreto	38,00 mcg
Germânio	0,27 mcg
Iodo	0,53 mcg
Ferro	0,37 mg
Magnésio	2,20 mg
Manganês	32,0 mcg
Molibdênio	3,30 mcg
Níquel	5,3 mcg
Potássio	12,00 mcg
Fósforo	5,20 mg
Selênio	0,67 mcg
Silicone	186,70 mcg
Sódio	2,70 mg
Estanho	0,47 mcg
Titânio	23,3 mcg
Vanádio	2,70 mcg
Zinco	18,70 mcg

Vitaminas

Provitamina A Betacaroteno	1.890 IU
Tiamina (B_1)	27 mcg
Riboflavina (B_2)	49 mcg
Niacina (B_3)	0,05 mcg
Ácido pantotênico (B_5)	2,38 mcg
Piridoxina (B_6)	3,85 mcg
Inositol	55,50 mcg
Vitamina E	0,59 IU
Ácido ascórbico (vitamina C)	2,34 mcg
Biotina	0,10 mcg
Ácido fólico	0,73 mcg
Colina	0,08 mcg
Cobalamina (B_{12})	2,80 mcg
Vitamina K	34 mcg

Vitaminas (Alga AFA)

- Vitamina B_1 (tiamina)
- Vitamina B_2 (riboflavina)
- Vitamina B_3 (niacina)
- Ácido pantotênico (B_5)
- Vitamina B_6 (piridoxina)
- Ácido fólico (B_9)
- Vitamina B_{12}
- Vitamina C (ácido ascórbico)
- Colina
- Biotina
- Vitamina E

Aminoácidos (alga azul AFA)

Quantidade de aminoácidos típicos (em 15 ml)

Aminoácidos essenciais

Arginina	13,19 mg
Histidina	3,12 mg
Isoleucina	10,06 mg
Leucina	18,04 mg
Lisina	12,15 mg
Metionina	2,43 mg
Fenilalanina	8,68 mg
Treonina	11,52 mg
Triptofano	2,42 mg
Valina	11,10 mg

Aminoácidos não essenciais

Alanina	16,30 mg
Asparagina	15,91 mg
Ácido aspártico	2,43 mg
Cisestanhoa	0,69 mg
Ácido glutâmico	1,39 mg
Glutamina	27,06 mg
Glicina	10,06 mg
Prolina	10,13 mg
Serina	10,01 mg
Tirosina	5,89 mg

Essencial	Semi-essencial	Não essencial
Isoleucina	Arginina	Alanina
Leucina	Histidina	Ácido aspártico
Lisina		Cistina
Metionina		Ácido glutâmico (ou glutamato)
Triptofano		Prolina
Treonina		Serina
Fenilalanina		Tirosina
Valina		

Polissacarídeos

Ocorrência de outros nutrientes

Ácidos graxos essenciais

Ácido alfalinolênico (ômega-3)
10,70 mg
Ácido gamalinolênico (ômega-6)
2,15 mg

Composição típica do nutriente (15 ml)

Proteína	< 1 g
Gordura	< 1 g
Carboidrato	< 1 g
Fibra	1,50%
Umidade	94 a 95%
Clorofila	0,59%
Calorias	3,9 Cal/0,016 kj

Antioxidantes

Betacaroteno

1-2% de clorofila

- Auxilia o corpo a obter mais oxigênio
- Auxilia na digestão
- Anti-inflamatório
- Combate doenças na gengiva
- Previne inflamações
- Minimiza os efeitos da poluição
- Acelera a cicatrização
- É um desinfetante interno
- Combate o mau hálito e o odor corporal
- Estimula a regeneração das células do fígado danificadas
- Melhora a circulação
- Equilibra a alcalinidade
- Ajuda na transmissão dos impulsos nervosos que controlam as contrações do coração
- Potente limpador e desintoxicador

15% ficocianina (pigmentos azuis que aumentam a produção de células-tronco)
Lipídios (ácidos graxos do ômega-3 que protegem o sistema nervoso)
Carboidratos complexos (polissacarídeos que mantêm a energia por longo tempo e aumentam a eficiência do sistema imunológico)

Fontes

McKEITH, Gillian. *Miracle Superfood: Wild Blue-Green Algae.* Los Angeles: Keats Publkishing, 1999.
Earth's Essencial elements e3Live™ DATA SHEET Klamath Lake Blue-Green Algae. Klamath Falls, OR: Vision, Inc, n.d.

Fitoplâncton marinho

Minerais	Resultados
Boro	2,843 mcg/75 mg
Cálcio	142,500 mcg/75 mg
Cromo	0,014 mcg/75 mg
Cobre	0,384 mcg/75 mg
Iodo	1,219 mcg/75 mg
Ferro	90,000 mcg/75 mg
Magnésio	286,500 mcg/75 mg
Manganês	19,800 mcg/75 mg
Molibdênio	0,023 mcg/75 mg
Fósforo	960,000 mcg/75 mg
Potássio	975,000 mcg/75 mg
Selênio	< 0,010 mcg/75 mg
Sódio	682,500 mcg/75 mg
Enxofre	504,000 mcg/75 mg
Vanádio	< 0,069 mcg/75 mg
Zinco	1,673 mcg/75 mg
Vitaminas	
Ácido fólico	0,053 mcg/75 mg
Vitamina A	30,00 mcg/75 mg
Vitamina B_1 (tiamina)	1,300 mcg/75 mg
Vitamina B_2 (riboflavina)	7,000 mcg/75 mg
Vitamina B_3 (niacina)	11,00 mcg/75 mg
Vitamina B_5 (ácido pantotênico)	8,000 mcg/75 mg
Vitamina B_6 (piridoxina)	0,990 mcg/75 mg
Aminoácidos	
Isoleucina	1,275 mcg/75 mg
Leucina	2,625 mcg/75 mg
Lisina	2,175 mcg/75 mg
Metionina	0,825 mcg/75 mg
Fenilalanina	1,350 mcg/75 mg
Prolina	2,925 mcg/75 mg
Treonina	1,725 mcg/75 mg
Valina	1,800 mcg/75 mg
Alanina	2,325 mcg/75 mg
Arginina	2,325 mcg/75 mg
Ácido aspártico	3,225 mcg/75 mg
Ácido glutâmico (ou glutamato)	4,650 mcg/75 mg
Glicina	1,800 mcg/75 mg
Histidina	0,600 mcg/75 mg
Tirosina	1,050 mcg/75 mg

Composição geral do fitoplâncton marinho Ocean's Alive

Fitoplâncton marinho (*Nannochloropsis*) preservado em concentração mineral derivada do oceano)

(tamanho da porção = 0,2 colher de chá), oligoelementos iônicos em solução mineral

Tamanho da porção = 1,52 g

Material examinado	Conteúdo/100 g	Por porção
Gordura saturada	0,230 g calculadas como ácidos	0,0035 g
Quantidade de ácidos graxos	1,18 g calculados como triglicérides	0,018 g
Vitamina B_{12}	3,76 mcg	0,057 mcg
Fosfolipídios de lecitina e HPLC-ELSD		
Ácido fosfatídico	< 0,50 g	
Fosfotidiletanolamina	< 0,80 g	
Fosfotidilcloreto	< 0,70 g	
Fosfotidil serina	< 0,40 g	
Fosfotidil inositol	< 0,50 g	
Liso fosfotidilcloreto	< 0,50 g	
Orac-hidrofílico	3,81 te	
Orac-lipofílico	0,058 te	
Lipofílico	0,464 umol te/ml	
Total ORAC	4,27 umol te/ml	
Vitamina D do HPLC	112 IU	1,71 IU
	Como vitamina D3	
	< 20,0 IU	< 0,305 IU
	Como Vitamina D2	
Ácido linoleico conjugado	< 0,005 g Calculado como triglicérides	
Ácidos graxos		
4:0 butírico	< 0,005 g	
6:0 caproico	< 0,005 g	
8:0 caprílico	< 0,005 g	
10:0 cáprico	< 0,005 g	
12:0 láurico	0,007 g	0,0001 g
14:0 mistírico	0,011 g	0,00017g
14:1 miristoleico	< 0,005 g	
15:0 pentadecanoico	< 0,005 g	
15:1 pentadecanoico	< 0,005 g	
<0.016:0 palmítico	0,202 g	0,00307 g
16:1 palmitoleico	0,025 g	0,00038 g
17:0 heptadecanoico	< 0,005 g	
17:1 heptadecanoico	< 0,005 g	
18:0 esteárico	0,011 g	0,00017 g
4:0 butírico	< 0,005 g	
6:0 caproico	< 0,005 g	

8:0 caprílico	< 0,005 g	
10:0 cáprico	< 0,005 g	
12:0 láurico	0,007 g	0,0001 g
14:0 mistírico	0,011 g	0,00017 g
14:1mistoleico	< 0,005 g	
15:0 pentadecanoico	< 0,005 g	
15:1 pentadecanoico	< 0,005 g	
16:0 palmítico	0,202 g	0,00307 g
16:1 palmitolieco	2.025 g	0,00038 g
17:0 heptadecanoico	< 0,005 g	
17:1 heptadecanoico	< 0,005 g	
18:0 esteárico	0,011 g	0,00017 g
18:1 trans (total, incluindo elaídico)	< 0,005 g	
18:1 oleico	0,201 g	0,00306 g
18:2 trans (total incluindo linolaídico)	< 0,005 g	
18:2 linoleico	0,467 g	0,00710 g
20:0 araquídico	< 0,005 g	
18:3 gamalinoleico (GLA)	< 0,005 g	
20:1 eicosanoico	< 0,005 g	
18:3 linolênico (ALA)	0,228 g	0,0347 g
18:4 octadecatetraenoico	< 0,005 g	
20:2 eicosadienoico	< 0,005 g	
22:0 behênico	< 0,005 g	
22:1 erúcico	< 0,005 g	
20:3 eicosatrienoico	< 0,005 g	
20:4 araquinoico (ARA)	< 0,005 g	
20:5 eicosapentaenoico (EPA)	0,014 g	0,00021 g
24:0 lignocérico	0,011 g	0,00017 g
22:5 docosapentaenoico (DPA)	<0,005 g	
22:6 docosaexaenoico (DHA)	<0,005 g	
Ômega-3	0,242 g calculados como triglicérides	0,00368 g
Ômega-6	0,467 g calculados como triglicérides	0,00710 g
Total de ácidos da gordura trans	< 0,005 g calculados como ácidos	
Gordura monoinsaturada	0,216 g calculados como ácidos	0,00328 g
Gordura poli-insaturada	0,678 g calculados como ácidos	0,0103 g

Mais informações sobre o fitoplâncton marinho *Gesundheit* (seco)

Teste Nutricional "Proxy"

Parâmetro	Resultado
Proteína	47,50%
Cinzas	7,20%
Energia	422 Cal/100 g
Energia	1.765 KJ/200 g
Carboidratos	29,40%
Gordura	12,70%
Umidade	3,20%
Fribras cruas	0,10%

Perfil do ácido graxo

EPA 9,3 mg/g
DHA 4,9mg/g
Ômega-6 ácido graxo (ácido linoleico) 3,4 mg/g
Gamalinolênico 3,4 mg/g
Betacaroteno (do HPLC)*
Vitamina C (do HPLC)**
Iodo (por USP)***

Nota:
* O número de carotenoides encontrado nessa amostra específica pode ser de xantofilas ou outros tipos de carotenoides.
** Vitamina C está presente, mas não pode ser quantificada.
*** Iodo está presente, mas não pode ser quantificado.

Macronutrientes

Carboidratos	27,00 mg/75 mg
Lipídios	2,445 mg/75 mg
Proteínas	36,375 mg/75 mg
Cinzas	6,600 mg/75 mg
Umidade	3,490 mg/75 mg
Nitrogênio	5,820 mg/75mg
Calorias	3,670 mg/75 mg
Total dos pigmentos	23,300 mg/75 mg

Folhas de Aloe vera

Minerais
Em partes por milhão (ppm) quando disponíveis

Cálcio	4.600
Cloro	
Cromo	
Cobalto	
Cobre	
Germânio	
Ferro	300
Magnésio	930
Manganês	0,6
Fósforo	940
Potássio	850
Selênio	0,23
Silicone	2,2
Sódio	510
Enxofre	
Estanho	11
Zinco	770

Vitaminas
Partes por milhão (ppm) quando disponíveis

Vitamina B_1: tiamina	0,8
Vitamina B_2: riboflavina	
Vitamina B_3: niacina	64
Vitamina B_9: ácido fólico	200
Vitamina C	6.260
Vitamina E	
Colina	

Aminoácidos e grupos de aminoácidos
Em partes por milhão (ppm) quando disponíveis

Alanina	15.769
Arginina	78.216
Asparagina	
Ácido aspártico	
Creatinina	15
Ácido glutamâmico	43.256

Glutamina	20.670
Glicina	5.030
Histidina	2.327
Isoleucina	8.526
Leucina	6.952
Lisina	7.748
Fenilalanina	7.103
Prolina	3.339
Serina	23.540
Treonina	14.652
Tirosina	5.073
Valina	12.769

Açúcares e polissacarídeos
Em partes por milhão (ppm) quando disponíveis

Arabinose	
Frutose	
Glicose	1.030
Galactose	100
Manose	
Ramnose	
Xilose	

Antioxidantes
Em partes por milhão (ppm) quando disponíveis

Betacarotenos	3

Enzimas
Em partes por milhão (ppm) quando disponíveis

Amilase	20
Catalase	
Lipase	16

Outros componentes biologicamente ativos
Em partes por milhão (ppm) quando disponíveis

Antraquinonas	300.000
Aloína	300.000
Purina	56

Fontes

Dados fitoquímicos e etnobotânicos do doutor Duke
http://sun.ars-grin.gov:8080/npgspub/xsql/duke/plantdisp.xsql?taxon=58

Sementes de cânhamo

Minerais

Fósforo	36,46%
Cálcio	23,64%
Potássio	20,28%
Sílica	11,90%
Magnésio	5,70%
Ferro	1,00%
Sódio	0,78%
Enxofre	0,19%
Cloro	0,08%

Vitaminas

Vitamina E	30 mg/g
Vitamina C	14 mg/g
Vitamina B_1	9 mg/g
Vitamina B_2	11 mg/g
Vitamina B_3	25 mg/g
Vitamina B_6	3 mg/g

Aminoácidos (em toda a semente de cânhamo)
(mg/g de semente de cânhamo)

Alanina	9,6% mg/g
Arginina	18,8 mg/g
Ácido aspártico (e asparagina)	19,8% mg/g
Cistina (e cisteína)	1,2 mg/g
Ácido glutâmico (ou glutamato) (e glutamina)	9,7 mg/g
Glicina	9,7 mg/g
Histidina	2,5 mg/g
Isoleucina	1,5 mg/g

Leucina	7,1 mg/g
Lisina	4,3 mg/g
Metionina	2,6 mg/g
Fenilalanina	3,5 mg/g
Prolina	7,3 mg/g
Serina	8,6 mg/g
Treonina	3,7 mg/g
Triptofano	0,6 mg/g
Tirosina	5,8 mg/g
Valina	3,0 mg/g

Componentes

Proteína	22,5%
Carboidratos	35,8%
Gordura	30%
Umidade	5,7%
Cinza	5,9%
Calorias	503 por 100 g
Fibras dietéticas (3,0% solúvel)	35,1%
Extrato livre de nitrogênio	40,59

Polissacarídeos

Caroteno 7,63
Unidades internacionais/gramas

Outras ocorrências de ingredientes naturalmente ativos
(média do óleo de semente de cânhamo % principais ácidos graxos)

Linoleico (ômega-6)	54,0
G-linoleico (ômega-6)	1,68
Linolênico (ômega-3)	21,1

Mais elementos do óleo de semente de cânhamo

Vitamina A	19.149 IU/kg
Matéria insolúvel	0,01%
Clorofila	6 ppm
Ácidos graxos livres	0,94%
Estabilidade da gordura AOM	5 horas
Fosfatídeos	0,03%
Matéria não saponificada	0,28%
Valor da saponificação	192,8
Ponto de fundição	(-8°C)
Ponto de inflamabilidade ou de evaporação	141°C
Ponto de fumaça	165°C
Valor peróxido	7,0 meg/kg
Umidade	19%
Gravidade específica	0,9295 a 20°C

Ácidos graxos no óleo de cânhamo

Aminoácido	Índia	Chipre	Grã-Bretanha	Rússia	Turquia	China
Porcentagem de óleo	30	36	31,4	34,1	35-38	42,4
Palmítico	7,4	9,5	9,5	6,5	9,4	7,3
Esteárico	4,3	5,6	2	2,2	3,1	2,8
Oleico	13,1	10,8	7,8	12,9	14,9	11
Linoleico	54,4	54,4	56,2	57,1	49,2	53,2
Gamalinoleico	n.d.	n.d.	n.d.	1,68*	n.d.	n.d.
Linolênico	19,5	18,7	22,4	19,7	23,1	23,2
Araquídico	1,2	1	1,9	n.d.	n.d.	1

* Média de sete análises, uma delas mostrando 3% para esse EFA
n.d.= não declarado

Fonte

JONES, K. *Nutritional and Medicinal Guide to Hemp Seed.* Canada: Rainforest Botanical Laboratory, 1995.

Coco

Polpa de coco crua

Valor nutricional a cada 100 g (3,5 oz)

Energia	350 Kc
	1.480 kj
Carboidratos	15,23 g
Açúcares	6,23 g
Fibras dietéticas	9,0 g
Gordura total	33,49 g
Saturada	29,70 g
Monoinsaturada	1,43 g
Poli-insaturada	0,37 g
Proteína	3,3 g
Tiamina (vitamina B_1)	0,066 mg 5%
Riboflavina (vitamina B_2)	0,02 mg 1%
Niacina (vitamina B_3)	0,54 mg 4%
Ácido pantotênico (B_5)	0,300 mg 6%
Vitamina B_6	0,054 mg 4%
Folato (Vitamina B_9)	26 mg 7%
Vitamina C	3,3 mg 6%
Cálcio	14 mg 1%
Ferro	2,43 mg 19%
Magnésio	32 mg 9%
Fósforo	113 mg 16%
Potássio	356 mg 8%
Zinco	1,1 mg 11%

(Porcentagens relativas às recomendações para adultos nos Estados Unidos)

Fonte: USDA Nutriente Database for Standard

Conteúdo de aminoácidos na água de coco

Aminoácido	mg/100g	mg/xícara
Triptofano	8	19
Treonina	26	62
Isoleucina	28	27
Leucina	53	127
Lisina	32	77
Metionina	13	31
Cistina	14	34
Fenilalanina	37	89
Tirosina	22	53
Valina	44	106
Arginina	118	283
Histidina	17	41
Alanina	37	89
Ácido aspártico	70	168
Ácido glutâmico	165	369
Glicina	34	82
Prolina	30	72
Serina	37	89

Fonte: USDA Nutriente Database for Standard

A água de coco contém 18 aminoácidos. Bebidas energéticas, nenhum. (N. A.)

Conteúdo de açúcar nos sucos

Suco (1 xícara)	Açúcar (g)	Calorias (kcal)
Água de coco	6,26	46
Suco de vegetais	7,99	46
Tomate	8,65	41
Cenoura	9,23	94
Toranja	22,48	96
Laranja	20,83	112
Maçã	27,03	117
Abacaxi	31,43	130
Uva	35,27	142

Fonte: USDA Nutriente Database for Standard Nutrientes contidos em

Nutrientes contidos em Gatorade, Powerade e na água de coco (valor por 100 gramas)

Nutrientes	Unidades	Gatorade	Powerade	Água de coco
Açúcar	g	5,33	6,02	3,71
Fibras	g	0	0	1,1
Cálcio	mg	1	2	24
Ferro	mg	0,20	0,25	0,29
Magnésio	mg	1	5	25
Fósforo	mg	9	2	20
Potássio	mg	14	13	250
Sódio	mg	39	22	105
Zinco	mg	0,26	0,06	0,10
Cobre	mg	0,25	0,25	0,04
Manganês	mg	0,05	0,05	0,142
Selênio	mcg	0,0	0,0	1
Flúor	mcg	34	62	–
Vitamina C	mg	0,4	0,4	2,4
Tiamina	mg	0,011	0,011	0,030
Niacina	mg	0,22	1,54	0,08
Ácido pantotênico	mg	0,055	0,055	0,43
Vitamina B_6	mg	0,022	0,153	0,032
Folato	mcg	0,00,0	0,0	3
Aminoácidos	mg	0,0	0,0	785

Diferentemente das bebidas produzidas comercialmente, produtos naturais como a água de coco não têm um perfil químico exatamente preciso. Todos os valores listados aqui são médias tiradas de amostras testadas. Esses valores podem sofrer variações de acordo com a idade das amostras, variedade e as condições de cultivo das frutas.

Fonte: USDA Nutriente Database for Standard

Composição dos ácidos graxos de várias gorduras e óleos

Ácido graxo	Coco	Palmiste	Palma	Manteiga	Toicinho	Carne bovina	Soja	Milho
Cadeias curtas de ácido graxo								
Butírico (C4:0)*	–	–	–	3	–	–	–	–
Caproico (C6:0)	0,5	–	–	1	–	–	–	–
Cadeias médias de ácido graxo								
Caprílico (C8:0)	7,8	4	–	1	–	–	–	–
Cáprico (C10:0)	6,7	4	–	1	–	–	–	–
Láurico (C12:0)	47,5	45	–	–	–	–	–	–
Cadeias longas de ácido graxo								
Mistírico (C14:0)	18,1	18	1,1	12	3	3,0	–	–
Palmítico (16:0)	8,8	9	44	29	24	29,0	11	11,5
Esteárico (18:0)	2,6	3	4,5	11	18	22,0	4	2,2
Araquídico (C20:0)	0,1	–	–	5	1	–	–	–
Palmitoleico (C16:1)	–	–	0,1	4	–	–	–	–
Oleico (C18:1)	6,2	15	39,2	25	42	43,0	25	26,6
Linoleico (C18:2)	1,6	2	10,1	2	9	1,4	51	58,7
Linolênico (C18:3)	–	–	0,4	–	–	–	9	0,8
% saturada	92,1	83	45,2	69	46	54,0	15	13,7
% monoinsaturada	6,2	15	39,3	29	42	43,0	25	26,6
% poli-insaturada mg	1,6	2	10,5	2	9	1,4	60	59,5

* O C indica átomos de carbono. O número depois do C e antes dos dois-pontos indica a quantidade de átomos de carbono na cadeia de ácido graxo e o número depois dos dois-pontos indica o número da ligação química. Um 0 (zero) depois dos dois-pontos indica gordura saturada, o 1 (um) depois dos dois-pontos indica gordura monoinsaturada e o número 2 (dois) ou 3 (três) depois dos dois-pontos, indica gordura poli-insaturada. Fonte: Applewhite, T.H.(Ed.) *Proceedings of the World Conference on LauricOils: Souces, Processing and Applications.* Champaign, Illinois: ACOS Press, 1994.

Propriedades antimicrobianas do óleo de coco

Estudos médicos publicados mostram que o MCFA no óleo de coco mata bactérias, fungos e outros organismos que causam as seguintes doenças:

Infecções bacterianas

- Infecções na garganta e nos seios nasais
- Infecções no trato urinário
- Pneumonia
- Infecções nos ouvidos
- Febre reumática
- Doenças na gengiva e cáries

Intoxicação alimentar
Síndrome do choque tóxico
Meningite
Gonorreia
Doença inflamatória da pélvis
Linfogranuloma venéreo
Conjuntivite
Psitacose
Úlceras gástricas
Septicemias
Endocardites
Enterocolites

Infecções virais

Gripe
Herpes
Mononucleose
Síndrome da fadiga crônica
Hepatite C
Aids
Sars

Infecções fúngicas

Tinea corporis (infecção cutânea)
Pé de atleta
Micose na virilha
Candidíase
Erupções na pele
Aftas
Micoses

Infecções parasitárias

Giárdia

Microrganismos eliminados pelos ácidos graxos de cadeia média

Pesquisas médicas identificaram que alguns organismos patogênicos são desativados pelos ácidos graxos de cadeia média presentes no óleo de coco. A seguir há uma listagem de alguns dos organismos relatados na literatura médica:

Viroses

Vírus da imunodeficiência humana (HIV)
Sars coronavírus
Vírus do sarampo
Vírus da rubéola
Vírus da herpes simples (HSV-1 e -2)
Vírus da herpes *viridae*
Vírus do sarcoma
Vírus sincicial (doença respiratória)
Vírus da T-*linfotrópico* humano tipo 1 (HTLV)
Vírus da estomatite visicular
Vírus da doença de Visna
Citomegalovírus (CMV)
Vírus da doença Epstein-Barr
Vírus da gripe
Vírus da leucemia
Pneumonovírus
Vírus da hepatite C
Vírus de *coxsackie* B4

Bactérias

Listeriose
Helicobacter pylori
Haemophilis influenza
Staphylococcus aureus
Staphylococcus epidermidis
Streptococcus agalactiae
Colibacilose
Pseudomonas aeruginosa
Acinetobacter aeruginosa
Acinetobacter baumannii
Neisseria
Chlamydia trachomatis
Grupos estreptococos A, B, F e G
Organismos Gram-positivos
Organismos Gram-negativos
(se tratado com quelante)

Parasitas

Giárdia
Protozoários ciliados

Toxinas neutralizadas pelo óleo de coco

Estudos mostram que o óleo de coco diminui ou bloqueia os efeitos nocivos de muitas toxinas, incluindo as seguintes:

- Etanol
- MSG
- N-nitrosometilurea
- Azoximetano
- Benzopirene
- Azaserina
- Dimetilbenzantraceno
- Dimetilhidrazina
- Dimetilnitrosamina
- Metilmetanosulfonato
- Tetraciclina
- Endotoxina de estreptococo / exotoxina
- Endotoxina de estafilococo /exotoxina
- Endotoxina de *E.coli*
- Aflatoxina

Fontes

FIFE, B. *Coconut Cures*. Colorado Springs, CO: Picadilly Books, 2005.

_______. *Coconut Water*. Colorado Springs, CO: Picadilly Books, 2008.

Apêndice II
Pesquisas científicas

Goji

Referências de publicações científicas

AUMENTO DE ENERGIA

International Journal of Biological Macromolecules, junho de 2008, Vol. 42, 5ª edição, pp. 447-449.
"Os polissacarídeos contidos no *Lycium barbarum* protegem dos danos causados pela oxidação nas regiões musculoesqueléticas as cobaias submetidas a exercícios e que ingeriram a fruta. A conclusão é que a administração de polissacarídeos do *Lycium barbarum* pode diminuir significativamente o estresse causado pela oxidação quando o indivíduo se submete a exercícios exaustivos."

CASCA DA ÁRVORE E DIABETES

Therapy, setembro de 2007, Vol. 4, 5ª edição, pp. 547-553.
"Efeitos do extrato da casca da árvore do *Lycium barbarum L.* em ratos de laboratório com diabetes induzida por *alloxan* foram testados. Os resultados indicam que a administração a ratos diabéticos diminui a glucose sanguínea e os níveis de lipídios associados à diabetes, melhora o metabolismo da glucose anormal e aumenta a secreção de insulina, restaurando as células em ratos com diabetes induzida por *alloxan*. Isso sugere que LbL tem potencial hipoglicêmico e hipolipidêmico e poderia ser útil no tratamento de diabéticos."

PROTEÇÃO NEUROLÓGICA

Brain Reserch, julho de 2007, Vol. 1158, pp. 123-134.
"Caracterizando os efeitos neuroprotetores do extrato alcalino de *Lycium barbarum L.* em neurotoxidade peptídica β-amiloide. Nossos resultados sugerem que a glicoconjugação isolada do novo método de extração alcalina pode dar início a *insights* sobre uso de novas drogas que combatam as doenças neurodegenerativas."

Experimental Gerontology, agosto de 2005, Vol. 2005, Vol. 40, 8ª e 9ª edições, pp. 716-727
"Efeitos neuroprotetores do *Lycium barbarum L.*, usado como fator de combate ao envelhecimento pela tradicional medicina chinesa contra a neurotoxidade peptidica β-amiloide. Comprovamos nossa tese ao demonstrar com clareza os efeitos neuroprotetores do extrato do *Lycium barbarum L.* Estudos em ervas que combatem o envelhecimento, como esse sobre o *Lycium barbarum L.*, podem possibilitar que surjam novos caminhos na prevenção das doenças neurodegenerativas."

LONGEVIDADE

Journal of Ethnopharmacology, maio de 2007, Vol. 111, 3ª edição, p. 504-511
"Efeitos dos polissacarídeos presentes no *Lycium barbarum L.* no estresse oxidativo causado pela idade em ratos idosos de laboratório. O estudo concluiu que os polissacarídeos do *Lycium barbarum L.* podem ser usados para compensar o declínio da capacidade antioxidante total, do sistema imunológico e das atividades das enzimas antioxidantes e, assim, reduzir o risco de aceleração da peroxidação dos lipídios pela ação dos radicais livres ao longo do tempo."

ANTIOXIDANTES

Carbohydrate Polymers, maio de 2007, Vol. 69, 1ª edição, p. 172-178
"A inibição causada pelos polissacarídeos do *Lycium barbarum L.* e os polissacarídeos presentes no *Ganoderma licidum* contra os danos causados pela irradiação nas mitocôndrias do fígado dos ratos de laboratório. Os efeitos inibitórios dos polissacarídeos presentes no *Ganoderma licidum*, na mesma concentração, são maiores que os causados pelos polissacarídeos do *Lycium barbarum L.* Além disso, os dois polissacarídeos não mais eficientes que o alfatocoferol (vitamina E) na redução dos danos causados pela radiação oxidativa. Consequentemente, nossos resultados indicam que o *Lycium barbarum L.* e o *Ganoderma licidum* têm propriedades antioxidantes muito potentes nas células *in vitro* no fígado das cobaias testadas."

Internacional Journal of Biological Macromolecules, abril de 2007, Vol. 40, 5ª edição, pp. 461-465
"Propriedades protetoras dos polissacarídeos do *Lycium barbarum L.* no estresse oxidativo induzido pela estreptozotocina sobre ratos de laboratório. Com base nesse estudo, podemos concluir que o *Lycium barbarum L.* é bastante efetivo na proteção do tecido do fígado e dos rins contra danos induzidos pela estreptozotocina em ratos de laboratório diabéticos e que o *Lycium barbarum L.* pode ser usado como agente anti-hiperglicemia."

Journal of Ethnopharmacology, outubro de 2002, Vol. 82, 2ª/3ª edições, p. 160
"Os efeitos protetores dos polissacarídeos do *Frustuc lycii* contra os efeitos do tempo e da hipertermia (temperatura do corpo elevada) induzida sobre epitélio danificado do seminífero (células do tubo seminal). Juntos, os resultados demonstraram que os efeitos protetores dos polissacarídeos do *Frustuc lycii*, combatendo o tempo e a hipetermia induzidos sobre células testiculares *in vitro*, indicam o mecanismo potencial da ação que gera essa proteção, fornecendo base científica para o uso tradicional da planta."

MELHORA DA ACUIDADE VISUAL

Experimental Neurology, janeiro 2007, Vol. 203, 1ª edição, p. 263-273
"Os efeitos neuroprotetores do *Lycium barbarum L.* sobre as células da retina, em um modelo de hipertensão ocular de glaucoma. A conclusão do estudo mostra pela primeira vez um relatório sobre pesquisa *in vivo* mostrando a função terapêutica do *Lycium barbarum L.* contra a neurodegeneração da retina do rato de laboratório. Os resultados demonstraram que esse extrato pode ser um candidato potencial para o desenvolvimento de uma droga neuroprotetora contra a perda da visão por glaucoma."

AUMENTO DA FERTILIDADE E DA FUNÇÃO SEXUAL

Life Sciences, julho de 2006, Vol. 79, 7ª edição, pp. 613-621
"Os polissacarídeos do *Lycium barbarum L.*: efeitos protetores contra danos induzidos causados pelo calor em ratos de laboratório e HO induzido danos no DNA em células testiculares de ratos de laboratório e seus efeitos benéficos nos hábitos sexuais e na função reprodutora. O *Lycium barbarum L.*

melhorou o desempenho copulatório e a função reprodutiva de ratos de laboratório machos semicastrados, provocando neles uma curta ereção latente do pênis, regulou a secreção de hormônios sexuais e aumentou os níveis hormonais, aumentou o volume de seus órgãos sexuais e melhorou a quantidade e a qualidade de esperma. As presentes descobertas sustentam a reputação popular do *Lycium barbarum L.* como afrodisíaco e agente facilitador da reprodução, além de fornecerem evidências científicas para o uso frequente do *Lycium barbarum L.* como remédio tradicional para a infertilidade masculina na China."

MELHORAS NAS CONDIÇÕES CARDIOVASCULARES (CACAU E GOJI)

Agricultural Research, janeiro de 2006, Vol. 54, 1ª edição, p. 22
"Componentes vegetais que inibem o coágulo sanguíneo. Os componentes naturais N-cafeoil dopamina e N-cumaroildopamina e seus análogos, que são encontrados em pimentas doces, *Lycium barbarum L.* e cacau. Baseado nas decobertas de Park, os componentes desses alimentos suprimem de forma significativa a molécula adesiva P-selectina, que une as plaquetas, fabrica células brancas do sangue e as paredes dos vasos sanguíneos."

MELHORA DO FUNCIONAMENTO DO SISTEMA IMUNOLÓGICO

Cancer Biotherapy and Radiopharmaceuticals, abril de 205, Vol. 20, 2ª edição, pp. 155-162
"Os efeitos terapêuticos dos polissacarídeos presentes no *Lycium barbarum L.* (LbL) sobre ratos de laboratório com mielossupressão (ou seja, supressão da função de produção de células sanguíneas da medula) induzida por radioterapia ou quimioterapia. Todas as dosagens de *Lycium barbarum L.* aumentaram de forma significativa a contagem periférica de plaquetas no sangue dos ratos de laboratório com mielossupressão induzida por quimioterapia em sete dias."

Journal of Experimental Therapeutics & Oncology, 2004, Vol. 4, 3ª edição, pp. 181-187
"Os efeitos terapêuticos dos polissacarídeos presentes no *Lycium barbarum L.* (goji) sobre ratos de laboratório com mielossupressão induzida pela mitomicina C (MMC). *Lycium barbarum L.* demonstrou efeitos não óbvios na neurotropenia induzida em ratos de laboratórios pela mitomicina C (MMC). Conclusão: *Lycium barbarum L.* (goji) é eficiente na recuperação das células vermelhas do sangue e na contagem de plaquetas do sangue sobre ratos de laboratório com mielossupressão induzida pela mitomicina C (MMC)."

PROTEÇÃO DO FÍGADO

Life Sciences, março de 2005, Vol. 76, 18ª edição, pp. 2115 - 2124
"Efeitos dos polissacarídeos nas células do hepatoma humano: indução e inibição da proliferação da apoptose – que é a via pela qual o organismo multicelular remove células desnecessárias. Além disso, a distribuição de cálcio nas células havia sido alterada. Com esses dados, o estudo sugere que esse mecanismo de indução no ciclo da célula que suspende o aumento do cálcio intracelular na apoptose tem papel também na atividade que o *Lycium barbarum L.* exerce, impedindo que as células cancerosas QGY7703 proliferem."

Journal of Ethnopharmacology, janeiro de 2005, Vol. 96, 3ª edição, pp. 529-535
"Os efeitos protetores do *Lycium barbarum L.* (goji) sobre a hepatoxidade induzida pelo tetracloreto de carbono. Baseado nesses resultados, foi sugerido que as propriedades hepatoprotetoras do LFE podem ser relacionadas à atividade antioxidativa e a expressiva regulação do CYP2E1[1]."

---

1 Abreviação de citocromo. Citocromos são proteínas, geralmente ligadas a uma membrana que contém grupos heme e efetuam o transporte dos elétrons. (N. T.)

Bioorganic & Medicinal Chemistry Letters, janeiro de 2003, Vol. 13, 1ª edição, p. 217
"Pirroles hepatoprotetores derivados do *Lycium barbarum L.*, uma fruta de origem chinesa. Esses compostos, e um composto sintético metilado (4) relacionado a eles, foram avaliados por suas atividades biológicas e pela atividade da estrutura de sua relação, e os compostos 1 e 2 mostraram efeitos hepatoprotetores comparáveis à silibina na concentração de 0,1 µ.M."

PROTEÇÃO CONTRA O CÂNCER

European Journal of Pharmacology, junho 2003, Vol. 471, 3ª edição, p. 217
"O complexo polissacarídeo-proteína do *Lycium barbarum L.* regula a expressão de citoquina nas células mononucleares periféricas humanas. A administração de *Lycium barbarum L.* aumentou a expressão da interleucina-2 e do fator de necrose tumoral, tanto no RNA quanto nos níveis de proteína de forma dose-dependente. Os resultados sugerem que o *Lycium barbarum L.* pode induzir imunorrespostas e que tem potencial eficácia terapêutica no tratamento do câncer."

O CULTIVO DE COGUMELOS MEDICINAIS COM EXTRATO DE GOJI

Food Chemistry, setembro de 2008, Vol. 110 2ª edição, pp. 446-4453.
"Efeito do extrato de *Lycium barbarum L.* na produção e na atividade imunomodulatória dos polissacaropeptídeos extracelulares da cultura de *Coriolus versicolor* em fermentação submersa. Além disso, o ePSP da cultura do *Coriolus versicolor* com uma suplementação de extrato de *Lycium barbarum L.* exibiu uma significante atividade imunomodulatória ao se julgar pelos efeitos na produção de óxido nítrico e de várias citoquinas pelos macrófagos da murina RAW264.7."

A FOLHA DA GOJI É UM PROBIÓTICO

Bioresourse Technology, março de 2008, Vol. 99, 5ª edição, pp. 1383-1393
"Efeitos dos hidrolisatos das folhas da fruta de origem chinesa, o *Lycium barbarum L.* (goji), no crescimento do *Pediococus acidilacti.* O aumento e o crescimento dos efeitos dos hidrolisatos das folhas de *Lycium barbarum L.* indicam o potencial do desenvolvimento de novas aplicações para as folhas de *Lycium barbarum L.*, em outras células probióticas usando um processo simples."

AÇÚCARES ESSENCIAIS

European Polymer Journal, fevereiro de 2007, Vol. 43, 2ª edição, pp. 488-497
"Avaliação da atividade antioxidante dos polissacarídeos extraídos do *Lycium barbarum L. in vitro*. As análises mostram que é o carboidrato com mais de 97,54% de:

d-ramnose	d-xilose
d-arabinose	d-fucose
d-glicose	d-galactose

Os dados obtidos nos modelos *in vitro* estabeleceram o potencial antioxidante dos polissacarídeos extraídos do *Lycium barbarum L.*

COMPOSIÇÃO DA GORDURA

Chemistry of Natural Compounds, janeiro de 2006, Vol 42, 1ª edição, pp. 24-25

"Composição dos óleos essenciais das variedades *Lycium barbarum L.* e *L. ruthenicum*. Descobriu-se que os principais componentes do óleo do *Lycium barbarum* são o ácido hexanoico, ácido linoleico, β-elemene, ácido mirístico e etilhexadecano. Os óleos essenciais do *L. ruthenicum* são compostos principalmente por heptacosano, etilinoleico, hexacosano, nonacosano e etil-hexadecano."

FLAVONOIDES

Food Chemistry, setembro de 2004, Vol. 87, 2ª edição, p. 283

"Os flavonoides ionizados encontrados no extrato da fruta chinesa *Lycium barbarum L.* limpam com eficiência o organismos das impurezas e dos radicais livres. Os principais flavonoides encontrados no *Lycium barbarum L.* foram a rutina e o ácido clorogênico em água, rutina e ácido protocatecuico em extrato de 50% de etanol e rutina em 95% de extrato de etanol como determinado em cromatografia líquida de alto desempenho. A eficiência em combater os radicais livres desses extratos, tendem a se tornar maior quando a polaridade dos solventes diminui."

Referências adicionais sobre o goji

LIVROS

Benson, L., e R. Darrow. March *Trees and Shrubs of the Southwesten Deserts.* University of Arizona and University of New Mexico, 1954.

Gross, P.M., X Zhang e R. Zhang. *Wolfberry: Nature's Bounty of Nutrition and Health.* Charleston, SC: Booksurge Publishing, 2006.

Mindell, Earl, e Rick Handel. *Goji: the Himalayan Health Secret.* Texas: Momentum Media, 2003.

Teeguarden, R. *The Ancient Wisdom of Chinese Tonic Herbs.* New York: Warner Books, Inc, 1998.

Vines, Robert A. *Trees, Shrubs and Woody Wines of the Southwest.* Austin, TX: University of Texas Press, 1960.

Cacau

COMER CHOCOLATE É MELHOR QUE BEIJAR

Cientistas descobriram que, quando o assunto são as línguas, derreter chocolate na boca é melhor que dar um beijo apaixonado. Casais com cerca de 20 anos de idade tiveram os batimentos cardíacos e a atividade cerebral monitorados enquanto deixavam um pedaço de chocolate derreter na boca e, depois, enquanto se beijavam.

O chocolate provoca uma sensação mais longa e intensa do que beijar na boca e dobrou o ritmo dos batimentos cardíacos dos voluntários.

Os pesquisadores compararam os batimentos cardíacos durante o repouso e, mais tarde, durante os testes do chocolate e do beijo.

Apesar de o beijo ter acelerado os batimentos cardíacos dos voluntários, o efeito não durou tanto quanto o provocado pelo chocolate, que aumentou os batimentos de 60 por minuto em repouso para 140.

Fonte: http://news.c.co.uk/2/hi/healt/6558775.stm

CHOCOLATE E SEXO

O pesquisador italiano, dr. Andrea Salonia, diz ter encontrado uma associação entre comer chocolate e satisfação sexual. Mulheres que adoram chocolate, ele diz, parecem ter vida amorosa melhor.

O grupo de pesquisadores de Salonia, do San Raffaele Hospital de Milão, analisou questionários respondidos por 153 mulheres sobre funções sexuais femininas, estilos de vida e fatores psicológicos. As mulheres entrevistadas tinham entre 26 e 44 anos, média de idade, 35. A pesquisa revelou que 120 delas, com média de idade de 35 anos, relataram que comiam chocolate com mais frequência, comparadas com 33 mulheres cuja idade média era de 40,4 anos. Tanto a função sexual geral quanto o desejo sexual eram significativamente maiores entre as comedoras de chocolate que entre aquelas do grupo de mais idade, que eram mais propensas a recusar chocolate, afirmou o dr. Salonia.

Fonte: Bloom, Mark. Healthday, www.healthday.com, dezembro 5-8, 2004, Londres. Apresentado no encontro anual da European Society For Sexual Medicine.

CHOCOLATE FAZ BEM PARA O CORAÇÃO

Norman Hollenberg, da Escola de Medicina de Harvard e do Brigham and Women's Hospital, apresentou novos dados a esse respeito e também publicou sobre isso no *International Journal of Medical Sciences*, estudando atestados de óbito, comparou as causas da morte do povo kuna que vive em uma ilha no Panamá, com atestados de óbito da população geral do Panamá, que não bebe regularmente, como o povo kuna, uma bebida à base de cacau rica em flavonoides.

Hollenberg relatou que os panamenhos corriam risco 1.280% maior de morrer por doenças cardíacas e 630% mais chances de morrer de câncer que os kuna.

Fonte: Bayard, V., F. Chamorro, J. Motta, N.K. Hollenerg. "Does flavonol intake influence mortality from nitric oxide-dependent processes? Ischemic heart disease, stroke, diabetes millitus and cancer in Panama." *International Medical Sciences.* Volume 4 (2007), pp. 53-58

AS ALEGRIAS DO CHOCOLATE! MAIS BENEFÍCIOS ENCONTRADOS EM PESQUISAS SOBRE O CORAÇÃO

Os amantes do chocolate que foram retirados de um estudo no Hospital da Universidade Johns Hopkins, nos Estados Unidos, sobre aspirina e doenças cardíacas, ajudaram os pesquisadores a entender por que um pouquinho de chocolate consumido diariamente pode diminuir o risco de um ataque cardíaco.

A dra. Diane Becker, professora da Escola de Medicina da Universidade Johns Hopkins, e seus colegas descobriram que o chocolate, como a aspirina, afeta as plaquetas sanguíneas que formam os coágulos.

"O que esses maníacos por chocolate nos ensinaram foi que os elementos químicos das sementes do cacau produzem efeito similar à aspirina, reduzindo o acúmulo de plaquetas, o que pode ser fatal se houver a formação de um coágulo e a obstrução de um vaso sanguíneo, pois poderia levar a um ataque cardíaco", disse Becker em uma entrevista pelo telefone.

Fonte: Reuters, novembro de 2006.

ANTIOXIDANTES DO CHOCOLATE

Os benefícios para a saúde trazidos pela epicatequina, substância encontrada no cacau, são tão impressionantes que podem até mesmo rivalizar com a penicilina e a anestesia em termos de importância para a saúde pública, é o que diz Marina Murphy na *Chemistry & Industry*, a revista da *Society Chemistry Industry.* Norman Hollenberg, professor da Escola de Medicina de Harvard, disse à *Chemistry & Industry* que a epicatequina é tão importante que deveria ser considerada uma vitamina.

Hollenberg passou vários anos estudando os benefícios da bebida à base de cacau consumida pelo povo kuna, no Panamá e descobriu que quatro das cinco doenças que mais comumente levam à morte, derrames, problemas cardíacos, câncer e diabetes, têm incidência menor que 10% entre os kuna. Eles consomem algo em torno de 40 copos da bebida à base de cacau por semana. O cacau natural é o cacau que tem os índices mais altos de epicatequina.

Nota: Essa história foi adaptada de um *release* enviado pela Society Chemistry Industry.

Fonte: "Cocoa 'Vitamin' Bebefits Could Outshine Penicillin." *Sciense Daily.*

CHOCOLATE DIMINUI A PRESSÃO SANGUÍNEA

Um lanchinho à base de chocolate pode ser melhor que chá verde ou preto para manter estável a pressão arterial.

Um novo estudo sugere que o chocolate amargo e outros produtos ricos em cacau podem ser mais eficientes para baixar a pressão que o chá.

Pesquisadores compararam a capacidade de baixar a pressão sanguínea do cacau e do chá em estudos publicados anteriormente e descobriram que comer alimentos ricos em cacau estava associado a uma média de diminuição de pressão arterial sistólica de 4,7 pontos (o maior número alcançado) e com uma média de diminuição de pressão arterial diastólica de 2,8 pontos (o número mais baixo alcançado). Nenhum resultado parecido foi encontrado nos estudos envolvendo chá preto ou chá verde.

O cacau e o chá são ricos em antioxidantes conhecidos como polifenóis. Mas os pesquisadores dizem que eles contêm diferentes tipos de polifenóis e que aqueles contidos no cacau são mais eficientes em baixar a pressão sanguínea.

Fonte: Warner, Jennifer. "Dark Chocolate, Other Cocoa-Rich Foods May Lower Blood Pressure Better Than Tea". WebMD edical News (9 de abril de 2007). Revisto por Louise Gang, MD.

POLIFENÓIS AJUDAM A BAIXAR PRESSÃO SANGUÍNEA

Nessa revisão de artigos científicos, os pesquisadores reviram, em cinco estudos, os efeitos na pressão arterial dos produtos ricos em cacau, como o chocolate meio amargo ou o achocolatado especialmente formulado, rico em polifenol em 173 participantes durante, em média, duas semanas. Os pesquisadores também revisaram os efeitos, em cinco estudos, dos chás verde e preto na pressão arterial de 343 participantes. Em média, esses estudos duraram quatro semanas. Todos os estudos foram publicados entre 1966 e 2006.

"Acreditamos que qualquer dieta deva alertar contra os altos índices de açúcar, gordura e calorias contidos na maioria dos produtos feitos à base de cacau", escreveram o pesquisador Dirk Taubert, médico, PhD do Hospital da Universidade de Colônia, na Alemanha, e seus colegas de pesquisa, nos Archives of Internal Medicine. "Racionalmente usados, os produtos à base de cacau podem ser incluídos em dietas que visam à diminuição da pressão arterial."

Fonte: Taubert, D. News Release. Archives of Internal Medicine 167 (2007): 626-34.

CHOCOLATE AMARGO É MELHOR PARA BAIXAR A PRESSÃO ARTERIAL

O chocolate amargo – mas não o branco – pode ajudar a reduzir a pressão sanguínea e estimula o corpo a metabolizar o açúcar dos alimentos, de acordo com os resultados em um pequeno estudo. Investigadores da Universidade de L'Aquila, na Itália, descobriram que, depois de ingerir apenas 100 gramas, ou 3,5 onças, de chocolate amargo todos os dias por quinze dias, quinze pessoas saudáveis haviam baixado sua pressão e estavam mais sensíveis à insulina, um fator importante na metabolização do açúcar.

Contrastando com isso, descobriram que comer aproximadamente a mesma quantidade de chocolate branco pelo mesmo período não afeta nem a pressão sanguínea nem a sensibilidade à insulina.

Outra pesquisa valida essa afirmação: quando se trata de chocolate, o tipo importa. Um estudo descobriu que comer chocolate à base de leite eleva muito pouco o nível de antioxidantes no sangue, talvez porque o leite interfira com nossa capacidade de absorver os antioxidantes que estão no chocolate.

Outro estudo mostrou que pessoas de mais idade com pressão alta tiveram queda na pressão depois de comer barras de chocolate amargo, mas não depois de comer chocolate branco, por que este não contém flavonoides.

Fonte: McCook, Alison. "When It Comes To Chocolate, Order Dark, Not White."

CHOCOLATE AUMENTA O DESEMPENHO MENTAL

Um novo estudo afirma que comer chocolate ao leite estimula o funcionamento do cérebro. "O chocolate contém muitas substâncias que agem como estimulantes, como a teobromina, fenetilamina e cafeína", disse o Dr. Bryan Raudenbush, da Wheeling Jesuit University da Virgínia Ocidental, nos Estados Unidos, ao Reuters Health.

"Já se havia descoberto anteriormente que cada uma dessas substâncias aumentava a atenção e a prontidão e o que nós descobrimos foi que, com o consumo de chocolate, você pode se beneficiar de seus efeitos benéficos, que levam a uma maior acuidade mental."

Para estudar os efeitos dos vários tipos de chocolate no cérebro, Raudenbush e seus colegas deram a um grupo de consumidores voluntários, em quatro ocasiões diferentes, 85 gramas de chocolate ao leite; 85 gramas de chocolate amargo, 85 gramas de alfarroba e nada (o fator de controle).

Depois de quinze minutos de digestão, os participantes fizeram uma série de testes neuropsicológicos computadorizados formulados para analisar a performance dos voluntários no campo cognitivo, incluindo memória, capacidade de atenção, tempo de reação e capacidade de solução de problemas.

"Os resultados finais em memória visual e habilidade verbal foram significativamente maiores quando o chocolate ao leite foi ingerido", Raudenbush disse à Reuters. E o consumo de leite e de chocolate amargo estava associado também ao aumento de controle e ao menor tempo de reação.

Pesquisas anteriores mostraram que alguns nutrientes nos alimentos ajudam na diminuição da taxa de glicose e melhoram o fluxo sanguíneo, o que também aumenta o desempenho cognitivo. As descobertas atuais, disse Raudenbush, "nos contam que o consumo de chocolate aumenta a capacidade de distribuição dos nutrientes ao melhorar o fluxo sanguíneo, o que nos permite melhorar nossa atividade mental".

Fonte: Reuters, 25 de maio, 2006.

CACAU VERSUS DIABETES

Dietas enriquecidas com extrato de cacau rico em proantocianidinas reduzem os níveis de glicose em ratos de laboratório obesos e diabéticos e pode oferecer aos humanos diabéticos benefícios significativos, diz um novo estudo feito no Japão.

"Dietas enriquecidas com extrato de cacau rico em proantocianidinas podem, dependendo da dosagem, previnir o desenvolvimento da hiperglicemia em ratos de laboratório obesos e diabéticos", escreveu Makoto Tomaru, no jornal Nutrition. "A inclusão na dieta de comidas ou bebidas preparados à base de sementes de cacau pode ajudar na prevenção da instalação da diabetes tipo 2."

Os benefícios potenciais à saúde que o cacau pode trazer vêm despertando interesse crescente com o surgimento de estudos que apontam que o chocolate tão rico em flavonoides pode reduzir o risco de doenças cardiovasculares. De qualquer forma, de acordo com Tomaru e seus colegas, esse é o primeiro estudo que destaca que as proantocianidinas podem prever o agravamento da diebetes.

Fonte: M. Tomura, H. Takano, N. Osakabe, A. Yasuda, K.-I. Inoue, R. Yanagisawa, T. Ohwatari, H. Uematsu. "Dietary supplementation with cacao liquor proanthocyanidins preventes elevation of blood glucose levels em diabetic obese mice." *Nutrition* (Elsevier) Published online ahead of print, doi: 10.1016/j.nut.2007.01.007

CACAU RETARDA O ENVELHECIMENTO

Com intervalos maiores de cinco anos, em um intervalo de quinze anos, 470 homens com mais de 65 anos foram questionados sobre a inclusão de cacau em suas dietas e passaram por exames físicos. Os homens foram divididos em três grupos, de acordo com seu nível de consumo de cacau. Depois, dados sobre as condições de saúde de cada um foram coletados. Durante o período do estudo, 314 homens morreram, 152 deles em razão de doenças cardiovasculares.

"Duas vezes mais homens do grupo que menos consumia cacau morreram de ataque cardíaco que aqueles do grupo que consumia maior quantidade de chocolate – pelo menos 4 gramas por dia – e o risco permaneceu baixo mesmo quando outros fatores estavam envolvidos, como fumo, exercícios físicos e peso", disse o pesquisador chefe, Brian Buijsse, no Dutch National Institute for Public Health and the Environment.

Ele ainda acrescentou: "E os homens do estudo que consumiram mais cacau estavam menos propensos a morrer de qualquer causa que fosse."

Os homens do grupo que consumia mais cacau também tinham a pressão arterial significativamente mais baixa que os homens dos outros grupos – mas Buijsse disse que a ligação entre baixa da pressão arterial e redução do risco de doenças cardiovasculares não pode ser medida só por esses resultados. Em vez disso, ele disse, as substâncias contidas no cacau é que devem ser as responsáveis por isso."

Fonte: "Eating Chocolate May Halve Risk of Dying." Archives of Internal Medicine 166:411, citado em NewScientist.com, 21:00, 27 de feverieiro de 2006, Gaia Vince http://www.newscientist.com/channel/health/dn8780.html

CHOCOLATE FAZ BEM PARA A PELE

Pesquisadores alemães demonstraram que a ingestão de cacau sólido e flavonoides – chocolate amargo – pode combater o câncer de pele. São descobertas preliminares, porque apenas 24 mulheres consumiram cacau no café da manhã, todos os dias, por três meses.

Metade das mulheres consumiu chocolate com alta dose de flavonoides, antioxidantes de origem vegetal que, segundo pesquisas, previne ataques cardíacos. As demais voluntárias consumiram chocolate com o mesmo sabor e aparência do primeiro grupo, mas com quantidade relativamente baixa de flavonoides. Perto do final do período de três meses, Wilhelm Stahl, da Universidade Heinrich-Heine, em Düsseldorf, e seus colegas submeteram as voluntárias a uma bateria de exames. Um deles era irradiar a pele das voluntárias com uma luz ultravioleta ligeiramente mais forte que a usada antes do início do período de consumo do chocolate.

A pele das mulheres que haviam recebido o chocolate enriquecido com flavonoides não ficou, nem de leve, tão avermelhada quanto a pele das voluntárias que beberam o chocolate com menos flavonoides. As mulheres que consumiram mais flavonoides também ficaram com a pele mais macia e hidratada que as outras voluntárias.

Fonte: Raloff, Janet. "Chocolate as Sunscreen"
http://www.sciencenews.org?articles?20060617/food.asp

CHOCOLATE NÃO CAUSA ACNE

Dois estudos originais provaram que chocolate não causa acne. O National Institutes of Health, nos Estados Unidos, declarou que "apesar da crença popular ser a de que chocolate, nozes e outros alimentos causem acne, isso não parece ser verdade".

Em um dos estudos da Universidade da Pensilvânia, foi dado a um grupo de pacientes com acne uma pasta de chocolate (uma substância que serve de base para todos os produtos de chocolate) em formato de "barra", com 28% de gordura vegetal, imitando o conteúdo da pasta de cacau e da manteiga de cacau. Outro grupo recebeu chocolate de verdade com aproximadamente dez vezes mais concentração de creme de cacau que o normal, em torno de 400 gramas. A acne dos pacientes não mostrou sinais de diminuição nem de aumento em nenhum dos dois grupos de controle.

Em outro estudo, oitenta estudantes da Academia Naval dos Estados Unidos, com acne, foram divididos em dois grupos: aqueles que não consumiam chocolate e aqueles que consumiam. Depois de um mês de observação cuidadosa e atenta, os pesquisadores concluíram que não houve mudança alguma na acne apresentada pelos dois grupos.

Fonte: Engler, Maqry, Jeffrey Blumberg e Jean Mayer. *Journal of the American College of Nutririon* (junho de 2004)

CHOCOLATE É BOM PARA OS DENTES

Uma barra de chocolate por dia pode manter você longe do dentista, de acordo com pesquisa feita, visando estudar as propriedades anticáries do cacau. Pesquisadores da Universidade de Tulane, em Nova Orleans, Louisiana, descobriram que o cacau em pó contém um extrato mais eficiente que o flúor no combate às cáries e na proteção da saúde dos dentes.

O componente é um pó branco e cristalino, facilmente encontrado no chocolate. É uma composição química similar à encontrada na cafeína e, nos testes feitos fora da universidade, descobriu-se que essa substância ajuda a endurecer o esmalte dos dentes.

O time de pesquisadores, liderado pelo estudante de doutorado Arman Sadehpour, comparou o efeito da substância à base de cacau com flúor nos dentes humanos. Os resultados foram usados para criar uma pasta de dentes que tivesse cacau em sua composição.

Fonte: Boal, Catherine. "Cocoa Extract more Effecive than Fluoride."

CASCA DE CACAU COMBATE AS CÁRIES

Ao usar um extrato tirado da casca do cacau, a Lotte Co. Ltd. de Tóquio, Japão, obteve um solvente polar (ou seja, um solvente que tem afinidade com a água e interage com ela), que acredita-se possuir propriedades para evitar a formação de placa dentária e que, por causa disso, evita que os dentes tenham cáries.

Acredita-se que a formação de placas nos dentes e a subsequente destruição do esmalte dos mesmos por microrganismos existentes nas placas é causada pela conversão da sucrose da comida em um polissacarídeo viscoso, o glutano, o resultado da atividade da glucosiltransferase, que é uma enzima extracelular de estreptococos mutantes. O glucano é a substância responsável pelo aparecimento e crescimento da placa dental.

Fonte: Biomedical Materials, Fevereiro 1, 1990
http://static.highbeam.com/b/biomedicalmaterials/february011990/cacaoextractcouldcutdownontoothdecay/

Referências adicionais ao cacau

Livros

Coe, Sophie D., Coe, Michel D. *The True History of Chocolate*. New York: Thames and Hudson, 1996.

Dahl, Roald. *Charlie and the Chocolate Factory*. New York: Puffin Books, 1964.

Foster, Nelson, Cordell, Linda S. *Chilies to Chocolate: Food the Americas Gave the World*. Tucson, AZ: Editora da Universidade do Arizona, 1992.

Kilham, Chris. *Psyche Delicacies: Coffee, Chocolate, Chiles, Kava and Cannabis and Why They're Good For You*. Emmaus, PA: Rodale Press, 2001.

Lopez, Ruth. *Chocolate: The Nature of Indulgence*. New York: Harry N. Abrams, 2002.

McFadden, Christine, France, Christine. *Chocolate: Cooking with the World's Best Ingrediente*. London: Hermes House, 1997.

Pendell, Dale. *Pharmakodynamis:Stimulating Plants, Potions & Herbcraft*. San Francisco: Mercury House, 2002.

Presilla, Maricel E. *The New Taste of Chocolate: A Cultural and Natural History of Cacao with Recipes*. Berkeley, CA: Ten Speed Press, 2001.

Wolfe, David, and Shazzie. *Naked Chocolate*. San Diego: Sunfood Publishing, 2005.

Young, Allen M. *The Chocolate Tree: A Natural History of Cacao*. Washington, D.C.: Smithsonian Instituition Press, 1994.

Maca

Referências em publicações científicas

ESTUDO FEITO EM HUMANOS MOSTRA AUMENTO DA PRODUÇÃO DE ESPERMA E DA LIBIDO

O primeiro estudo conhecido sobre o efeito da maca na fertilidade e na libido dos homens foi feito pelo Departamento de Ciências Psicológicas da Universidade Peruana Cayetano Heredia, em Lima, no Peru. O estudo, publicado no *Asian Journal of Andrology*, envolveu nove homens adultos, com idades entre 22 e 24 anos, que, durante quatro meses, consumiram maca, algo em torno que 1.500 ou 3.000 miligramas. A maca era administrada oralmente e os dados do estudo indicam que a maca: (Gonzáles)

- aumenta o desejo sexual (libido) em 180%;
- aumenta o número e a mobilidade dos espermatozoides;
- aumenta o nível de DHEA (dehidro-iso-androsterona, esteroide natural produzido na glândula suprarrenal e nas gônadas) na maioria dos homens testados;
- diminui a ansiedade e o estresse;
- aumenta a produção de androgênios adrenais (adrenalina);
- promove a transformação da glicose em energia antes que ela seja convertida em gordura acumulada;
- produz uma sensação de bem-estar;
- diminui a pressão sanguínea (diastólica);
- equilibra os níveis de ferro no sangue.

Experimentos com seres humanos, assim como com animais, comprovaram não apenas o aumento em 20% do volume seminal, mas também um aumento significativo da qualidade do esperma, mais de 184% de aumento na quantidade dos espermatozoides e mais de 208% de aumento na motilidade dos espermatozoides, o que gera aumento na fertilidade. (Gonzáles)
Outros estudos sobre a maca, envolvendo animais, também demonstram aumento do número de filhotes, de 25 a 40% em cães, bois, ovelhas e outros animais. (Chacón)
Em fêmeas, o consumo de maca melhorou significativamente os folículos de Graaf e foi favorável a outras características do endométrio, indicando também aumentar os níveis de fertilidade.
Fonte: Ley, B.M. *Maca: Adaptogenia e Reguladores Hormonais*

LIBIDO

A maca também aumenta a frequência da atividade sexual e do prazer, aumentando a lubrificação vaginal em mulheres e o volume seminal masculino (ejaculação) em 30%.
Em um jornal médico de grande prestígio, *Urology* (abril 2000), cientistas relatam experiências que ratos com disfunção erétil foram divididos em dois grupos. Um desses grupos foi alimentado com maca. Os ratos que receberam maca copularam 400 vezes mais que os ratos do outro grupo.
A maca normaliza nossos hormônios esteroides como a testosterona, a progesterona e o estrogênio. Com isso, estabiliza as mudanças hormonais que ocorrem com o envelhecimento. Nos homens, isso restaura a saúde de forma geral, o que lhes permite vivenciar sua libido de forma mais plena.

Fonte: Ley, B.M. *Maca: Adaptogenia e Reguladores Hormonais*

MACA: SEGURANÇA E EFEITOS COLATERAIS

A maca é considerada uma "erva quente" de acordo com a medicina tradicional chinesa e, assim, deve ser usada com cautela por aqueles que têm pressão alta. De qualquer forma isso não foi comprovado cientificamente.
Estudos toxicológicos realizados no Product Safety of East Brunswick, N.J., demonstraram que não há absolutamente nenhuma toxicidade e nenhum efeito farmacológico adverso no uso da maca. Baseado no longo histórico de uso da maca como suplemento medicinal e como comida, podemos dizer que ela é um alimento seguro. O DSHEA[1] (Dietary Supplemental Health and Education Act) tem a dizer sobre a maca o seguinte:

---

1 Dietary Supplemental Health and Education Act – ato suplementar da FDA que regulamenta o uso de alimentos considerados "novos" ou "recentes".

- aumenta a energia, a estamina e a clareza mental;
- melhora o funcionamento da tireoide;
- regulariza o funcionamento das funções sexuais;
- promove o equilíbrio hormonal.

Fonte: Ley, B.M. *Maca: Adaptogenia e Reguladores Hormonais*

MACA VERMELHA

A maca vermelha tem o mesmo perfil nutricional e fornece os mesmos benefícios que a maca comum (seja ela branca, amarela ou preta), mas parece possuir propriedades adicionais exclusivas que podem torná-la ainda mais benéfica para a saúde dos homens.

Estudos científicos feitos recentemente relatam que a maca vermelha pode desempenhar papel importante no tratamento de problems da próstata, incluindo câncer de próstata. Análises fotoquímicas mostraram que a maca vermelha tem quantidade ainda maior de componentes antioxidantes e antitumorais que os outros tipos de maca.

Fonte: Gonzales, Gustavo F., Sara Miranda, Jessica Nieto, Gilma Fernández, Sandra Yucra, Julio Rubio, Pedro Yi e Manuel Gasco. "Red maca (*Lepidium meyenii*) reduced prostate size." *Reproductive Biology and Endocrinology*; 3 (2005):5

Referências adicionais sobre a maca

LIVROS

Chacón, G. "La maca (*Lepidium peruvianum*) Chacón sp. Nov. Y su *habitat*." *Revista Peruana de Biologia* 3 (1990): 171-272.

____________. "Estúdio fitoquimico de *Lepudium meyenii*." Dissertation, Univ. Nac. Mayo de San Marcos, Peru.

____________. *Maca (Lepidium peruvianum Chácon) MIllenarian Peruvian Food weith Highly Nutritional Properties.* Lima, Peru, 2001.

Gonzáles, G. F. "A test for bioandrogenicity in men attending an infertility service." *Arch Androl.* 21 (1988):135 - 42.

____________. "Functional structure and ultra structure of seminal vesicles", *Arch Androl.* 22 (1988): 1 - 13.

Gonzáles, G.F., A. Cordova, C. Gonzáles, e A. Chung. "*Lepidium meyenii* (Maca) improved semen parameters in adult men." *Asian J Androl 3* (1988): 301 – 3

Gonzáles, G.F., Ruiz A., Gonzáles C., Villegas L., Cordova A. 2001. "Effect of *Lepidium meyenii* (Maca) roots on spermatogenesis of male rats." Asian J Androl. Setembro; 3 (3) p. 231 - 3

Johns, Timothy. *The Origins of Human Diet and Medicine*. Tucson: University of Arizona Press, 1990.

Ley, B.M. *Maca: Adaptogen and Hormonal Regulator.* Minnesota: BL Publications, 2003.

Zheng, B.L., He, K., C.H., et al. "Effect of lipidic extract from *Lepidium meyenii* on sexual behavior in mice and rats." *Urology* 55 (2000): 598 - 602.

SITES

http://www.sunfood.com
http://en.wikipedia.org/wiki/Adaptogen
http://www.pfaf.org/database/plants.php?Lepidium+meyenii

Produtos da abelha

Referências em publicações científicas

De acordo com um novo estudo, o mel, usado por gerações no Canadá em chás ou com água quente para aliviar inflamações de garganta, pode brevemente vir a substituir antibióticos na luta contra infecções resistentes de ouvido, nariz ou garganta.

Testes feitos por médicos da Universidade de Ottawa revelaram que o mel comum mata as bactérias que causam sinusites e, em muitos casos, melhor que antibióticos.

"É espantoso", diz o pesquisador Joseph Marson sobre a inexplicável habilidade das abelhas de transformar néctar de flores no que aparentemente é um potente medicamento.

Os testes preliminares foram conduzidos em amostras em laboratório, não em pacientes vivos, mas incluíram a "superbactéria" resistente à meticilina *Staphylococcus aureus* ou MRSA, altamente resistente a antibióticos.

Fonte: "Early Study Touts Honey As Antibiotics Substitute." 24 de setembro de 2008. http://ca.news.yahoo.com/s/afp/080924/health/canada_medicine_research

Referências adicionais a produtos da abelha

LIVROS

Buxton, Simon. *The Shamanic Way Of The Bee.* Rochester, VT: Destiny, 2006.
Jensen, Bernard. *Bee Well, Bee Wise with Bee Pollen, Bee Propolis, Royal Jelly.* Escondido, CA: Bernard Jensen, 1993.
Kacera, Walter. *Pollen Power, Nectar of Life.* 2002.
Traynor, Joe. Honey, *The Gourmet Medicine.* Bakersfield, CA: Kovak Books, 2002.

ARTIGOS

"Fresh Royal Jelly", por Fazenda de Geleia Real e Mel Y.S (disponível no web site: www.yahwehsaliveandwell.com).
"Bee Propolis: Nature's Healing Balm With Immune Boosting Properties", por Katherine East (disponível no web site: www.naturalnews.com).

WEB SITES

http://homepages.ihug.com.au/~panopus/parachemyvii2.htm
http://ww2.wcoil.com/
http://www.durhamsbeefarm.com/beepollen.htm
http://www.shirleys-wellness-cafe.com/bee.htm
http://www.alternativescentral.com/phf2a-beepollen.htm
http://thehoneybees.com/pollen.html

Espirulina

Referências em publicações científicas

Adicionar espirulina a uma cultura de células do sistema imunológico aumenta significativamente a produção de citocinas que combatem infecções, dizem imunologistas da Escola de Medicina e Centro Médico da UC Davis. Suas descobertas foram publicadas no número de outono do *Journal of Medicinal Foods*.

"Descobrimos que a espirulina rica em nutrientes é um potente indutor de interferon-gama (aumento na razão de 13,6) e um moderado estimulador tanto de interleucina-4 quanto de interleucina-1beta (aumento na razão de 3,3)", diz Eric Gershwin, professor e chefe da Divisão de Reumatologia, Alergia e Imunologia Clínica da UC Davis. "No total, o aumento dessas citocinas sugere que a espirulina é uma forte aliada para proteger o organismo contra patógenos intracelulares e parasitas e pode aumentar a eliminação de agentes que estimulam inflamações, o que também ajuda a proteger o corpo contra microrganismos infecciosos e potencialmente perigosos."

Para avaliar os efeitos da espirulina no sistema imunológico, especialistas da UC Davis coletaram amostras de sangue de doze voluntários saudáveis e separaram suas células mononucleares periféricas. Essas células, que incluem macrófagos, monócitos e linfócitos, inclusive células B e T, trabalham como uma equipe para montar o sistema imune. Os pesquisadores incubaram essas culturas de células com diluições de espirulina feitas com 429 miligramas de cápsulas de espirulina seca em pó enriquecida.

Fonte: "UC Davis Study Shows Spirulina Boosts Immune System." 1º de dezembro de 2000. http://news.ucdmc.ucdavis.edu/spirulina_study.html

Em abril de 1996, cientistas do Laboratório de Patogênese Viral do Instituto do Câncer Dana-Farber, da Escola de Medicina da Universidade de Harvard e das Fazendas Earthrise em Calipatria, Califórnia, fizeram a seguinte declaração: "Extrato aquoso de *Spirulina platensis* inibe a replicação de HIV-1 em linhagens derivadas de células T humanas e de células sanguíneas mononucleares periféricas humanas. Uma concentração de 5 a 10 mg/ml conseguiu reduzir a produção viral." HIV-1 é o vírus da aids. Pequenas quantidades de extrato de espirulina reduziram a replicação viral, enquanto altas concentrações pararam totalmente sua reprodução. Mais importante, com um índice terapêutico de >100, o extrato de espirulina não é tóxico para células humanas em concentrações que impedem a replicação viral.

Outro grupo de médicos publicou novos estudos a respeito de um extrato purificado aquoso único para espirulina chamado *calcium-spirulan*. Ele inibe a replicação *in vitro* de HIV-1, herpes simples, citomegalovirus humano, vírus da influenza A, caxumba e sarampo e ainda é muito seguro para células humanas. Ele protege células humanas e de macacos de infecções virais em culturas de células. De acordo com artigos reportados por jornais científicos, revisões desses estudos feitas por outros cientistas afirmam que este extrato "traz uma grande esperança para o tratamento de ... HIV-1, HSV-1 e infecções por HCM, o que é particularmente vantajoso para pacientes com aids que são propensos a essas infecções potencialmente letais."

Fonte: "The Study of Spirulina: Effects on the AIDS virus, Cancer and the Immune System." The San Francisco Medical Research Foundation.

Referências adicionais à espirulina

LIVRO

Challem, J. 1981. *Spirulina.* New Canaan, CT.: Keats Publishing.

ARTIGOS

Baojiang, G., et al. "Study on effect and mechanism of polysaccharides of spirulina on body immune function improvement." *Proc. of Second Asia Pacific Conf. on Algal Biotech.* Univ. of Malaysia, 1994, pp. 33-38.

Besednova, L., et al. "Immunostimulating activity of lipopolysaccharides from blue-green algae." *Zhurnal Mikrobiologii, Epidemiologii, Immunobiologii,* 56 (1979): 75-79.

Cheng-Wu, Z., T. Chao-Tsi, e Z. Zhen. "The effects of polysaccharide and phycocyanin form Spirulina platensis on peripheral blood and hematopoietic system of bone marrow in mice." *Proceedings of the Second Asia-Pacific Conference on Algal Biotechnology.* National University of Singapore, 1994, p.58.

Hayashi, O., et al. "Class-specific influence of dietary Spirulina platensis on antibody production in mice." *Journal of Nutritional Science and Vitaminology* 44 (1998): 841-51.

Hayashi, O., T. Katoh, e Y. Okuwaki. "Enhancement of antibody production in mice by dietary Spirulina platensis." *Journal of Nutritional Science and Vitaminology* 40 (1994): 431-41.

Lisheng, et al. "Inhibitive effect and mechanism of polysaccharide of spirulina on transplanted tumor cells in mice." *Marine Sciences* 5 (1991): 33-38.

Qureshi, M., J. Garlish, e M. Kidd. "Dietary Spirulina platensis enhances humeral and cell-mediated immune functions in chickens." *Immunopharmacology and Immunotoxicology* 18 (1996): 465-76.

___________. "Immune enhancement potential of Spirulina platensis in chickens." *Poultry Science* 73 (1994): 46.

___________. "Immunomodulary effects of spirulina supplementation in chickens." In *Proc. of 44th Western Poultry Disease Conference* (1995), pp. 117-20.

Qureshi, M., e R. Ali. "*Spirulina platensis* exposure enhances macrophage phagocytic function in cats." Immunopharmacology and Immunotoxicology 18 (1996): 457-63.

Tornabene, T. et al. "Lipid and lipopolysaccharide constituents of *cyanobacterium Spirulina platensis.*" *Ecol Prog Serv.* 22 (1985):121.

Alga azul AFA

Referências em publicações científicas

ATOXICIDADE DAS ALGAS AZUIS AFA

O especialista em algas, dr. William Barry, examinou pessoalmente muitas florações da variedade AFA retirada do lago Klamath (e também de outros lagos) e nunca encontrou nenhum sinal de toxicidade. Uma pesquisa publicada por Rapala no *The Journal of Applied Phycology* (1993) confirmou as conclusões do dr. Barry; esta pesquisa enfaticamente afirma que a variedade AFA da alga não produz toxinas. Outra prova da segurança de seu uso é o fato de centenas de milhares de pessoas em todo o mundo terem consumido a variedade AFA da alga sem nenhum traço de toxicidade. A única ocasião que recomenda um uso mais cuidadoso da AFA é quando a pessoa está extremamente fraca, magra, desidratada, com a constituição corporal fria ou durante a gravidez.

Fonte: Comunicações pessoais entre Gillian McKeith, PhD e o dr. William Barry. *Miracle Superfood: Wild Blue-Green Algae*, n. d.

Uma reavaliação taxonômica da toxina paralisante de moluscos (saxitoxina) produzida pelas cianobactérias *Aphanizomenon flos-aquae* LMECYA31 foi feita usando morfologia e sequências do gene 16S rRNA. Nós descobrimos que a variedade LMECYA31 foi incorretamente identificada como *Aph. flos-aquae* baseados em (a) falta da formação de cachos de tricomas, (b) forma das células terminais das tricomas, (c) baixa similaridade (97,5%) nas sequências de genes 16S rRNA com relação àquelas do *Aph. flos-aquae* e (d) comparação dentro da árvore filogenética das sequências de genes 16S rRNA. A forma das células terminais das tricomas e a forma e o tamanho da célula vegetativa, heterocisto e acineto na variedade LMECYA31 têm características similares às mesmas estruturas da *Aph. issatschenkoi* (Ussachew) Proschkina-Larvernko. Sequências de genes 16S rRNA e grupos filogênicos construídos a partir das sequências de genes 16S rRNA confirmam nossa conclusão de que a variedade LMECYA31 é, na verdade, uma *Aph. issatschenkoi*, considerada atóxica. Considere também a situação de que populações naturais de *Aph. flos-aquae* foram colhidas e usadas como suplemento alimentar para humanos por mais de vinte anos (Carmichael et al. 2000). A questão da produção de cianotoxinas pela espécie *Aph. flos-aquae* merece uma observação mais próxima, e um bom ponto de partida é a reavaliação taxonômica de variedades que produzem cianotoxinas e que têm sido identificadas como *Aph. flos-aquae*. Descobrimos que a variedade NH-5 da cianobactéria produtora de PST Aphanizomenon era erroneamente identificada como *Aph. flos-aquae* baseada na forma da tricoma e nas sequências de genes 16S rRNA (Li et al. 2000). Então Pereira et al. (2000) relatou ter encontrado PSTs na variedade LMECYA31 da *Aph. flos-aquae* isolada do Reservatório Montargil, em Portugal. Todavia, micrografias e descrições em seu artigo mostram a variedade LMECYA31 com alongadas e transparentes células apicais, uma característica típica da *Aph. issatschenkoi*.

Fonte: Renhui, L., W. Wayne e P. Carmichael. "Morphological and 16S rRNDA gene evidence for reclassification of the paralytic shellfish toxin producting Aphanizomenon flos-aquae LMECYA31 as Aphanizomenon issatschenkoi (Cyanophyceae)." *J. Phycol.* 39 (2003): 814-18.

VITAMINAS NAS ALGAS AZUIS AFA

A composição vitamínica das algas AFA é muito superior à de qualquer suplemento multivitamínico em comprimidos. Em um recente estudo realizado no Yale New Haven Hospital, 257 marcas de suplementos multivitamínicos em comprimidos foram avaliados. O estudo concluiu que 80 por cento dos comprimidos eram inadequados, incompletos ou desbalanceados. Com algas AFA selvagens, a composição e o balanço das vitaminas está em perfeita harmonia com a bioquímica humana para máxima utilização.

Fonte: Bell, L. S., e M. J. Fairchild. *American Dietetic Association* 87 (1987): 341.

FICOCIANINA EM ALGAS AZUIS AFA

A ficocianina é o pigmento que dá às algas AFA essa coloração, é uma proteína que tem sido exibida como inibidora da formação de colônias de células cancerosas. Esses vários pigmentos interagem com um pigmento no corpo humano chamado bilirrubina, para manter o fígado funcionando em ótimas condições e para ajudar na digestão dos aminoácidos. A ficocianina ajuda a otimizar a capacidade dos aminoácidos fundamentais na formação dos neurotransmissores, o que melhora, e muito, o funcionamento de nosso cérebro.

Fonte: Troxler, R., e B. Saffer. "Algar Derived Phycocyanin." Harvard Scholl of Dental Medicine, Ass. Dental Research General Session Paper, 1987.

AS PROPRIEDADES ANTI-INFLAMATÓRIAS DAS FICOCIANINA

A ficocianina é conhecida por ter importantes propriedades anti-inflamatórias e antioxidantes. Em diversos tipos de inflamações em animais, a ficocianina tem provado dimunuir ou prevenir as inflamações.

Fontes: Romary, et al. "Antioxidant and anti-inflammatory properties of Cphycocyanin from blue-green algae." *Inflamm Res.* 47 (1998): 36 - 41.

Romary, et al. "Further studies on anti-inflammatory activity of phycocyanin in some animal models of inflammation." *Inflamm Res.* 47 (1998): 334 - 8.

FORTALECIMENTO DO SISTEMA IMUNOLÓGICO COM O USO DA ALGA AZUL AFA

A grândula timo é ativada quando há, no corpo, uma alta concentração de betacaroteno. Ativada, a glândula timo pode controlar, de forma efetiva, o sistema imunológico. O betacaroteno é fundamental para o sistema imunológico e pode ainda inibir o desenvolvimento de células cancerosas. A alga azul contém uma quantidade extraordinariamente alta de betacaroteno.

Fonte: Seifter, E. G. Rettura, J. Seiter, et al. "Thymotropic action of Vitamin A." *Fed. Proc.* 32 (1973): 947

Pesquisadores descobriram que uma proteína bacteriana conhecida por reduzir a habilidade do (HIV) vírus da imunodeficiência humana de infectar as células, também inibe infecções causadas pelo vírus ebola. Pequisadores do National Cancer Institute's Molecular Targets Discovery Program, nos Estados Unidos, publicaram na revista *Antiviral Research* que a proteína antiviral da alga AFA conhecida como cianovirina-N (CV-N), conseguiu aumentar o tempo de sobrevivência dos ratos de laboratório infectados pelo vírus ebola.

Esse estudo, feito em colaboração com pesquisadores do U.S. Army Medical Reserch Institute of Infections Diseases, the Centers for Disease Control and Prevention, e do National Institute of Diabetes and Digestive and Kidney Diseases, forneceu informações importantes sobre o processo da infecção pelo vírus ebola. Atualmente, não há tratamento para o ebola, que causa uma severa, e quase sempre fatal, febre hemorrágica.

Fonte: Barriento, L. G., et al. "Cyanovirin-N binds to the viral surface glycoprotein GP1, 2 and inhibits infectivity of Ebola vírus." *Antiviral Res. 58 (2003): 47 - 56.*

Fontes adicionais: http://www.applidehealth.com/bga_biomodulator_report.html

Jensen, Gitte S., Donald I. Ginsberg, e Christian Drapeau. "Blue-Green Algae as an Immuno-Enhancer and Biomodulator." Este artigo faz uma revisão das provas científicas do efeito imunomodulador da alga azul e de alguns dos efeitos comprovados sobre a saúde.

PROBLEMAS DE PELE

Meu programa é o seguinte: um acréscimo diário à dieta de 3 colheres de sobremesa (aproximadamente 6 gramas) cheias de alga azul em pó. A alga AFA é rica em GLA, o ácido gamalinoleico, um ácido graxo essencial ômega-6 que pode, com frequência, ajudar no conserto de problemas com o metabolismo das gorduras (fonte de muitos problemas de pele). O grande volume de clorofila contido nessa alga ajuda a purificar o sangue das toxinas que causam as erupções de pele. A vitalidade da pele está sempre relacionada com as condições do pulmão do indivíduo, e também de seus rins e fígado. Por exemplo, se seus rins estão congestionados, é como se sua pele não tivesse vida nenhuma nela. Para mim, um profissional da saúde, uma pele com problemas é sempre uma "bandeira vermelha", um forte indicador de que pulmões, fígado e rins devem ser checados. Quando estes órgãos estão sobrecarregados, as toxinas acabam sendo secretadas pela pele. As propriedades moleculares da alga AFA podem proteger e restaurar o fígado e os rins, livrando-os das toxinas.

Fonte: McKeith, Gillian. *Miracle Superfood: Wild Blue-Green Algae.* Los Angeles Keats Publishing, 1999.

INFORMAÇÕES SOBRE A CLOROFILA CONTIDA NA ALGA AZUL AFA

Pesquisas científicas e também a medicina popular produziram provas das propriedades de combate ao câncer e de cura da clorofila. Por exemplo, estudos recentes mostram que a clorofilina, uma forma de clorofila solúvel em água, protege contra certas formas de câncer no fígado com uma concentração similar da que é encontrada nos vegetais de folhas verdes.

Fontes: Breinholt, et al. "Dietary chlorophylin is a potent inhibitor B1 hepatocarcino-genesis in Raiwbow trout." *J. Cancer Res.* 55 (1995): 57 - 62.

Hernaez, et al. "Effcts of tea and chlorophyllin on the mutagenicity of N-hydroxy IQ: studies of enzyme inhibition, molecular complex formation, and degradation/scavenging of the active metabilites." *Environ Mil Mutagen.* 30 (1997): 468 - 74.

Negishi, et al. "Antigenotoxic activity of natural chlorophylls." *Mutat Res.* 376 (1997): 97 - 100.

Park, S. "Chemoprevebtive activity of chlorophyllin against mouse skin carcinogenesis by benzo (a)pyrene and Enzo(a)pyrene-7-8-dihydrodiol-9,10-epoxide." *Cancer Lett.* 102(1996): 143-9.

ÁCIDOS GRAXOS ÔMEGA-3 POLI-INSATURADOS NA AFA

Ácidos graxos essenciais relativos a dietas, especialmente os ácidos graxos essenciais ômega-3, são conhecidos por serem extremamente benéficos para os sistemas imunológico, cardiovascular e nervoso. É interessante notar que aproximadamente 50 por cento dos lipídios contidos na AFA secas são compostos de ácidos graxos essenciais ômega-3 (na sua grande maioria, ácido alfa-linoleico).

A dieta comum na América, a dieta que a maioria da população pratica, é reconhecidamente carente de ácidos graxos ômega-3. Tal deficiência está sempre ligada a doenças cardiovasculares, imunodepressão, artrite, problemas mentais e problemas de pele.

Além disso, sabe-se que os ácidos graxos ômega-3 podem prevenir que as plaquetas sanguíneas se aglomerem e baixam o colesterol. O consumo de ácidos essenciais, geralmente de ômega-3, também já provou inibir muitas formas de câncer, especialmente de mama, próstata, pâncreas e cólon. Também há evidências de que os ácidos graxos ômega-3 podem ser de grande ajuda em neuropatias associadas com diabetes.

Fontes: Bierve, K. S., Btekke, O. L., Fougner, K. J. & Midthiell, K. "Omega-3 and omega-6 fatty acids in serum lipids and their relationship to human disease". In: *Dietary Omega-3 and Omega-6 Fatty Acids: Biological Effects and Nutritional Essentially,* ed. C. Galli, C & Simopoulos, A. P.), New York: Plenum Publishing, 1989, pp. 241-252.

Catalan J, et. al. "Cognitive deficits in docosahexaenoic acid-deficient rats." *Behav Neurosci* 116(2002): 1022-31.

DeWille et al. "Effects of essential fatty acid deficiency, and various levels of dietary polyunsaturated fatty acids, on humoral immunity in mice." *J Nutr* 109 (1979): 1018-1027.

Hibben e Salem. "Dietary polyunsaturated fatty acids and depression: when cholesterol does not satisfy." Am j Clin Nutr. 62 (1995): 1 - 9

Galli and Simpoulos. "Dietary omega 3 and omega 6 fatty acids: Biological effects and nutritional essentiality." NATO ASI Series: Life Sciences, vol. 171 (New York: Pleem um Press, 1989), p. 452.

Jamal, G.A., H. Carmichael, and A.I. Weir, "Gamma-linolenic acid in diabetic neuropathy. *Lancet* 8489 (1986): 1098.

Houtsmuller, A.J., J. van Hal-Ferwerda, K. J. Zahn, and H. E. Henkes, "Favorable influences of Linoleic acid on the progression of diabetic micro- and macro-angiopathy in adult onset diabetes mellitus." *Prog, Lip. Res.* 20 (1981): 377

Kremer et al. "Different doses of fish-oil fatty acid ingestion in active rheumatoid arthritis: a prospective study of clinical and immunological parameters." *Dietary Omega-3 and Omega-6 Fatty Acids: Biological Effects and Nutritional Effects and Nutritional Essentiality,* Ed. C. Galli, and Simopoulos. New York: Plenum, 1989, pp. 343-350.

Kremer et al. "Fish-oil fatty acid supplementation in active rheumatoid arthritis. A double-blind controlled, crossover study." *Ann. Intern. Med.* 106(1987): 497-503.

Nordoy, A., and T. Simonsen. "Dietary n-3 fatty acids, experimental thrombosis and coronary heart disease in man." In: Proceedings of the AOCS short couse on plysaturated fatty acids and eicosanoids, ed. W.E.M. Lands. Boloxi, MS: American Oil Chemists Society, 1987, pp. 25 - 34

Karmali, R.A. "Dietary Omega-3 and Omega-6 fatty acids in cancer". In: *Dietary Omega-3 and* Omega-6 *Fatty Acids: Biological Effects and Nutritional Effects and Nutritional Essentia lity.* Ed. C. Galli, C & A. P. Simopoulos. New York: Plenum Publishing, 1989, pp. 351-360

Lagarde M., M. Cropset, and M. Hariarine "In vitro studies on docosahexaenoic acid in human plateelets." In: *Dietary Omega-3 and Omega-6 Fatty Acids: Biological Effects and Nutritional Effects and Nutritional Essentiality,* ed. C. Galli and A. P. Simopoulos. New York: Plenum, 1989, pp. 91-96

Siess, W., B. Scherer, B. Bohlig, P. Roth, I. Kurzmann, e P.C. Weber. 1980. "Platelet-membrane fatty acids, platelet aggregation, and thromboxane formation during a mackerel diet." *Lancet* 8166 (1980): 441-444

Spielman et al. "Biochemical and bioclinical aspects of blackcurrant seed oil: omega-3/omega-6 balanced oil." In: *Dietary Omega-3 and Omega-6 Fatty Acids: Biological Effects and*

Nutritional Effects and Nutritional Essentiality, ed. C. Galli, and A. P. Simopoulos. New York: Plenum, 1989, pp. 309-322.

Stevens et al. "Essential fatty acid metabolism in boys with attention-deficit hyperactivity disorder." *Am J Clin Nutr* 62 (1995): 761-768.

Sugano M., T. Ide, T. Ishida, K. Yoshida. "Hypocholesterolemic effect of gamma-linolenic acid as evening primrose oil in rats." *Ann Nutr Metab* 30 (1986): 289-99

Wargovich, M.J. "Experimental evidence for cancer preventive elements in foods." *Cancer Letters* 114 (1997): 11-17.

Wood et al. "Linoleic and eicosapentaenoic acids in adipose tissue and platelets and risk of coronary heart disease." *Lancet* (1987): 177-183.

Wright, S. and J.L. Burton, "Oral evening primrose seed oil improves atopic eczema". *Lancet* 8308 (1982): 1120-1122.

OS EFEITOS ESTIMULANTES DA AFA NAS CÉLULAS ELIMINADORAS NATURAIS

Células eliminadoras naturais, tipos de linfócito, são parte do sistema imunológico e em grande parte responsáveis por deter e destruir as células cancerosas e viralmente infectadas no corpo. Em um estudo cego duplo cruzado, o efeito imediato nas células eliminadoras naturais AFA foi avaliado em 21 voluntários saudáveis e normais. Duas horas após a ingestão da AFA, o que se pôde observar foi um significante decréscimo (40%) das células eliminadoras naturais no sangue. Esse dado foi interpretado como indicativo da migração das células eliminadoras naturais do sangue para os tecidos, o que promove uma frequente atuação delas nos tecidos. Análises mais cuidadosas dos dados revelaram que esse efeito praticamente não pôde ser detectado no primeiro grupo de voluntários que consumiram AFA. De qualquer forma, depois de poucas semanas de consumo diário de AFA, a migração aumentou e alcançou o patamar máximo. O estudo mostra que os benefícios da AFA no sistema imunológico não são cumulativos, mas são alcançados com consumo diário.

Fonte: Jensen, et al. "Consumption of Aphanizomenon flos aquae has rapid effects on the circulation and function of immune cells in humans." *JANA* 2 (2002): 50-58.

DEPRESSÃO

Há aproximadamente duas décadas descobriu-se que os índices de PEA no cérebro das pessoas com depressão eram mais baixos que os dos indivíduos normais e que a PEA ingerida oralmente podia reverter o quadro desses indivíduos.

Fontes: Sabelli, et al. "Urinary phenyl acetate: a diagnostic test for depression?" *Science* 4602 (1983): 1187-8.

Sabelli, et al. "Sustained antidepressant effect of PeA replacement." *J Neuropsychiatry Clin Neurosci.* 8 (1996): 168-71.

Sandler, et al. "Decreased cerebrospinal fluid concentration of free phenylacetic acid in depressive illness." *Clin Chim Acta.* 93 (1979): 169-71.

DISTÚRBIO DE DÉFICIT DE ATENÇÃO

A PEA é sintetizada pelo cérebro a partir de dois aminoácidos, a feniletilamina e a tirosina. É degradada pela enzima monoamina oxidase em ácido fenilacético que é eliminado na urina.

A PEA e o ácido fenilacético foram encontrados em menor quantidade na urina dos pacientes que sofriam de depressão e distúrbio de déficit de atenção. Os precursores da PEA, a feniletilamina e a tirosina, também se encontram em menor quantidade no plasma de crianças que sofrem de distúrbio de déficit de atenção.

Fonte: Baker, et al. "Phenylethylaminergic mechanisms in attention-defecit disorder." *Biol Psychiatry* 29 (1991): 15-22.

Um estudo em particular sobre a AFA azul é especialmente esclarecedor. Ele envolveu 109 crianças com idade média de 9 anos (55 meninas e 54 meninos) que estavam ingerindo alga AFA e cujos pais responderam a um anúncio colocado em duas revistas nos Estados Unidos. Os pais preencheram um questionário-padrão detalhado que incluía perguntas sobre as condições físicas da criança, aproveitamento escolar e histórico do comportamento das crianças. Ao final de dez semanas de estudo, os pais preencheram outro questionário que perguntava por melhoras. Os pais especificamente ressaltaram "uma melhora significativa nas crianças, no que diz respeito à capacidade de concentração, cumprimento de ordens e atenção. Notaram-se poucos sintomas de ansiedade e de retração". Os professores envolvidos no estudo também disseram que "houve melhora na atenção e na concentração, redução da agressividade e melhora no comportamento geral. Desse modo, os resultados do estudo indicam que "mudanças significativas e positivas dessas crianças ficaram evidentes em seu comportamento e ficou claro também que todas elas puderam aumentar sua capacidade de concentração e de atenção quando a alga AFA foi inserida em suas dietas cotidianas".

Fonte: C.J. Jarratt, M. D. Jewett, S. Peters, e E. Tragash. *The Children and Algae Report.* Center For Family Wellness Study, 1995.

Um estudo conduzido pela Univerdade da América Central, em 1995, investigou os efeitos que aproximadamente 1 grama de alga AFA azul teria nas performances acadêmicas assim como na saúde de um modo geral. Eles monitoraram por seis meses um grupo de 111 crianças que ingeriram a alga AFA azul e compararam os resultados com os de um grupo de controle com o mesmo número de crianças. Foi notada grande melhora nas crianças que ingeriram a alga AFA azul, especialmente no que diz respeito à participação nas atividades escolares, assim como na capacidade de concentração e no cumprimento de tarefas.

Fonte: Seveilla, I., Aguirre, N. 1995. "Study of the effects of Super Blue Green Algae™ on the nutritional status and school performance of firstm second and third grade children attending the Monsenor Velez School in Nandaime, Nicaragua." Cell Tech.

A AFA ESTIMULA A MOBILIZAÇÃO DAS CÉLULAS-TRONCO

Estudos investigaram se células-tronco injetadas intravascularmente ou endogenamente e liberadas pela medula podem atravessar a barreira hematoencefálica, migrar e depois se diferenciar da células cerebrais. As células da medula, juntamente com monócitos e macrófagos, são conhecidas por terem a habilidade de atravessar a barreira hematoencefálica e alcançar o cérebro.

Fontes: Hickey, W.F. "Leukocyte traffic in the central nervous system: the participants and their roles." *Semin Immunol.* 11 (1999): 125-37.

Knopf, et al. "Antigen-dependant intrathecal antibody synthesis in the normal rat brain: tissue entry and local retentetion-specific B cells." J. Immunol. 161 (1998): 692-701.

Mezey, et al. "Turning blood into brain cells bearing neuronal antigens generated in vivo from bone marrow." Science 290 (2000):1779-1782

Williams and Hockey: "Traffic of hematogenous cells through the central nervous system." *Curr. Top. Microbiol. Immunol.* 202 (1995): 221-245

Baseado em informações produzidas por várias equipes de cientistas, Jensen *et al* recentemente propuseram a "Teoria da célula-tronco da cura, reparação, regeneração e cuidados". Essa teoria inovadora sugere que as células-tronco da medula óssea deixam a medula óssea e percorrem o corpo, gerando cura e reparação a órgãos durante toda a vida do indivíduo. Em outras palavras, as células-tronco da medula óssea de um adulto podem ser um dos mecanismos naturais que o corpo humano utiliza para se curar, regenerar e reparar.

Fonte: Jensen and Drapeau. 2002. "The use of in situ bone-marrow stem cells for the treatment of various degenerative disease." *Med Hypothesis.* 59 (2002): 422 - 428.

ESTIMULANDO A MIGRAÇÃO DAS CÉLULAS DA IMUNIDADE

As células eliminadoras naturais são conhecidas por realmente eliminarem células cancerosas viralmente infectadas. Elas destroem as células alteradas devido ou a uma infecção viral ou uma malignidade transformadora. Elas funcionam interrompendo as funções das células afetadas e ativando a morte celular programada. Apesar de as células eliminadoras naturais serem encontradas normalmente no sangue, é nos tecidos que elas realmente atuam na vigilância e varredura, eliminando as células infectadas ou cancerosas.

Várias substâncias são conhecidas por estimular a atividade das células eliminadoras naturais, como o chá verde e o ginkgo biloba. Mas até a recente descoberta da AFA, nenhuma substância natural era conhecida por estimular as células eliminadoras naturais a migrar para os tecidos para buscar e destruir as células "doentes".

Essa pesquisa sugere que comer AFA diariamente estimula o sistema imunológico a ajudar na prevenção do câncer assim como das doenças associadas às infecções virais. As propriedades anticancerigenas da AFA já foram bem estabelecidas por sua habilidade em prevenir o câncer no teste de Ames.

Fonte: Lahitiva, et al. "Antimutagenic properties of frehs water blue-green algae." *Folia Microbiol.* 39 (1994): 301 - 303.

RESUMO DA PESQUISA CIENTÍFICA SOBRE A AFA

Uma revisão completa dos benefícios empíricos da AFA foi feita por uma equipe de cientistas afiliados à Universidade de Illinois. A equipe era composta por um pesquisador forense e microbiologista, um cirurgião e três médicos clínicos.

Mais de duzentos casos que obedeciam a critérios rigorosos foram incluídos nesse estudo retrospectivo. O estudo concluiu que AFA parece atuar de forma efetiva no tratamento de várias infecções virais, fatiga crônica, distúrbio de déficit de atenção, depressão, doenças inflamatórias e fibromialgia. O estudo sugere com entusiasmo que a AFA atua nos sistemas nervoso e imunológico, e previne o processo inflamatório.

Fonte: Krylov, et al. Retrospective epidemiological study using medical records to determine which diseases are imporoved by Aphanizomenon flos-quae, submitted (2002).

Referências adicionais sobre a alga AFA

LIVROS

Drapeau, C. *Primordial Food: Aphanizomenon flos-quae, submitted.* Asheville, NC: Unity International, 2003.

McKeith, Gillian. *Miracle Superfood: Wild Blue-Green Algae.* Los Angeles: Keats Publishing, 1999.

Price, Weston. *Nutrition and Physical Degeneration.* San Diego: Price-Pottengr Nutririon Foundation, 2008.

WEBSITES

http://www.sunfood.com
http://www.e3live.com

Fitoplâncton marinho

Referências em publicações científicas

ESTUDOS DA NASA SOBRE A FORMAÇÃO DE NUVENS

O fundo de pesquisas da NASA confirmou uma antiga teoria: a de que fitoplâncton marinho pode bloquear alguns dos raios nocivos do Sol. O estudo foi conduzido por Dierdre Toole do *Woods Hole Oceanographic Instituion* (WHOI) e por David Siegel, da Universidade da Califórnia, Santa Barbara (UCSB).

O estudo descobriu que nos meses de verão, quando a luz do Sol atinge a superfície do oceano, onde está o plâncton, os raios nocivos do Sol, os raios de radição ultravioleta (UV), agridem as plantas. É a luz ultraviolta que causa queimaduras nos seres humanos.

Quando o plâncton é agredido ou submetido à condições desagradáveis, sua química muda. O plâncton tenta proteger a si mesmo produzinho um componente à base de enxofre chamado dimetilsulfonapropionato, que alguns cientistas acreditam ajudar a fortalecer as paredes celulares. Sua química é alterada por bactérias na água, e ela se transforma em uma outra substância, chamada DMS (dimetilsulfeto).

O DMS (dimetilsulfeto) evapora do oceano para o ar, onde se espalha como um pó fino. Essas pequenas partículas têm o tamanho exato para que gotas de água se condensem nelas e é isso que gera o começo da formação das nuvens. Assim, de forma indireta, o fitoplâncton marinho ajuda na formação de nuvens, e nuvens no céu significa que menos luz direta alcançará a superfície do oceano. Isso alivia os danos que os raios nocivos ultravioletas causam no plâncton.

Fonte: http://www.aaa.nasa.gov/vision/earth/environment/o702_planktoncloud.html

FURACÕES LEVAM SAL E PLÂNTON DOS OCEANOS CONTINENTES ADENTRO

Pesquisadores descobriram surprendentes evidências de sal marinho e plâncton congelado nas nuvens cirros frias e altas, remanescentes do furacão Nora, acima dos estados de planície nos Estados Unidos. Apesar do furacão de 1997 ter sido uma forte tempestade no Pacífico, suas nuvens mais altas de gelo cristalizado alcançaram milhares de quilômetros continente adentro, carregando consigo material do oceano até o coração dos Estados Unidos.

Kenneth Sassen, da Universidade de Utah, Salt Lake City, e da Universidade Fairbanks do Alasca; W. Patrick Arnott, do Desert Research Institute (DRI) em Reno, Nevada, e David O. Starr, do Goddard Space Flight Center da NASA, em Greenbelt, Maryland, escreveram juntos um trabalho sobre os efeitos distantes do furacão Nora. O trabalho foi publicado em abril de 2003 no *American Meteorological Society's Journal of Atmospheric Sciences.*

Cientistas ficaram surpresos ao descobrir o que aparentemente era plâncton congelado em alguns cristais de água em nuvens cirros, colhidos por uma aeronave de pesquisa em Oklahoma, que fica bem distante do oceano Pacífico. Essa foi a primeira vez que amostras da vida marinha, como o plâncton, foram examinadas em um microscópio e puderam comprovadamente ser vistas como núcleo de cristais de gelo em nuvens cirros de furacões.

PLÂNCTON PODE INFLUENCIAR MUDANÇAS CLIMÁTICAS, DIZ CIENTISTA DA UCSB

O plâncton parece ter papel mais importante na regulação do clima global, de acordo com nova pesquisa.

David Siegel, professor de geografia na Universidade da Califórnia, Santa Barbara, e diretor do Institute for Computational Earth System Science, fez essa descoberta com seu antigo aluno do doutorado, Dierdre Toole, membro do *Woods Hole Oceanographic Institute.*

Em um artigo de maio, na publicação científica *Geophysical Research Letters*, os cientistas explicaram sua pesquisa no mar de Sargaços, que fica aproximadamente 80 quilômetros ao sudoeste das ilhas Bermudas. O grupo de pesquisa de Siegel tem estado no local fazendo observações desde 1992.

O fitoplâncton são plantas minúsculas, formações unicelulares flutuantes. Ele vive na superfície do oceano, onde há luz suficiente para a fotossíntese, o que permite que cresça. Eles estão na base da cadeia alimentar do oceano, e sua produção ajuda a regular o ciclo de carbono da Terra. Eles também contribuem com o ciclo global de vários e importantes sistemas e substâncias, todos com implicações climáticas.

Um desses compostos é um gás orgânico volátil sulfuroso, chamado dimetilsulfeto, ou DMS. Cientistas defendiam, anteriormente, a teoria de que o DMS é parte do mecanismo de retroinformação do clima, mas, até agora, não havia ocorrido uma prova que ilustrasse como a redução da luz do Sol leva a uma dimunuição na produção do DMS. Essa é a grande revelação na pesquisa de Toole e de Siegel. Eles descrevem como o ciclo começa quando o oceano envia o DMS para a atmosfera através da evaporação. No ar, o DMS se divide numa série de componentes sulfurosos que atuam como núcleo condensador de nuvens, o que leva à sua formação. Com mais nuvens no céu, há menos luz do Sol chegando à Terra e o processo de produção de DMS é reduzido.

De acordo com a pesquisa, parece que o fitoplâncton produz componetes sulfurosos orgânicos (DMPS, DMS, DMSO) como uma defesa química contra os danos causados pela radiação ultravioleta e outros danos causados ao meio ambiente, de forma muito parecida ao que ocorre com nosso corpo que usam as vitaminas E e C para eliminar as moléculas que nos trazem danos celulares.

DMSO e o seu metabólito (o produto de seu metabolismo), o MSM (metilsulfonilmetano), são conhecidos por serem antioxidantes muito potentes e também são eficientes na nutrição humana e protegem a pele humana contra os danos causados pela radição ultravioleta.

"A relevância desse trabalho é que ele nos deu, pela primeira vez, provas obtidas através da observação que mostram que o mecanismo antioxidante do DMS completa o ciclo do clima em nosso planeta", disse Siegel. "As implicações são enormes. Agora nós sabemos que o fitoplâncton tem importância fundamental na reação global aos raios ultravioleta, e que sua resposta a eles é incrivelmente rápida, coisa de dias."

Fontes:

http://earthobservatory.nasa.gov///Newsroom/MediaAlerts/2002/200204258802.html
http://phytoplankton,gsfc.nasa.gov
http://www.mos.org/oceans/life/webs.html
http://en.wikipedia.org/wiki/Diatom

FITOPLÂNCTON SHEWANELLA E DMSO

A incrível diversidade de micróbios nas aberturas dos sistemas hidrotermais dos lagos da Antática subglacial é um testamento da inovação metabólica. Micróbios podem ser encontrados essencialmente em qualquer lugar e eles se beneficiam das mudanças químicas que geram energia usando uma série de ferramentas bioquímicas que possuem.

A *Shewanella* foi isolada em muitos ambientes aquáticos. A natureza cosmopolita dessas espécies é parecida por causa de sua incrível versatilidade respiratória. Várias cepas de *Shewanella* relatadas como usando aproximadamente vinte ativadores de elétrons terminais para respiração. Um destes componentes, o dimetilsulfóxido (DMSO), foi encontrado em concentrações significativas em ambientes aquáticos, às vezes representando a forma mais abundante presente de enxofre metilado. DMSO pode ser produzido a partir da oxidação fotoquímica do dimetilsulfeto (DMS), mas a sua maior fonte parece ser o fitoplâncton marinho. Outra fonte potencial é a oxidação bacterial do DMS para DMSO, apesar de não estar claro, ainda, se esse processo é importante nos sistemas marinhos. DMS pode ser produzido tanto da redução do DMSO quanto da quebra das enzimas do dimetil-sulfoniopropionato (DMPS). O DMPS, por sua vez, passa por uma grande variedade de fitoplâncton marinho como um osmorregulador, crioprotetor e eliminador de impurezas. Ao nível global, o ciclo DMSP/DMS/DMSO é importante no que diz respeito ao clima, porque o DMS é uma arma contra os gases do efeito estufa e tem impacto direto na formação de nuvens quando é produzido em quantidades significativas.

Apesar de sua importância, muito pouco se entende sobre a forma como as bactérias aquáticas produzem DMS através da respiração do DMSO. Embora acredite-se comumente que é um componente solúvel, o DMSO pode ser associado com materiais particulados em sistemas marinhos.

Aqui nós demonstramos que a redução do DMSO na *Shewanella oneidensis* está localizada fora da célula. A localização dessa enzima sugere que a aquisição do DMSO pode ser difícil nos ambientes em que a *Shewanella* pode influenciar o ciclo geoquímico do enxofre nos sistemas aquáticos.

A *Shewanella* é conhecida por sua versatilidade respiratória, incluindo sua habilidade para respirar até mesmo substâncias quase não solúveis, usando seu arsenal de enzimas que se localiza do lado de fora da célula. Esse estudo mostra que a respiração do DMSO é um processo respiratório extracelular através da análise de mutações defectíveis nas secreções de tipo II, que são necessárias para transportar proteínas para membranas mais afastadas da *Shewanella*. Além disso, a caracterização por *imuno* das subunidades da DMSO redutase revela que elas se localizam no folheto exterior da membrana em condições anaeróbicas. A localização extracelular da DMSO redutase na *Shewanella oneidensis* sugere que esses organismos podem distinguir o DMSO no meio ambiente como um componente insolúvel.

Fonte: http://www.pubmedcentral.nih.gov/articlerender.fcgi?artid=1450229
"Extracellular respiration of dimethyl sulfoxide by *Shewanella oneidensis* strain MR-1"
Jefrey A. Gralnick, Hojotollah Vali, Douglas P. Lies e Dianne K. Newman (2005)

A COMPLEXIDADE DA EPA E DO DHA DO FITOPLÂNCTON NA REGULAÇÃO DOS ECOSSISTEMAS MARINHOS

Sumário: uma cadeia longa n-3 de ácidos graxos polissaturados (LCn-3 PUFAs) como a EPA e a DHA é uma importante biomolécula que regula a produção nos ecossistemas marinhos. Esse estudo examinou como a interação na interface do fitoplâncton-zooplâncton afeta a transferência do LCn-3 PUFAs para níveis tróficos (de nutrição) mais altos. Os dinoflagelados heterotróficos apresentam níveis mais altos de EPA e de DHA, que as algas que consomem, o que nos sugere que os dinoflagelados heterotróficos aumentam o valor nutricional das algas de baixa qualidade e a transferência subsequente para o próximo nível trófico. A formação de EPA e de DNA nos dinoflagelados parece ser alcançada pelo alongamento e desaturação das cadeias curtas de ácido graxo melhor do que através da síntese "de novo" (síntese de novas moléculas de ácidos graxos de precursores absorvidos do sangue). Os ácidos graxos contidos nos copépodes *Acartia tonsa* são semelhantes aos ácidos graxos de suas presas, o que corrobora a ideia de que os heterótrofos dependem de sua dieta para obter esses nutrientes e que seu valor nutricional está sujeito ao tipo de comida que consomem. A transferência de DHA para *A. tonsa* foi melhorada pelo fato de ele se alimentar de dinoflagelados heterotróficos que se alimentam das algas pobres em nutrientes, ao invés de comer a alga direto. Dessa forma, os copépodes onívoros podem compensar as deficiências de sua dieta alimentando-se de presas variadas.

A presença de EPA e de DHA podem ser usadas como indicadores do valor nutricional dos copépodes. *A. tonsa* alimentados com algas de baixo valor nutricional também afetam o conteúdo de ácido graxo de seus predadores. *Pseudopleuronectes americanus* alimentados com copépodes de baixa qualidade têm níveis mais baixos de EPA e de DHA que aqueles alimentados com copépodes com altos níveis de ácidos graxos. De qualquer forma, o conteúdo desses ácidos graxos não tem efeito direto na média de crescimento dos peixes. As descobertas deste estudo não corroboram que o consumo de LCn-3 PUFAs é fator importante para regular o crescimento de peixes jovens. Esses resultados, embora desencorajadores, não podem ser determinantes em explicar o papel do n-3 PUFAs na saúde dos peixes. É possível que, devido a limitações alimentares, o efeito da qualidade dos alimentos tenha sido confundido.

Dados coletados em campo em um criadouro de *P. americanus* mostrou que a quantidade de EPA e de DHA nas presas dos peixes no momento do teste era baixa. A pouca disponibilidade desses ácidos graxos no plâncton sugere que seu estuário é, às vezes, inadequado para sustentar o crecimento e o desenvolvimento do *P. americanus*. EPA e DHA são essenciais para o crescimento do *P. americanus*; embora, claro, apenas os baixos índices de LCn-3 PUFAs não possam ser apontados como os únicos responsáveis a explicar as diferenças nas médias de crescimento. Fica claro que estudos mais aprofundados se fazem necessários: estudos que combinem fatores químicos, físicos e biológicos, que avaliem de forma cuidadosa as condições de alimentação no criadouro.

Fonte: Veloza, Adriana J. "Transfer of Essential Fatty Acids by Marine Phytoplakton.", tese apresentada na Faculty of the School of Marine Science (The College of William and Mary), 2005.

Referências adicionais sobre o fitoplâncton marinho

ARTIGOS E WEB SITES

www.sunfood.com (Ocean's Alive Marine Phytoplankton)

Mike Adams. Agosto de 2008. "Marine Phytoplankton is Nest Revolutionary Superfood for Disease Prevention and Extraordinary Health."
http://www.naturalnews.com/023853.html

Aloe vera

Referências em publicações científicas

ESTIMULANDO A ATIVIDADE DOS ANTIOXIDANTES

Os índices de antioxidantes, particularmente a glutationa, são baixos em doenças como síndrome da fatiga crônica, fibromialgia e síndrome da Guerra do Golfo; e um aumento dos radicais livres também costuma ocorrer nessas ocasiões. Em estudos realizados com seres humanos, *Cordyceps* e Cs-4 são vistos como eliminadores de radicais livres e, por isso, podem ser benéficos. E em estudos com animais e *in vitro*, extratos de *Aloe vera*, polissacarídeos K e cogumelos reishi foram grandes estimuladores da produção de glutationa, que destrói radicais livres.

Fontes: Kim H S; Kacew S; Lee B M "In vitro chemopreventive effects of plant polysaccharides (*Aloe barbadensis miller, Lentinus edodes, Ganoderma lucidum and Coriolus versicolor*)." *Carcinogenesis* 20(1999):1637-40.

Pang, Z. J., Y. Chen, M. Zhou, e J. Wan. "Effect of polysaccharide krestin on glutathione peroxidade gene expression in mouse peritonela macrophages." *Br J Biomed Sci.* 57 (2000): 130-36.

Richards, R. S., T. K. Roerts, R. H. Dustan, et al. "Free radicals in chronic fatigue syndrome: cause or effect?" Redox Rep. 5 (2000): 146-147.

Sabeh, F., T. Wright, e S. J. Norton. "Purification and charactetization of a glutathione peroxidase from the aloe vera plant." *Enzyme Protein.* 47 (1993): 92-98.

Zhu, J. S., G. M. Halpern, e K. Jones. "The scientific rediscovery of an ancient Chinese herbal medicine: *Cordyceps* sinensis (Part I)." *J Altern Complement Med.* 4 (1998): 295.

ARTRITE REUMATOIDE

Nós sabemos mais sobre os efeitos da *Aloe vera* na artrite, pelo menos em se tratando de animais. Quando pesquisadores cuidaram de ratos de laboratório com artrite usando *Aloe vera,* o resultado indicou 50% de diminuição na inflamação. Mastócitos (células do tecido conjuntivo, originados de células mesenquimatosas), ativados em quadros alérgicos e em doenças autoimunes, também sofreram diminuição de 48%. Além disso, a *Aloe vera* estimulou o crescimento dos fibroblastos que crescem e reparam o tecido. Outro estudo indica que o extrato de *Aloe vera* decididamente inibe a indução da artrite, edema e da inflamação nos roedores.

Fontes: Davis, R. H., e N. P. Maro. "*Aloe vera* and gibberellin. Anti-inflammatory activity and diabetes." *J Am Podiatr Med Assoc.* 79 (1989): 24-26.

Davis, R. H., G. J. Stewart e P. J. Bregman. "Aloe vera and the inflamed synovial pouch model." *J Am Podiatr Med Assoc. 82 (1992):* 140-48

Saito, H., T. Ishiguro, K. Imanishi, e I. Suzuki. "Pharmacological studies on plant lectin aloctin A. II. Inhibitory effect of aloctin A on experimental models of inflammation in rats." Jpn Pharmacol. 32 (1982): 139-42.

DIABETES JUVENIL

Em 1981, pesquisadores examinaram a mucosa dos intestinos de dez pacientes com doença de Crohn e compararam as amostras com amostras normais de um grupo de controle. Mais da metade dos cólons normais registraram oito ou mais monossacarídeos, enquanto que aproximadamente um quarto daquelas com a doença de Crohn e colite ulcerativa registrou oito ou mais desses açúcares. O que pode vir a ajudar as pessoas com esses problemas é a *Aloe vera.* Em uma série de experiências com seres humanos, o acemanano, uma substância produzida pelo *Aloe vera,* melhorou a digestão e a absorção, e aumentando o nível da flora bacteriana no trato digestivo, reduzindo a fermentação e os níveis de pH. Além disso, nós sabemos que açúcares chamados arabinogalactanos podem ajudar aqueles que têm problemas no trato digestivo, incluindo síndrome do intestino irritável. Os gliconutrientes são digeridos de forma insuficiente e fermentam no intestino grosso. E embora isso soe como algo a ser evitado, na verdade é bom: a fermentação produz cadeias curtas de ácidos graxos, cruciais para prevenir e aliviar a diarreia. Um dos componentes mais importantes dos ácidos graxos se chama ácido butírico, e é de suma importância metabólica para a saúde do cólon.

Fontes: Clamp, J. R., G. Frasier, and A. E. Read. "Study of the carbohydrate content of mucous glycoproteins from normal and diseased colons." *Clin Sci* (Colch). 61 (1981): 229-34.

Kelly, G. S. "Larch arabinogalactan: Clinical relevance of a novel immuneenhancing polysaccharide." *Altern Med Rev.* 4 (1999): 96-103.

Reynolds, T., and A. C. Dweck. "Aloe vera leaf gel: A review update." J *Ethnopharmacol.* 68 (1999): 15.

RADIAÇÃO E GLICONUTRIENTES

Descobriu-se que gliconutrientes, incluindo o cogumelo de reishi e *Aloe vera*, diminuem as náuseas provocadas pela radiação em animais e contribuem para uma recuperação mais rápida. Animais que receberam esses gliconutrientes tiveram ganho de peso mais rápido e ficaram menos nauseados, e seus hemogramas voltaram ao normal mais rápido do que os hemogramas do grupo de controle que foi irradiado, mas não recebeu gliconutrientes. As preparações tópicas também provaram ser úteis. Em um estudo duplo-cego em ratos, realizado no renomado M.D. Anderson Cancer Center em Houston, Texas, um gel tópico contendo acemanano de *Aloe vera* reduziu significativamente as reações da pele à radiação. O gliconutriente também aumentou a quantidade de radiação necessária para causar danos à pele. Pesquisadores descobriram que o gel foi mais eficaz quando aplicado diariamente durante pelo menos duas semanas, imediatamente após cada sessão de radioterapia. Os cientistas descobriram que *Aloe vera* não funciona quando aplicada antes da irradiação ou uma semana após a irradiação.

Fontes: Egger, S. E, G. S. Brown, L. S. Kelsey, et al. 1996. "Hematopoietic augmentation by a beta-(I,4)-linked mannan." *Cancer Immunol Immunother.* 43 (1996): 195-205.

Hsu, H. Y., S. L. Lian, and C. C. Lin. "Radioprotective effect of Ganoderma lucidum (Leyss. Ex. Fr.) Karst after X-ray irradiation in mice." *AM I Chin Med.* 18 (1990): 61-69.

Pande, S., M. Kuyrnar, and A. Kumar. "Radioprotective efficacy of aloe vera leaf extract." *Pharmaceut Biol.* 36 (1998): 227-232.

Roberts, D. B., and E. L. Travis. "Acemannan-containing wound dressing gel reduces radiation-induced skin reactions in C3H mice." *lnt J Radiat Oncol Bioi Phys. 32* (1995): 1047-52.

ALOE VERA, MELATONINA, CÂNCER

Em um estudo realizado em Milão, Itália, 26 pacientes com tumores sólidos avançados (incluindo cânceres de mama, de trato gastrointestinal, cérebro e pulmão), que não haviam respondido ao tratamento convencional, foram tratados diariamente com 20 miligramas de melatonina, que demonstrou induzir alguns benefícios para pacientes de câncer com metástases não tratáveis. Outros 24 pacientes receberam 20 miligramas de melatonina diariamente e mais uma tintura (de base alcoólica líquida) de *Aloe vera*, 1 mililitro duas vezes ao dia. Uma resposta parcial foi alcançada em 2 dos 24 pacientes tratados com melatonina mais *Aloe vera*, enquanto nenhum dos pacientes tratados apenas com melatonina apresentou melhora. Além disso, o câncer estabilizou em catorze dos pacientes tratados com *Aloe vera*, contra apenas sete dos pacientes tratados com melatonina.

Fonte: Lissoni, P., L. Giani, S. Zerbini, et al. "Biotherapy with the pineal immunomodulating hormone melatonin *versus* melatonin plus *Aloe vera* in untreatable advanced solid neoplasms." *Nat Immun.* 16 (1998): 27-33.

RETARDANDO A GORDURA, PRESERVANDO O MÚSCULO

Usando uma varredura de DEXA, que mede a porcentagem de gordura corporal e massa magra (e que também pode medir a densidade óssea), os pesquisadores estudaram 136 pessoas com sobrepeso. Um grupo foi submetido a drogas para perda de peso, uma dieta recomendada e a um plano de exercícios em sintonia com sua meta de peso. Outro grupo foi submetido a uma droga para perda de peso, um plano de dieta e exercícios, bem como extratos de *Aloe vera* e fitoquímicos (frutas e legumes liofilizados). O terceiro grupo foi submetido a um plano de dieta e exercício, *Aloe vera* e suplementos de fitoquímicos, mas sem drogas para perda de peso.

Varreduras DEXA foram realizadas no início e no final dos sessenta dias de estudo. Os cientistas descobriram que aqueles tratados com gliconutrientes e fitoquímicos ganharam consistentemente massa magra e perderam gordura em um grau mais significativo do que aqueles que apenas usaram drogas.

Especificamente, o grupo que usou apenas drogas perdeu 0,8 por cento de gordura corporal se comparado aos 4 por cento do grupo que tomou drogas mais suplemento e 3,5 por cento do grupo que usou apenas suplemento. O grupo que usou apenas drogas perdeu 1,3 quilo de músculo, enquanto o grupo usando drogas mais suplemento ganhou 1,08 quilo de músculo e o grupo que utilizou apenas suplemento *ganhou* quase 1,8 quilo de músculo. Os dois grupos que tomaram drogas para perda de peso perderam cerca de 3,8 quilos cada, enquanto o grupo usando apenas suplemento perdeu apenas 1,8 quilo, mas deve se manter em mente que este grupo ganhou mais massa muscular que os outros dois grupos, e o músculo é mais denso e pesa mais que a gordura. Esse é o motivo pelo qual pessoas musculosas podem ser mais pesadas, mas parecem mais magras do que suas contrapartes flácidas.

Quanto da perda de peso pode ser atribuída à *Aloe vera* e aos fitoquímicos não é contemplado nesse estudo, embora estudos feitos em animais confirmem que o uso apenas de gliconutrientes ajuda na perda de peso. Em um estudo, cientistas da Kobe Pharmaceutical University, do Japão, alimentaram dez ratos jovens com altas doses de colesterol e triglicérides em uma dieta rica em gordura enriquecida com pó de cogumelo maitake. Os dez indivíduos controle receberam a dieta rica em gordura sem o pó de cogumelo. Depois de 24 dias, enquanto ambos os grupos ganharam peso, o grupo de controle ganhou consideravelmente mais. E com adição de maitake, os ratos que utilizaram maitake registraram níveis significativamente mais baixos de triglicérides e níveis totais de colesterol em relação ao grupo de controle no final do estudo.

Fontes: Kaats, G. R, S. C. Keith, H. A. Croft, et al. "Dietary supplements and a behavior modification plan improve the safety and efficacy of pharmacotherapy."*Adv Ther:* 15 (1998): 167-179.

Kubo, K., and H. Nanba. "The effect of maitake mushrooms on liver and serum lipids.' *Altern* Ther. 2 (1996): 62-66.

DANOS CAUSADOS PELO SOL

O protetor solar não faz nada para reverter os danos causados à pele uma vez que o estrago esteja feito. E se o dano for grave o suficiente, pode induzir a supressão de células de Langerhan, localizadas na epiderme, a camada exterior da pele. Essa supressão resulta em imunidade reduzida na pele, o que pode preceder a malignidade. Células de Langerhan, um tipo de macrófago, coordenam as ações do sistema imunológico, orquestrando a cicatrização da pele. Gel de *Aloe vera* tem se mostrado eficaz para impedir a supressão dessas células em ratos, deste modo evitando a imunossupressão induzida pelos raios ultravioleta na pele. Nos animais, a capacidade de a *Aloe vera* previnir danos à pele causados pelo sol e pelo tratamento radioterápico para o câncer tem sido extensivamente documentada. Em 1994, uma pesquisa feita pela equipe do MD Anderson Cancer Center, em Houston,

Texas, descobriu que ratos expostos aos raios UVB mostraram diminuição da resposta imune, com até 90 por cento menos atividade macrofágica que nos grupos de controle. A exposição ao UVB pode suprimir a imunidade não só na pele, mas também em todo o corpo. A aplicação do gel de *Aloe vera* na pele, 24 horas após a exposição à luz ultravioleta, restaurou as células de Langerhan e as funções imunes tanto localmente como sistemicamente. Os cientistas da M.D. Anderson também relataram que as células normais da pele expostas aos raios ultravioleta mostraram diminuição da resposta imune, mas extratos de *Aloe vera* restauraram a resposta do sistema imunológico ao normal.

Fontes: Byeon, S. W., et al. "*Aloe barbadensis* extracts reduce the production of interleukin-10 after exposure to ultraviolet radiation." *J Invest Dermatol. 110* (1998): 811-17.

Lee, C. K, S. S. Han, Y. K Mo, et al. "Prevention of ultraviolet radiation-induced suppression of accessory cell function of Langerhans cells by *Aloe vera* gel components." *Immunopharmacology.* 37 (1997): 153-162.

__"Acemannan-containing wound dressing gel reduces radiation-induced skin reactions in C3I I mice." *Int* J *Radiat Oncol Bioi Phys.* 32 (1997): 1047-52.

Strickland, F. M., R. P. Pelley, and M. L. Kripke. "Prevention of ultraviolet radiationinduced suppression of contact and delayed hypersensitivity by Aloe barbadensis gel extract." *J Invest Dermatol.* 102 (1994): 197-204.

OUTROS GLICONUTRIENTES

Aloe vera e psílio podem também baixar o colesterol. Em cinco anos de estudo controlado de 5.000 pacientes com angina – dor no peito provocada por fluxo insuficiente de sangue para o coração por doença arterial coronariana – os participantes que receberam *Aloe vera* e cascas de Isabgol, uma fibra de psílio que contém polissacarídeos, conseguiram uma notável redução do colesterol total, triglicérides e lipídios totais, bem como um aumento do HDL. O quadro clínico melhorou, também: a frequência de ataques de angina caiu e os pacientes necessitaram de menos medicamentos, incluindo medicamentos chamados beta-bloqueadores, comumente usados para tratar doenças do coração. Curiosamente, os pacientes que mais se beneficiaram foram os diabéticos. Outros estudos têm confirmado a capacidade do psílio para diminuir o LDL e diminuir a absorção de colesterol em homens com colesterol alto.

Fontes: Agarwal, O. P. "Prevention of atheromatous heart disease. *n Angiology 36* (1985): 485-92.

Everson, G. T., B. P. Daggy, C. McKinley, and J. A. Story. "Effects of psyllium hydrophilic mucilloid on LDL-cholesterol and bile acid synthesis in hypercholesterolemic men." *J Lipid Res.* 33 (1992): 1183-92.

Referências adicionais sobre Aloe vera

LIVROS

Mondoa, Emil I., and Mindy Kitei. *Sugars That Heal.* New York: Ballantine Books, 2002.
Skousen, Mark B. *Aloe Vera Handbook.* Summertown, TN: Healthy Living Publications, 2003.

Cânhamo

Fatos interessantes sobre o cânhamo

Materiais feitos de cânhamo foram encontrados sob as cinzas das ruínas da cidade de Pompeia.

Os *vikings* utilizavam velas feitas de cânhamo.

Por volta do século VIII, as técnicas chinesas de manufatura de papéis feitos de cânhamo se espalharam pela Arábia e Pérsia.

Em torno de 1150, os mouros começaram a fabricar papéis feitos de cânhamo na Espanha.

Tanto a Bíblia de Gutemberg (do século XV) quanto a Bíblia do Rei James (do século XVII) foram impressas em papel de cânhamo.

Em 1619, a primeira lei da América sobre o cânhamo foi promulgada na colônia de Jamestown, "ordenando" que todos os fazendeiros plantassem cânhamo. Da mesma forma, as leis de cultivo obrigatório do cânhamo foram decretadas em Massachusetts, Connecticut e nas colônias em Chesapeake em meados de 1700.

A Declaração de Independência dos Estados Unidos foi escrita e assinada em papel de cânhamo.

Os primeiros jeans California 49er de Levi-Strauss foram feitos de lona de cânhamo (tecido de velas) e rebites.

As primeiras bandeiras americanas, incluindo a Old Glory, foram feitas de fibra de cânhamo.

O paraquedas que salvou a vida de George Bush, o pai, na Segunda Guerra Mundial era feito de fibra de cânhamo.

Referências adicionais sobre o cânhamo

LIVROS

Erasmus, Udo. *Fats That Heal, Fats That Kill.* Canada: Alive Publishing, 2001.
Jones, K. *Nutritional and Medicinal Guide to Hemp Seed.* Canada: Rainforest Botanical Laboratory, 1995.
McCabe, J. *Hemp: What the World Needs Now.* Manuscrito não publicado, 2008.
Suzar. *Drugs Masquerading as Foods.* Ojai, CA: A-Kar Productions, 1999.

WEB SITES

http://www.thehia.org/facts.html
http://naih e.org/hemp_information/hemp_facts.htmI
http://www.hempfarm.org/Papers/Hemp_Facts.html
http://www.globalhemp.com/Archives/FAQ/interesting_facts_on_hemp.html
http://www.ratical.org/renewables/plywood.html

Coco

Referências em publicações científicas

MAIS SOBRE AS CADEIAS MÉDIAS DE ÁCIDOS GRAXOS NO COCO

O coco desempenha papel único na dieta dos seres humanos porque é fonte de importantes componentes para o funcionamento fisiológico do corpo. Esses componentes essenciais para o funcionamento fisiológico são encontrados na gordura do coco-verde, na gordura do coco seco e no óleo de coco.

O ácido láurico, componente em maior quantidade dentro do ácido graxo na gordura do coco, há muito tempo já foi reconhecido por suas incríveis propriedades usadas inclusive em produtos não alimentícios, na indústria da limpeza e dos cosméticos. Mais recentemente, as propriedades únicas do ácido láurico também foram reconhecidas na indústria alimentícia, pois elas estão relacionadas com funções antivirais, antibacteriais e antiprotozoárias. Agora, o ácido cáprico, outro ácido que compõe o ácido graxo, foi posto na lista dos componentes antimicrobiais do coco. E também uma pesquisa recentemente publicada mostrou que dietas ricas em coco levam a uma normalização dos lipídios corporais, protegem o fígado contra os danos do álcool e melhoram o funcionamento do sistema imunológico e a resposta anti-inflamatória. Fica evidente que houve um aumento no reconhecimento dos benefícios que os ácidos graxos encontrados no coco trazem à nossa saúde.

Relatórios recentes da Food and Drug Administration requerendo a caracterização dos ácidos graxos trans vai fazer com que o óleo de coco fique em uma posição mais competitiva no mercado e vai ajudar com que ele seja usado pela indústria de alimentos, na qual suas propriedades funcionais já são apreciadas. Agora o óleo de coco poderá ser reconhecido também por outra qualidade: a capacidade de melhorar as condições de saúde dos seres humanos.

Fonte: Enig. Mary G. "The Health Benefits of Coconuts and Coconut Oil". *Nexus Magazine* 9:2 (2001).

COCO CONTRA A SARS

O secretário da saúde dos Estados Unidos, Manuel Dayrit, agitou as coisas numa audiência no senado americano sobre sars (síndrome respiratória aguda severa) recentemente, quando revelou que óleo de coco virgem pode ser a cura potencial para epidemias virais.

Enquanto os senadores discutiam o termo "virgem", Dayrit teve o cuidado de usar a palavra "potencial".

Dayrit está ciente do potencial do óleo virgem de coco. Seu pai, o médico Conrado Dayrit, já obtivera sucesso usando o óleo virgem de coco desde 1980 para combater o vírus da aids em pacientes no San Lazaro Hospital.

O pai do secretário da saúde atualmente conduz pesquisa sobre o uso do óleo virgem de coco em pacientes com sars, em conjunto com *The Research Institute for Tropical Medicine* em Alabrang. Diretor do Petenciano Medical Center (anteriormente Polymedic), professor emérito de farmacologia da Universidade das Filipinas e antigo presidente da *National Academy of Science and Technology*, Dayrit tem trabalhado em suas pesquisas que envolvem catorze pacientes entre 22 e 48 anos e um orçamento apertado.

Na década de 1980, Dayrit foi o primeiro clínico que estudou o óleo de coco, estudo que levou à descoberta incrível de que as cadeias médias dos ácidos graxos do coco – láurico e cáprico –

eram muito eficientes para matar os vírus da imunodeficiência (HIV) humana em culturas de laboratório.

Uma vez que o HIV é um vírus lipid-coated assim como o coronavírus da sars, há uma grande possibilidade de que o óleo virgem de coco possa produzir os mesmos efeitos na sars.

Fonte: Villaria, Cesar C. "Virgin Coconut Oil Being Tested on SARS Patients." *Phillippine Daily Inquirer* (18 de maio de 2003)

Referências adicionais sobre o coco

LIVROS

Erasmus, Udo. 2001. *Fats That Heal, Fats Thath Kill.* Canada: Alive Publishing, 2001.
Wolfe, David. 2006. *Eating For Beauty.* San Diego: Sunfood Publishing.

WEB SITES

http://coconutboard.nic.in/tendnutr.html
http://en.wikipedia.org/wiki/Coconut
http//www.thaifooddandtravel.com/features/cocgood.html

ARTIGO

Blackburn, G. L., et al. "A reevaluation of coconut oil's effect on serum cholesterol and atherogenesis." *Journal of the Phillippine Medical Association* 65 (1989): 144-52.

Açaí

The Açaí Research Organization (www.acairesearch.org)
"Brazilian Berry Destroys Cancer Cells in Lab." *Journal of Agricultural and Food Chemistry.* (Filed under Research, Health, Sciences, Agriculture on Thursday, January 12, 2006.)

Camu-camu

www.sunfood.com

Clorela

Referências em publicações científicas

"Argumentation of host defense by a univellular green alga, *Chlorella vulgaris,* to *Escherichia coli* infection." *Infection and Immunity* 53 (1986): 267-71.
"Effest of *Chlorella Vulgaris* Extracts on Murine Cytomegalovirus Infections," *Nat Immun Cell Growth Regul.* 9 (1990): 121-28.
"Accelerted restoration of the leukocyte number and augmented resistance against *Escherichia coli* in cyclophosphsmide-treated rats orally administered with a hot water extract oh *Chlorella vulgaris.*" *Int. Jrnl. Immunopharmacology.* 12 (1990): 883-91.

"The Effects of *Chlorella vulgaris* in the protection of mice infested with *Listeria* monocytogenes, role of natural killer cells." *Immunopharmacology and Immunotoxicology* 21 (1999): 609 - 19.

Web sites

http://www.healingdaily.com/oral-chelation/health-benefits-of-chlorella.htm
http://www.health-books.com/NaturalHealth/StrengthenYourDefenses_p39.htm
http://www.sunchlorella.com.au/key_enefits_wakasa.htm
http://www.ace-nutrition.com/chlorella-nutritional-analysis.html
http://www.juicing.com/sunchlorella.htm
http://www.diagnose-me.com/treat/T63897.html

Physalis

www.sunfood.com

Kelp

IODO

Elson M. Haas, médico
http://www.howstuffworks.com/framed.htm?parent=question367.htm&url=http://www.healthy.net/library/books/haas/minerals/i.htm
(excerto do livro: Staying Healthy with Nutrition: The Complete Guide to Diet and Nutrirional Medicine)
http://www.acu-cell.com/sni.html

Noni

Fairechild, Diana. *Noni: Aspirin of the Ancients.* Hawaii: Fluana Rhyme, 1998.

Yacon

www.sunfood.com

Crédito das fotos

Shazzie (www.shazzie.com)

Juliana Garske

Camille Perrin

David Wolfe

Christopher Wodtke (www.kirlian.com)

Imagens de espirulina generosamente cedidas pela Cyanotech Corporation (www.cyanotech.com). Permissão para uso concedida.

Imagens da alga AFA e imagens do lago Klamath generosamente cedidas por David Robatcek e Klamath Algae Products (www.E3Live.com). Copyright © David Robatcek. Permissão para uso concedida.

Imagem do cacau na página 65 © iStockphoto.com/eefauscan

Imagem do coco na página 217 © iStockphoto.com/AlexMax

Imagem do coco na página 218 © iStockphoto.com/AlexMax

Índice remissivo

A

B

C

D

E

M

Sites de David Wolfe:
www.thebestdayever.com
www.ftpf.org
www.sunfood.com